治之道

穿越时空的管理智慧

朱书堂◎著

知识产权出版社

全国百佳图书出版单位

图书在版编目（CIP）数据

治之道：穿越时空的管理智慧/朱书堂著.—北京：
知识产权出版社，2016.10
ISBN 978-7-5130-4499-8

Ⅰ.①治… Ⅱ.①朱… Ⅲ.①管理学 Ⅳ.①C93

中国版本图书馆 CIP 数据核字（2016）第 233683 号

内容提要

本书选取管理学中三个最活跃的管理领域：团队管理，沟通管理，风险管理，立足我国管理前沿最新实践，以现代管理知识体系为纲，融汇我国古代管理智慧，将西方现代管理理论与我国传统管理智慧有机地结合起来，形成三个相对完整的部分。本书目的不是为管理者提供"操作手册"，而是为其提供可资汲取的营养、可供借鉴的智慧。

责任编辑：卢媛媛

治之道：穿越时空的管理智慧

ZHIZHIDAO: CHUANYUE SHIKONG DE GUANLI ZHIHUI

朱书堂　著

出版发行 知识产权出版社 有限责任公司　　网　　址：http：// www. ipph. cn
电　　话：010－82004826　　　　　　　　　　　　　　http：//www. laichushu.com
社　　址：北京市海淀区西外太平庄55号　　邮　　编：100088
责编电话：010－82000860转8597　　　　　责编邮箱：31964590@qq. com
发行电话：010－82000860转8101／8029　　发行传真：010－82000893／82003279
印　　刷：三河市国英印务有限公司　　　　经　　销：各大网上书店、新华书店及相关专业书店
开　　本：720mm×1000mm　1/16　　　　印　　张：25
版　　次：2016年10月第1版　　　　　　　印　　次：2016年10月第1次印刷
字　　数：365千字　　　　　　　　　　　定　　价：60.00元
ISBN 978－7－5130－4499－8

推荐序

读到这部书稿，感觉眼前一亮。

世界文明史上，唯有中华文明持续五千多年而未中断。先祖们不仅创造了众多人类奇迹，更创造了博大精深的文化，并以典籍的形式留存下来。这是我们的精神宝藏，里面蕴含着深邃的智慧，包括管理智慧。这些智慧，穿越数千年时空，至今仍然闪耀着灿烂的光芒，穷尽我们一生也难窥全豹，只能根据需要，撷取宝藏中的"珠玉"。

过去三十多年，我们引进了很多"洋"管理理论，有些领域对洋理论"生吞活剥"。我们对先祖们留下的管理智慧研究和应用不够。历史经验证明，一个民族抛弃文化传统，丧失文化自信，难以自立于世界民族之林。

作者在多年管理工作实践中，深感西方的洋理论没有很好地与我国文化结合，有点水土不服。于是，立足我国管理前沿最新实践，尝试较为系统地把我国古代管理智慧与现代管理理论结合起来，用以指导经济活动和社会发展各领域的管理实践。这部书稿以现代管理理论体系为纲，缀以我国古代管理智慧之明珠，使其相映生辉。一方面，使得古代管理智慧不再那么神秘，而是融入生活，融入工作，融入管理实践中；另一方面，使得西方现代管理理论更好地与我国传统文化相结合。

　　书稿中选取的案例故事很有针对性，譬如："美味和羹"与西方"团队角色理论"，刘伯温的"致人之道"与西方"需求层次论"，子产的"政治遗嘱"与西方"火炉法则"，"曲突徙薪"寓言与美国斯隆的用人观，朱英为春申君分析"世有无妄之福，又有无妄之祸"与现代风险概念的正反两面性，扁鹊的"良医治未病"与美国德鲁克关于工厂管理的阐述等。读来引人入胜。

　　中华民族的伟大复兴，不只是物质的发达和经济的繁荣，最根本还应该是民族精神升华和文化复兴！热爱传统文化，弘扬传统文化，让传统文化在民族复兴中发挥更大的作用，我们每个人都应努力。

　　孔子说："知之者不如好之者，好之者不如乐之者。"这部书稿表明，作者正是弘扬传统文化的"乐之者"。

二月河

二零一六年四月十八日

前　言

习近平在中共中央政治局第十八次集体学习时强调：

"历史是人民创造的，文明也是人民创造的。对绵延五千多年的中华文明，我们应该多一份尊重，多一份思考。对古代的成功经验，我们要本着择其善者而从之、其不善者而去之的科学态度，牢记历史经验、牢记历史教训、牢记历史警示，为推进国家治理体系和治理能力现代化提供有益借鉴。"

中华民族是人类历史上文明发达最早的民族群体之一，治理能力和管理智慧最早达到人类社会新高度。早在四千多年前，华夏先祖就已经掌握了日月星辰运行、四季变换规律等天文知识。我国上古文献《尚书》记载：尧舜时代就设置了专职技术人员，负责掌管天文历法（"乃命羲和，钦若昊天，历象日月星辰，敬授民时"）；已经能够精确推算自然年的周期（"期三百有六旬有六日，以闰月定四时，成岁"），用于指导和管理华夏部落群体的农业生产；统一国家标准（"协时月正日，同律度量衡"），便于在广大区域内实施行政管理；大禹带领华夏各部落共同治理洪水，把天下分为九州，根据土地肥瘠情况规定贡赋（"别九州，随山浚川，任土作贡"）。深厚的天文、气象和地理知识积淀，使华夏民族成为农业最为发达的族群。在手工业领域，三千多年前的商代就已经掌握了高超的青铜冶炼和铸造技术，庞大的技工团队，分工协作，创造出众多精美绝伦的艺术品。所有这些文明成就，都离不开高超的治理能力和管理智慧。

春秋战国五百年里，华夏民族拥有过一段知识爆发、人性张扬、文明魅力四射的辉煌历史。在诸侯争霸、列国逞强的那个时代，知识和智慧成为"热销资源"，策士们"所在国重，所去国轻"。诸子各展才华、自创学说，百花齐放、百家争鸣，在大辩和大争中，初步构建了华夏文化知识体系，扎下了中华文明的根基。先哲们创造的博大文化，积累了从远古时代沉淀下来并得以凝练的智慧——包括管理智慧。这些智慧，穿越数千年时空，至今仍然闪耀着灿烂的光芒！以此为基础的形成的文化典籍，是我们取之不尽、用之不竭的宝藏。

然而，十七世纪中叶发生在地球东方的朝代更替，使一些落后于时代的思想主导了中华民族的发展方向。而此时，远在万里之外的欧洲一隅，工业革命正悄然兴起，生产规模、技术水平和质量效益等都有了质的飞跃。经过满清两百多年的闭关锁国和思想文化禁锢，中华文明的发展与世界主流渐行渐远，经济、文化、技术全面落后，最终陷入被动挨打的百年浩劫。

中华民族仁人志士们经过一个半世纪坚持不懈的民族解放斗争和国家建设，奋力追赶西方现代文明，努力学习舶来知识体系：从自然科学到社会科学，从医学到管理学。当我们终于跨越了农业文明、迈进工业文明门槛时，蓦然发现：第三次工业革命已悄然而至，西方发达国家正在进入信息化时代。这个时代以知识和智力为特质，国家的影响力、企业的核心竞争力，已经不再主要取决于对物质资源的占有和运用，智力资源的拥有和配置效率将成为决定性要素。知识的创造、传播和运用日益成为经济活动与社会发展的重要内容。

我国经历了三十多年的改革开放，在经济、政治、文化等各领域都取得了巨大成就，但在物质资源消耗、环境污染和社会矛盾等方面也出现了这样那样的问题。如何转变发展方式、实现社会与自然和谐发展？如何把中华民族物质文化、精神状态和文明水平推进到一个新的高度？党和国家审时度势，提出"创新、协调、绿色、开放、共享"发展理念，把创新作为引领发展的第一动力，摆在国家发展全局的核心位置。贯彻落实创新驱动发展战略，需要实施全方位创新：技术创新、体制机制创新、商业模式创新、管理创新。

中华文明的底蕴从来都不缺创新智慧。三千六百年前商朝开国之君商汤，在沐浴用的青铜盘上铭文："苟日新，日日新，又日新。"时刻惕厉自己"涤旧生新"。《诗经》"大雅"赞美周文王"周虽旧邦，其命维新"，周国虽然是个几百年的老邦国，但传到周文王，却能够"革旧鼎新"。今天的管理者，徜徉于博大精深经典宝藏中，遨游于中华文明知识海洋里，可以尽情地撷取创新思想和管理智慧，更应以创新发展为己任，勇当创新发展的"弄潮儿"。

美国著名管理学家德鲁克在其管理学经典著作《管理：使命，责任，实务》一书中提出："如果管理不能使一个国家或一个民族的特殊文化遗产发挥作用，那么社会和经济发展也就不可能实现。"

过去三十多年，我们在管理领域有时习惯于"拿来主义"，引进了几乎整个体系的西方管理理论，而对我国传统文化和经典中的管理智慧发掘和应用远远不够。不可否认，西方管理理论对我国经济社会发展起到了促进作用。但是，管理的核心是"人"，要通过"人"来发挥作用；管理理论、方法、措施如果不能和"人"所在的社会文化紧密结合起来，那也只不过是华丽的摆设而已。一百多年前的"洋务运动"，旧时代官僚们尚且提出"中学为体，西学为用"的指导思想，二十一世纪的管理者们，更应该将西方现代管理理论与我国传统管理智慧有机地结合起来，用以指导经济活动和社会发展各领域的管理实践。

本书选取管理学中三个最活跃的管理领域：团队管理，沟通管理，风险管理，立足我国管理前沿最新实践，以现代管理知识体系为纲，融汇我国古代管理智慧，将西方现代管理理论与我国传统管理智慧有机地结合起来，形成三个相对完整的部分。本书目的不是提供管理者"操作手册"，而是提供可资汲取的营养、可供借鉴的智慧。

本书由以下既相互独立又相互联系的三篇构成：

第一篇，《"师克在和"与团队管理》。团队管理是组织成功的基础，是实现目标不可或缺的管理措施，更是管理者必备的能力之一。本篇以"师克在和"历史典故开篇，结合古今中外众多经典案例，阐述团队管理精髓和要义。第一章《团队管理模式及其优势》介绍团队的起源、特征、优势及适用范围。第二章《团队管理的精髓》阐述团队构成的多样性、团队成员的互补性、团队运行的平衡性及团队文化的影响力。第三章《构建优秀团队》包括如何确定团队目标，组建适用的团队，致力建设团队，建立有效的管理机制。第四章《打造高绩效团队》从领导力、领导者的品德、管理措施及管理艺术等方面，阐述如何打造高绩效团队。第五章《团队管理问题探讨与案例分析》探讨可能问题，分析经典案例。

第二篇，《"郢书燕说"与沟通管理》。沟通是人类的一项基本需要和技能，是实现社会、组织机构及团队良善治理的关键途径。沟通是现代管理的核心与本质，管理的四大职能：计划、组织、领导、控制，每一项都必须通过有效沟通来实现。有效沟通是组织和团队凝心聚力、激发创新精神的有力工具。本篇以"郢书燕说"历史典故开篇，结合古今中外众多经典案例，阐述沟通的功能和过程、目的和方法、原则和技能；分析可能存在的问题和障碍，帮助读者提高沟通的有效性。第一章《沟通的基本功能和方式》介绍沟通的功能、作用和常用方式。第二章《沟通的基本过程和模式》介绍沟通的过程和常见的沟通模式及现代组织的沟通渠道。第三章《沟通的基本原则和技能》阐述沟通的基本原则，有效沟通需要的基本能力和技能。第四章《剖析可能问题，消除沟通障碍》分析可能存在的问题和障碍，阐述如何提高沟通的有效性。第五章《借鉴古人智慧，熟谙沟通艺术》撷取精彩沟通故事，结合古代沟通理论，剖析成功案例。

第三篇，《"曲突徙薪"与风险管理》。风险客观存在，相伴人类社会的所有活动，不以人的主观意志为转移。能否正确认知并成功管理风险，决定个人生活质量及财富消长、组织事业成败、政治团体兴衰，乃至国家民族的存亡命运。在经济全球化浪潮中，个人和组织面临的环境日趋复杂。管理者必须具备风险意识，掌握风险管理的知识和技能，驾驭风险，避害趋利，保护财富，创造价值。本篇以"曲突徙薪"历史典故开篇，借鉴我国古代经典精华，探讨风险认知和管理的智慧。第一章《人类对风险的认知和管控》介绍人类的风险认知历史。第二章《现代风险管理过程和方法》介绍现代风险管理发展历程，风险管理的过程及常用技术方法。第三章《有效实施组织的风险管理》阐述组织风险管理的动因、风险管理框架和企业全面风险管理及实施案例。第四章《风险认知和管理问题探析》探讨风险认知和管理中常见问题。第五章《借鉴古人智慧，成功管控风险》分析几位历史人物风险管理故事，总结风险管理的三种境界。

后续正在撰写的其它管理领域，完稿后将另行组织出版。

作者有机会在华东理工大学、清华大学、香港大学、荷兰代尔夫特大学、美国麻省理工学院斯隆管理学院、浙江大学管理学院等接受教育和培训，在清华大学、国家核电技术公司、国家电力投资集团公司等参与科技创新管理工作。在上述单位不仅学到了知识、拓宽了视野，也逐步加深了对管理工作本质的认识。正是上述经历使作者拥有了深厚的科学理论基础和教学研究经验、丰富的管理理论基础和管理实践经验。在此，谨向我学习和工作过的上述单位，传授给我知识的老师们，一起切磋的同学们、同事们、朋友们致以衷心的感谢！也感谢知识产权出版社的编辑们为本书付出的心血，正是由于你们卓越的见识、深厚的学识、严谨的态度，本书才有机会与读者见面。

本书所引资料已尽可能注明出处。鉴于客观原因，如有个别资料引用时没有找到出处，首先向被引用者表达诚挚的歉意，烦请您联系责编说明，我们承诺在重印时补充注释。

朱书堂

2016 年 8 月 1 日

· 目 录 ·

· 目 录 ·

第一篇／『师克在和』与团队管理

导　言

现代社会主要构成形态是各类组织。组织中管理者的职责是：通过组织、协调和监督他人的活动，有效率和有效果地完成工作。这决定了管理者不能单打独斗，必须依靠众人的力量。

为了提高运行效率，组织架构趋于扁平化；分工越来越细，专业化程度越来越高，多数工作需要协作完成。团队工作模式应运而生，已经成为组织的有机组成部分，发挥着越来越重要的作用。据统计，约80%的《财富》500强企业采用团队工作模式，一半以上的员工在团队中工作[1]。团队管理已经成为组织成功的基础，是实现目标不可或缺的管理措施，更是管理者必备的能力之一。

实施团队管理，管理者必须清楚团队的特征与优势，认知并理解团队管理的精髓，明确团队目标并根据目标确定适用的团队类型，根据需要组建（或重建）团队。管理者有责任发挥领导作用，将团队成员凝聚在一起；还要善用领导艺术，调动每个人的积极性和创造性，更好地实现团队目标和个人发展目标；预防和解决可能遇到的问题。

中华文明经典宝库中，积累了从远古时代沉淀下来并得以凝练的管理智慧——包括团队管理智慧，这些智慧穿越数千年时空，至今仍然闪耀着灿烂光芒。这是我们取之不尽、用之不竭的宝藏。据《春秋左氏传》[2]"桓公十一年"记载：公元前701年楚国与郧国在"蒲骚"作战前，楚国大夫斗廉向军队主帅（莫敖）屈瑕阐述了军队战斗力的决定性因素"师克在和"。

> 莫敖曰："盍请济师于王?"对曰："师克在和，不在众。商、周之不敌，君之所闻也。成军以出，又何济焉?"

斗廉提出的"师克在和"理念，成为我国古代统军将帅们凝聚军队战斗力的信条，对今天的团队管理仍然具有借鉴意义。

本篇结合古今中外众多经典案例，阐述团队管理精髓和要义。第一章《团队管理模式及其优势》介绍团队的起源、特征、优势及适用范围。第二章《团队管理的精髓》阐述团队构成的多样性、团队成员的互补性、团队运行的平衡性及团队文化的影响力。第三章《构建优秀团队》包括如何确定团队目标，组建适用的团队，致力建设团队，建立有效的管理机制。第四章《打造高绩效团队》从领导力、领导者的品德、管理措施及管理艺术等方面，阐述如何打造高绩效团队。第五章《团队管理问题探讨与案例分析》探讨可能问题，分析经典案例。

第一章　团队管理模式及其优势

作为一位管理者，当你面对一项仅靠个人的力量无法在限定的时间内按照规定质量完成的任务时，你该怎么办？这时候，你脑海里就会闪现"依靠团队力量"。

那么，什么是团队？团队有哪些特征？与传统管理模式相比，团队管理有哪些优势？团队管理适用于哪些领域？

本章将重点阐述这些问题。

□　团队协作，人类智慧结晶

团队协作精神是人类智慧的结晶。团队形态的活动模式几乎与人类社会形成的历史一样古老，是人类创造的精神财富。我国最早的史书之一《国语》[3]"周语下"提出"众志成城""众口铄金"，就是赞颂团队的力量。

> 且民所曹好，鲜其不济也。其所曹恶，鲜其不废也。故谚曰："众志成城，众口铄金。"

人类的团队协作精神经历了漫长的历史演化过程。

■ 狩猎采集团队

人类在原始狩猎与采集的旧石器时代就广泛地以团队形态开展活动。狩猎者和食物采集者通常成群地自发结合成"团队"，应对自然灾害和大型动物袭击等不可预测的事件，成员大约20人至50人[4]。

原始人的狩猎和采集团队还比较初级。以团队为主要形态的社会组织的实质是协作，家庭和部落都是相互协作的团队；人们为了生存这个共同目标而进行艰苦奋斗；在团队的集体活动中，自然涌现出体力和智力优于常人的团队核心人物。

■ 农耕文明团队

随着人类文明从狩猎采集发展到农耕阶段，劳动生产率有了很大提高，劳动协作的团队缩小到以家庭为单位。

每个家庭，基本上可以独立开展农业生产活动并存在和发展。家庭有着权威的团队领导——家长；有着明确的分工，多数情况下每位家庭成员会承担多种任务；成员之间很自然地协作；团队目标很明确，尽可能多地获得收成，以便在缴纳赋税后可以过上较为丰裕的生活。

在农耕文明的中早期阶段，就已经孕育出了需要一定程度分工合作的手工业。我国三千多年前的商周时期，社会就已经分化出了"工"这个特殊阶层，主要是为统治阶级服务。复杂而精美的青铜器、贵族们出行和征战用的车辆，都需要一定规模的团队共同协作。战国晚期的秦国，建立了组织程度和专业化水平相当高的手工业体系，用以支持其持续数十年的统一战争。大规模的兵器制造，需要分工协作的团队来实现目标。

关于三千年前我国手工业的组织体制及有关工艺，经典文献《周礼》"冬官·考工记"[5]中有较为详细的记述。

农耕文明中农业耕作和手工业团队模式持续了数千年，直到近代工业文明出现之后，才逐渐退出历史舞台。

■ 工业文明团队

肇始于工业革命的近现代工业，规模和技术水平都有了质的飞跃，使得个体匠人生产模式在绝大多数领域遭到了无情淘汰。制造业机械化催生了组织体系的工厂制，复杂工序和批量化生产，要求一定数量的工人按照工作逻辑组成班组，并以班组为单位进行绩效考核。一个班组就是一个团队，具有共同的绩效目标，成员之间互相协作，由班组长负责领导和管理。

二十世纪早期，福特公司率先掀起了以制造业自动化为标志的第二次工业革命。流水生产线使得大规模生产成为制造业的主导生产组织方式，每条流水线都是一个互相协作的团队。

自20世纪70年代起，以美国为首的西方发达国家萌生以"劳动者知识化""生产智能化"为标志的第三次工业革命，再次孕育生产组织方式变革，团队组织形态变得越来越重要。

■ 现代管理团队

尽管人类以团队形态开展活动的历史悠久，但从现代管理学意义上对团队进行理论化，并将其运用于组织管理实践中，却是近半个世纪的事情。从20世纪60年代起，为了适应新技术的快速发展并提高管理效率，宝洁公司、通用汽车公司、商用机器公司（IBM）、波音公司等一批美国公司开始管理模式探索。

宝洁公司在1960年代最早开始团队管理实践，并取得了巨大成功。为了保持竞争优势，宝洁公司甚至把团队工作的组织管理模式视为其商业秘密，采取各种措施加以保护。美国通用汽车公司紧随其后，探索和制订了一系列团队管理方案，在公司内部大范围推动团队管理模式，极大地提升了竞争力。IBM公司为了开发360系统，组织了一个"特别任务工作组"，成员来自于不同部门，不同技能的人互相协作，成功地完成了360系统开发目标。波音公司在其客机研制过程中，组建了由生产、计划、质量、加工、工程设计、信息系统等职能部门人员组成的团队，极大地缩短了研制周期、降低了研制成本。

随后的20～30年里，很多世界一流的大公司都开始学习和实践团队管理；20世纪80年代，在所有重要的汽车公司中得以普及，成功协调和完成了一些特别复杂的汽车开发项目。美国约有80%的公司在不同程度地实施团队管理。

□　团队理论，融汇实践特征

管理领域每一次新理论的出现，都是基于长期的社会实践。大规模团队实践蕴育了现代团队理论。

■　从管理实践到团队理论

现代团队理论融汇了管理学多个领域大量研究和实践成果，主要是人际关系学、个体行为学和团体行为学领域。

在人际关系学领域，支持团队理论的是哈佛大学梅奥教授在20世纪20～30年代组织的"霍桑实验"[6]；在个体行为学领域，支持团队理论的是马斯洛的需求层次理论[7]：人的需求是有层次性的，可以针对不同需要实施相应的激励措施；在群体行为学领域，支持团队理论的是勒温的"群体动力论"[8]：群体所处的状态不是静止的，个体之间处于相互作用、相互适应的过程。群体动力来自于行为的一致性，表现为群体成员有着共同的目标、观点、思想认识、兴趣、爱好等。群体动力影响群体成员及群体自身的行为效果。

团队管理代表着一种全新的管理模式，工作方式方法产生了根本变化。团队管理的价值在长期实践中得到验证，逐步成为管理学研究的焦点。专家学者们将实践升华为理论，于是，管理学发展出一个新的领域——"团队管理"。《财富》杂志甚至在1990年5月刊把团队管理作为其封面故事。

在众多研究和实践的基础上，学者们提出了团队概念：

团队是由来自不同部门的具有互补技能的个人，为了实现某项阶段性目标而组成的一种管理模式。团队中所有人承诺遵守规范并愿意共担责任。

目前，团队管理广泛存在于各类组织机构中，越来越成为现代组织机构的主流管理模式，发挥着越来越重要的作用。

团队之于组织，就像生物体的有机器官：不同的器官各自发挥其特定作用，共同实现生物体的功能。有些团队就像神经系统，指挥和控制组织的运作；有些团队就像肌体，执行神经系统传递的命令，完成组织的某项动作；有些团队就像生物体的造血器官，为组织源源不断地输送有生力量。

■ 团队关键属性

以团队形态开展工作并实施管理，具有一些关键属性，包括："共同目标""技能互补""共担责任"等。

☆ 共同目标

什么是目标？美国管理学大师德鲁克在其管理学经典著作《管理：使命，责任，实务》[9]书中提出：

目标不是命运，而是方向；不是命令，而是承诺。目标并不能决定未来，而是为了创造未来而配置组织资源和能量的手段。

共同目标是团队的奋斗方向，是团队存在的核心特征。

团队组织者和领导者的使命之一，就是为团队提出一个团队成员愿意为之奋斗的共同目标。毛泽东1944年在张思德同志追悼会上发表了《为人民服务》[10]的著名演说：

"我们都是来自五湖四海，为了一个共同的革命目标，走到一起来了。我们还要和全国大多数人民走这一条路。我们今天已经领导着有九千一百万人口的根据地，但是还不够，还要更大些，才能取得全民族的解放。我们的同志在困难的时候，要看到成绩，要看到光明，要提高我们的勇气。中国人民正在受难，我们有责任解救他们，我们要努力奋斗。"

毛泽东用通俗易懂的语言，阐明了中国共产党这个"大团队"在那个时期的使命与目标，起到了凝心聚力的作用。

☆ 技能互补

团队需要的不是具有相同技能的人，而是技能互补的人。具有不同类型技能的成员之间是协作关系。这种协作关系是在工作过程中自发形成的，目的是为了更好地实现团队目标。

通常，一个团队需要以下三种具有不同类型技能的成员：

第一，具有技术专长的人；

第二，具有解决问题的技能和制定决策能力的人；

第三，具有善于处理人际关系技能的人。

关于技能互补，《吕氏春秋》[11]"慎大览·不广"篇讲了一则动物之间取长补短、协作共存的有趣故事：

北方有兽，名曰蹶，鼠前而兔后，趋则跲，走则颠，常为蛩蛩距虚取甘草以与之。蹶有患害也，蛩蛩距虚必负而走。此以其所能，托其所不能。

"蹶"前腿像鼠而短，后腿像兔而长，快走时前后脚相绊，跑起来会自己跌倒。而"蛩蛩距虚"(见《山海经》"海外北经")，善于奔跑而不善于取食。蹶平时总是采集甜美的草送给"蛩蛩距虚"，遇到危险时，"蛩蛩距虚"就背着蹶逃走。

多数中国人熟知的三国故事里，刘备、关羽、张飞、赵云就是技能互补型团队，后来又吸纳了足智多谋的诸葛亮，推动事业迅猛发展，很快实现了建立割据政权的阶段性目标。

☆ **共担责任**

所谓"共担责任"，是指团队成员要对团队成功承担责任。正是团队的共同目标决定了所有团队成员必须共担责任。"各人自扫门前雪，莫管他人瓦上霜"不是团队模式；共担责任要求所有成员自觉考虑团队的整体责任并积极为之做出贡献。

明朝开国军师、民间传为神奇人物的刘基（刘伯温）在其《郁离子》[12]"豹智"篇中讲了一则群豹猎取老虎的故事。

> 故豹之力，非虎敌也，而独见焉则避。及其朋之来也，则相与掎角之。尽虎之力得一豹焉，未暇顾其后也，而掎之者至矣。虎虽猛，其奚以当之？

俗语云"饿虎难敌群狼"。群豹之所以能够战胜体型大得多的老虎，靠的就是互相协作。我国华为公司创始人任正非，在经营管理中倡导"狼性精神"，深谙刘伯温用兵之道。

共担责任还要靠团队规范和规章制度。俗语云："没有规矩无以成方圆"，团队没有规范就会出现混乱。

我国经典文献《周易》[13]"师"卦的初六爻辞是"师出以律，否臧凶"，告诉我们：军队要有纪律约束，失去纪律约束，无论是胜利还是失败，都是凶险的。

中国共产党领导的中国工农红军，在成立之初还特别弱小之时，毛泽东就为其制定了"三大纪律，八项注意"。这支队伍在铁的纪律约束下，在中国共产党的正确领导和毛泽东的英明指挥下，由弱到强，不断发展壮大。

■ 团队的组织要素

团队是由人组成的，是一个充满生机的有机体。这个有机体由一系列组织要素构成，主要包括：团队目标（Purpose）、团队定位（Position）、团队人员（People）、团队权限（Power）、团队计划（Plan）。通常称为"5P"模型。这五个要素以目标为核心，其他要素都是为了实现团队目标。

☆ 团队目标

确立团队目标之目的，是让团队中的每个人以及利益相关方都清晰地知道团队要向何处去，通过相互协作，高效地完成组织赋予的任务，同时达成组织的意图和个人发展目标。

团队目标必须服务于组织目标，才能赢得组织支持，争取所需资源。组织在设立团队时，就应明确团队目标。

☆ 团队定位

涉及团队在组织中的定位和个体在团队中的定位：

第一，团队在组织中的定位。团队对谁负责？在组织中处于什么位置？由谁选择团队组成人员？采取什么措施激励团队成员？只有找准了在组织中的位置，才能做出其应有的贡献。

第二，个体在团队中的定位。我是谁？我在团队中扮演什么角色？我的职责是什么？团体的成功离不开每一位成员发挥作用，个人作用发挥的好坏直接影响团队目标的实现。

☆ 团队成员

人是生产力第一要素，是构成团队最核心的力量。团队目标通过成员合适的角色分工得以具体实现。

只有选择技能互相补充、具有合作精神的合适的团队成员，才能凝结成团队整体力量，最终实现团队目标。

☆ 团队权限

所谓权限，就是组织赋予团队的任务和与任务匹配的权力。团队权限涉及以下三个方面内容。

第一，团队在组织中拥有的决策权限。比如：在财务、人事、信息等领域有什么样的决定权？

第二，由组织决定的一些约束。比如：团队的规模，成员数量，组织对于团队的授权，组织给团队规定的业务类型。

第三，团队内部不同角色的权限，尤其是团队领导的权限。

☆　**组织计划**

团队计划包含两方面内容。

第一，团队的组织计划。涉及团队的人数，团队成员的职责和权限，团队的领导模式及领导者职责和权限的界定，团队会议模式；预期每位成员投入的时间和精力。

第二，实现团队目标的工作计划。团队目标的实现需要具体的行动方案和工作程序，把行动方案和工作程序编制成相应的工作计划，按计划推进并进行适当的领导和控制。

□　团队管理，凸显竞争优势

社会上有一句流行语："组织的竞争是人才的竞争"。这种观念通常被认为是正确的，但深入分析发现，并不完全正确。

为什么说这种观念是正确的？因为这种观念"原则上"是正确的，放之四海而皆准：任何一个组织都离不开优秀人才。然而，在专业分工越来越细、竞争越来越激烈的环境中，仅凭优秀员工个人能力的模式已经成为过去时。

拥有人才并不代表核心竞争力。只有把人才组织成团队，实施适当管理，充分发挥团队作用，才能形成核心竞争力。

■　"人才"不等于竞争力

设想一下：由众多明星演员组成一个剧团，每位演员都很出色，但演们不能按照角色分工互相配合与协作，而是各自按照自己的风格行事。很难想象这样的演出会有好效果。

美国每年都要举行职业篮球比赛。赛事结束后，总有好事者从各胜出队挑选优胜球员，组成一支"梦之队"进行轮回表演赛。统计表明，这样的"梦之队"表演赛败多胜少。原因可能有多个方面，但其中最重要的原因就是："梦之队"只能算是一个明星大杂烩，而不是一个真正意义的团队。球员来自于不同的球队，各有自己的风格和目的，互相不熟悉，所以也谈不上协作与配合，彼此之间也不需要共担什么责任。

管理工作也是一样的道理。一个团队，即便每一位成员能力都很强，但如果各行其是、不能互相协作，那就和上述明星大杂烩球队一样，没有共同目标，也不可能共担责任。

我国历史上不乏拥有优秀人才却不能很好发挥作用的团队。东汉末年的袁绍集团人才济济，在林立的军阀集团中，以文臣武将个人才能而论，不亚于任何其它集团。但该集团领导袁绍缺乏将其优秀人才整合为一个高效团队的能力，成员各行其是，甚至互相倾轧。袁绍本人优柔寡断、外宽内忌、刚愎自用，在官渡之战中，不能采纳正确意见而被曹操集团打败；失败后不仅不吸取教训，反而杀掉了与其意见不合、但观点正确的谋士田丰。袁绍集团最终在很短时间内被曹操集团消灭。这是一个典型的优秀的个体未能组成优秀团队的案例。裴松之在《三国志》[14]"袁绍传"评注中提出：

> "观田丰、沮授之谋，虽良、平何以过之？故君贵审才，臣尚量主；君用忠良，则伯王之业隆；臣奉暗后，则覆亡之祸至；存亡荣辱，常必由兹！"

■ 高效团队的竞争优势

在竞争日趋激烈的经济全球化时代，组织中人才固然重要，由多种技能的人才构成的高效团队才是组织真正的核心竞争力！仅重视个人能力，而不能构建高效团队、培育协作精神，这个组织的生命力就会逐渐枯竭。

很多组织经常说：调动员工的积极性，充分发挥其潜能，让员工众志成城，为组织创造高绩效。但如何才能做到？在组织中打造一批协作团队，才是实现组织目标的可靠保障。

英国学者霍尔姆斯和李奇将团队管理的优势归纳为[15]：

◇　互相协作。

◇　效率提高。

◇　使命感强。

◇　技能与技术的使用更充分。

◇　决策更合理。

◇　适应性强。

◇　整体协调性强。

任何一个组织要想在竞争激烈的现代社会经济环境中生存下去并获得发展，靠的必然是组织内部的团队力量。

美国微软公司创始人比尔·盖茨就认为："微软的成功，并非某个人的成功，而是我们团队合作的成功。"

马云的阿里巴巴18人团队，在创业时期无论遇到任何困难，始终没有放弃对团队的信心，没有一个人从阿里巴巴流失。正是这种团队精神，造就了阿里巴巴成为美国纽约股票交易所市值仅次于谷歌的第二大互联网公司。

□　团队应用，适于多个领域

如果工作任务需要多种不同技能及过去的经验，并需要快速做出决策，采用团队的管理形态将会取得更好的效果。

团队规模的局限性决定了这一组织形态的适用范围。实践表明，以下工作领域适合采用团队管理模式。

■ 高层管理工作

高层管理工作的特点是：经常重复出现，却很少有连续性；要求具有多种能力及多种人格气质：思考型气质，行动型气质，善于与人相处气质，代表型气质。这些气质几乎不可能同时集中在一两个人身上，所以，高层管理工作必然要求由一个团队来共同承担并协作完成。

德鲁克认为，团队管理模式可能是唯一适用于高层管理的组织原则[16]。

■ 创新活动管理

当今世界处于快速变革与创新过程中。创新不仅限于科技创新，还包括管理创新、商业模式创新、体制机制创新。对创新进行有效管理，日益成为组织管理的挑战。与传统管理模式相比，创新管理具有不同的管理目标及衡量标准，需要更大的自主性和更多的灵活性，应该优先采用团队管理模式。

组织的创新活动，初始阶段都带有尝试性，通常不会直接应用于整个组织，而是将创新在小范围内应用，积累经验并控制可能的风险，取得成功后再向整个组织推广。团队管理模式是新思想、新模式、新方案的理想试验载体。

创新团队管理中，突出的是科技创新团队的管理。这是由学科带头人和技术骨干及科研人员组成的一种有效的科技创新组织形式，传统的组织管理模式无法适应快速发展的创新环境，只能采用团队管理形态。团队管理在科技进步中发挥着越来越重要的作用。

中国商飞公司上海飞机设计研究院"千人计划"特聘专家丁伟对科技创新工作中团队管理重要性有着深刻的感悟[17]。

"一个团队的每个人都很聪明，但不一定能把事情做好。因为需要一个良好的系统，包括数据、技术、设备管理等，这些比技术攻关难。"

■ 知识型组织

我们生活的时代已经成为知识时代，知识时代的特征之一就是社会的各类组织已经或者正在快速转化为知识型组织。

知识型组织的主要管理任务，是根据组织的发展规划和战略目标，对知识资源进行统一管理，更强调基于创新知识的生产和基于共享知识的交流，最终目标是，生产出最具有市场竞争力的智力产品。这些特点决定了知识型组织不能照搬传统管理模式，团队管理的组织形态是其最佳选择。

■ 跨组织合作

经济全球化拓展了组织之间合作的范围。对于跨组织合作，长期固定合作通常会以合资公司的形式存在；而短期临时性合作，最佳管理模式就是团队。

国际上跨组织团队广泛存在。美国洛克希德·马丁公司在研制F35隐形战机过程中，充分运用了全球性的跨组织合作团队。多个国家、不同组织的设计师和工程师共同参与了这个超过2000亿美元的超级项目。美国波音公司在开发777客机过程中，先后组建了235个团队，大部分团队都是跨组织合作团队。美国西屋公司在开发小型模块化核反应堆"国际反应堆创新与安全"系统IRIS时，来自于10个国家的20个国际合作伙伴组成了设计、制造、建造服务等技术领域的跨组织团队。

第二章　团队管理的"精髓"

没有完美的个人，但有完美的团队！完美的团队需要优秀的管理。优秀的团队管理通常包括：团队构成的多样性，团队成员的互补性，团队运行的平衡性，团队文化的影响力。

团队管理的精髓是什么？导言中引述的"师克在和"历史故事告诉我们：军队的战斗力在于"和"。一个"和"字，体现了团队管理的精髓。

□　美味"和羹"，团队构成多样

我国数千年的饮食文化中，特别重视"和羹"的调制。南方人现在还传承着"煲汤"的习惯：多种食材，经过一定温度、一段时间的融合，就会成为一锅美味"和羹"。

■　商王武丁的"和羹"

调制"和羹"的传统有其深远的历史渊源。《诗经》[18]"商颂·烈祖"是殷商后人颂扬商王武丁的，其中提到：

亦有和羹，既戒既平。鬷假无言，时靡有争。

武丁是个治国能手，在位五十九年，商朝因之中兴，历史已有定论。这位帝王也许还是个烹饪高手？有待于历史学家及考古学家进一步研究。

先哲们很早就把烹饪道理应用于治国。商朝开国功臣伊尹就是一位烹饪能手。《道德经》更是提出"治大国若烹小鲜"。

■ 伯硕父的"和实生物"

据《国语》"郑语"篇记载，西周晚期的王室史官伯硕父（史伯）提出了"和实生物"的理念：

> 夫和实生物，同则不继。以他平他谓之和，故能丰长而物归之；若以同裨同，尽乃弃矣。故先王以土与金木水火杂以成百物。

这段话告诉我们：和才能够成就世间万物，同一就不可能持续。把不同的成分（事物、观点、意见）有机地结合在一起并进行平衡叫做"和"，所以能够使事情顺利发展，有利因素就会归附。如果只是添加相同的成分（事物、观点、意见），添加完了便会被抛弃了。所以，古代圣王用土和金、木、水、火相互结合形成万物。

现代热力学的"熵"理论与史伯阐述的哲理有异曲同工之妙：一个热力学系统只有存在差异才能保持活力；随着差异的缩小，系统的熵便增加；一旦系统没有了差异，其熵就到了最大值，系统便处于死寂状态了。

"和实生物"的精神实质，值得今天从事团队管理的研究者和实际工作者认真学习和领会。

■ 贝尔宾"团队角色理论"

在我国提出用多样性食材调制美味和羹概念数千年后，英国剑桥大学贝尔宾教授将这一概念应用于现代团队管理理论中，提出了著名的"团队角色理论"[19]。

☆ **协调者-CO（Co-ordinator）**

协调者有一种总揽全局的天赋，具有认知他人的能力，善于将团队任务委派给合适的团队成员。能够阐明决策，帮助每个人聚焦于他们的任务，能够引导不同技能和个性的人向着共同的目标努力。这类人有个人魅力和感召力。

☆ **执行者-IMP（Implementer）**

执行者善于把计划转化为行动，具有很好的自律性及效率，计划性强，总是能够按时完成任务。对团队和组织的忠诚就是其激励动力，通常为团队或组织的整体利益着想而较少考虑个人利益，他们经常会承担其他人回避或不喜欢的工作。

☆ **推进者-SH（Shaper）**

推进者是任务聚焦型的，能够精神饱满地追求目标，确保团队活力，挑战现状以提高绩效。这类人通常干劲十足，把消除障碍看作令人兴奋的挑战，当其他人想要避开时他们有勇气去推进，遇到困难时他们总能找到解决办法。

☆ **创新者-PL（Planter）**

创新者富有想象力，有高度的创造力，思路开阔，观念新颖。如果问题需要创新性解决方案，这类人就是很好的咨询对象。创新者既聪明又有自由思想，通常会成为团队和组织的创始人，或一个新领域的开创者、一项新产品的发明者。

☆ **资源调研员-RI （Resource Investigator）**

资源调研员是天生的交流家，喜欢聚会和交友，在交往中获取信息并加深友谊。通常表现出高度热情，在一项任务开始阶段，他们精力充沛地追求联系和机会。对外界环境十分敏感，像组织伸出的触角，牢牢地把住外部世界的脉搏。

☆ **监督者-ME（Monitor Evaluator）**

监督者是公正的观察员，是判断团队发展方向的法官。这类人严肃、谨慎、理智，远离偏见，与团队其他人保持一定的距离，能够以最大的透明度和公正性看到可用的选项。解决问题时，综合考虑各方面因素，几乎总是能够达成正确决策。

☆ **凝聚者（团队工人）-TW（Team Worker）**

凝聚者就像齿轮间的润滑油，保证团队这部机器平稳运行。这类人是团队中的积极分子，是优秀的沟通者，处事灵活，善于化解冲突，帮助团体互相理解。形象低调，把自己同化到团队中，可以不受注意地开展工作。

☆ **完成者-CF（Completer Finisher）**

完成者通常是完美主义者，做事注重细节、力求完美，追求"完全正确"。完成者的工作动力源于内心的渴望，他们交付的任务项都是经过自己反复核对过的。一个彻底的完成者对"准确"的需要有很强的内在感觉，设置其个人的高标准。

☆ **专业师-SP（Specialist）**

专业师在自己的专业领域具有学习激情。他们可能是知识的源泉，并乐于把知识分享给团队其他人。他们努力提高自己的专业知识和专门技能，并因此而自豪。专业师将高水平的专心、能力和他们学术领域中的技能带给团队。

并不是所有的团队都必须拥有上述九种角色。团队角色的多少，应视其目标和任务而确定。很多情况下，成员可能要承担多种角色。团队中不同角色优势互补，才能组成有效的团队，个人的弱点才有可能被克服，优点也就能充分发挥出来。

■ 高绩效团队需要多样性

一个高绩效的团队，其构成必定是多样性的。成员来自不同部门，具有不同的性格特征、不同的知识结构和技能、不同的工作阅历。多样性对团队具有决定性作用。

在多样性团队中，成员各抒己见、充分发扬民主，自然会增强团队间的信息交流，决策信息更为充分；建设性争论增多，必然能够集思广益，产生更多备选方案，提高决策质量。

任何事物都存在一个度，团队的多样性也是一样。多样性太强的团队容易出现较高的离职率，内部交流也会减少。团队的组织管理者要把握好多样性与稳定性之间的平衡。

□ 择能而使，成员技能互补

团队的关键属性之一，就是团队成员技能互补。只有技能互补才能够形成良好的协作关系。

我国先哲们对团队成员互补性的认知和实践，早在两千六百年前就已经成熟。

■ 管仲的执政团队

春秋五霸之首的齐桓公，以管仲为中心建立了一个近乎完美的执政团队。据《吕氏春秋》"审分览·勿躬"篇记载：

> 管子复于桓公，曰："垦田大邑，辟土艺粟，尽地力之利，臣不若宁速。请置以为大田。登降辞让，进退闲习，臣不若隰朋，请置以为大行。蚤入晏出，犯君颜色，进谏必忠，不辟死亡，不重贵富，臣不若东郭牙，请置以为大谏臣。平原广城，车不结轨，士不旋踵，鼓之，三军之士视死如归，臣不若王子城父，请置以为大司马。决狱折中，不杀不辜，不诬无罪，臣不若弦章，请置以为大理。君若欲治国强兵，则五子者足矣。君欲霸王，则夷吾在此。"桓公曰："善。"令五子皆任其事，以受令于管子。

齐桓公向管仲请教如何构建齐国的执政团队，管仲提出了团队的构成，并推荐了合适的人选。包括以下互补型人才：

◇ 大田，负责农业生产；人选：宁戚。

◇ 大行，负责外交礼仪；人选：隰朋。

◇ 大谏臣，负责纠正国君的错误；人选：东郭牙。

◇ 大司马，负责领军作战；人选：王子城父。

◇ 大理，负责刑狱治安；人选：弦商。

管仲作为团队领导，负责整个团队的领导与管理。

齐桓公根据管仲的建议，任用上述五人，服从管仲的领导。正是这个互补型团队，支撑齐桓公"尊王攘夷""九合诸侯、一匡天下"，成就了齐桓公春秋第一霸业。

■ 子产的执政团队

《春秋左氏传》"襄公三十一年"记述，郑国子产的执政团队就是一个成员互补、积极协作的高效团队：

> 子产之从政也，择能而使之。冯简子能断大事；子大叔美秀而文；公孙挥能知四国之为，而辨于其大夫之族姓、班位、贵贱、能否，而又善为辞令；裨谌能谋，谋于野则获，谋于邑则否。郑国将有诸侯之事，子产乃问四国之为于子羽，且使多为辞令；与裨谌乘以适野，使谋可否；而告冯简子，使断之；事成，乃授子大叔使行之，以应对宾客，是以鲜有败事。

子产的执政团队包括以下五位互补型人才：

◇ 冯简子，能决断大事。

◇ 子大叔，美秀而有文采。

◇ 公孙挥（子羽），了解诸侯国政令并掌握各国大夫家族姓氏、官爵职务、地位贵贱、个人才能，又善于辞令。

◇ 裨谌，善于出谋划策，在野外谋划就能获得正确结果，在都市谋划就不行（这个人可能喜欢清静，而喧闹的都市会影响其思维能力）。

子产本人，是整个团队的领导。郑国有与诸侯国交往的事务，子产就向子羽咨询诸侯之信息，并让他拟几份外交辞令；与裨谌乘车到野外清净的地方去谋划；把几种方案告诉冯简子让他决断；然后交给子大叔去执行。郑国与诸侯国交往应对，很少出现把事情办砸的情况。

对郑国的政务来说，这几乎是一个理想的执政团队。

□　和而不同，把握整体平衡

孔子提倡"和而不同"。《论语》[20] "子路"篇记载："子曰：'君子和而不同，小人同而不和。'"孔子认为，君子可以与他人保持和谐关系，却不愿盲目附和；小人没有自己的独立见解，不讲原则地一味盲从，却不能与他人保持和谐关系。

"和而不同"对今天的团队管理仍然具有指导意义。

■　不同观点的平衡

贝尔宾的团队角色理论只考虑了角色的多样性，并没有考虑人际关系。实际上，团队中很可能存在互不喜欢、互不买账的团队成员。他们个人也许很难和睦相处，但不同观点和意见却是一个高效团队必不可少的。这就需要领导者在团队管理中，兼听不同意见，平衡不同观点，做出优化决策。

我国先哲们很早就对平衡团队不同观点的重要性有深刻的认知和精辟的诠释。《春秋左氏传》"昭公二十年"记载，齐国著名政治家晏婴，用羹汤和音乐做类比，极富哲理地向齐景公阐述了如何平衡团队中不同观点：

齐侯至自田，晏子侍于遄台，子犹驰而造焉。公曰："唯据与我和夫！"晏子对曰："据亦同也，焉得为和？"公曰："和与同异乎？"对曰："异。和如羹焉，水、火、醯、醢、盐、梅，以烹鱼肉，燀之以薪，宰夫和之，齐之以味，济其不及，以泄其过。君子食之，以平其心。君臣亦然。君所谓可而有否焉，臣献其否以成其可；君所谓否而有可焉，臣献其可以去其否，是以政平而不干，民无争心。故《诗》曰：'亦有和羹，既戒既平。鬷嘏无言，时靡有争。'先王之济五味、和五声也，以平其心，成其政也。声亦如味，一气，二体，三类，四物，五声，六律，七音，八风，九歌，以相成也；清浊、小大，短长、疾徐，哀乐、刚柔，迟速、高下，出入、周疏，以相济也。君子听之，以平其心。心平，德和。故《诗》曰'德音不瑕'。今据不然。君所谓可，据亦曰可；君所谓否，据亦曰否。若以水济水，谁能食之？若琴瑟之专一，谁能听之？同之不可也如是。"

《春秋左氏传》给我们留下了晏婴调制美味羹汤的"秘方"和演奏美妙音乐的技巧。然而，晏婴的本意却不在羹汤和音乐，而是借以为喻，君臣治国理政要"和"不要"同"。"和"就像烹制羹汤，用水、火、醯、醢、盐、梅来烹煮鱼和肉，用柴烧煮，厨师加以调和，淡了就加料，浓了就加水，使得味道适中。君子食用羹汤，内心平静舒畅。而"同"就像用水去调剂水，谁能喝这样的羹汤？就像琴瑟只发一个音，谁能够听？

晏婴认为：治理国家也要像烹制美味羹汤和演奏美妙音乐那样，追求平衡与和谐。国君决策的事情，如果其中有不合理之处，臣子就应该指出不合理的地方，使得国君的决策更完美；国君否定的事情，如果其中也有合理之处，臣子就应该指出合理的地方，故而政治平和而不违背礼仪，百姓没有争心。

我国古代很多政治家都精于烹饪，可见烹饪与管理有异曲同工之妙。

■ 能力与任务之平衡

管理心理学把人们能够顺利完成某种活动的心理特征称为"能力"，包括：基本能力、特殊能力和能力倾向。基本能力是以人的基本智力为基础、在各种基本活动中表现出来的能力，诸如：观察能力、记忆能力、思维能力、认知能力等；特殊能力是从事专业活动的能力；能力倾向反映潜在的能力素质。

人们进行具体活动时，通常需要综合运用多项能力才能获得成功。这种能够把知识转换成获取绩效所需要的应用领域的深层综合能力，通常被称为"胜任力"。胜任力是用外部标准衡量的综合性能力，主要包括三个方面：

◇ 技术能力。是从事某一职务或工作时应用专业知识的能力，包括熟练运用专门的方法和程序去完成任务。

◇ 人际能力。是工作中与人共事的能力，包括高度的自知之明和理解、同情他人的能力。

◇ 概念能力。是指管理者整体分析、判断和解决复杂的情景问题和捕捉机遇的能力。

能力应与任务平衡。通常情况下，高能力团队比低能力团队有优势，但也不尽然。实践表明，高能力团队执行简单任务时，其表现反而不如中等能力的团队。

不同的团队有不同的任务，选择团队成员时，应该确保必需的角色。团队结构实际上是如何平衡的问题。团队需要的不是平衡的个人，而是组合起来能够平衡的集体。

■ 领导与团队之平衡

团队领导的作用对团队成功至关重要。正所谓："大海航行靠舵手"，"羊群走路靠头羊"。

团队领导负责建立和维持愿景、战略与沟通，培育信任和开展团队建设、影响、指导和监督团队工作，并评估团队绩效；通过分享权力和使用人际关系能力，发挥影响力，使团队成员为了共同目标而相互合作。在团队建设和运行过程中，不断处理并解决遇到的困难和问题；在实现团队绩效目标的同时，使团队成员都能够提升自己的能力、实现个人发展目标。

现代管理学意义的团队领导者，其职责应包含以下方面：

◇ 明确团队的总体目标和阶段目标。

◇ 对团队的整个工作过程进行监督。

◇ 对团队进行引导，但要避免强力支配。

◇ 支持整个团队及每一位成员。

◇ 引导团队建立有效的工作关系。

◇ 带领团队实现目标。

团队领导者的优秀品质之一就体现在知道应该支持什么、什么时候支持。当团队成员提出更好的建议时，他能够第一时间理解并以赞赏的态度接受，把团队成员的这种创意视为团队必须利用的一笔财富。

□ 墨子叹染，团队文化熏陶

我们每个人都有自己独特的性格。性格特征影响我们的思维、言语及行为方式。不仅个人如此，凡是由人构成的团队、组织，乃至民族、政权、国家，也同样具有自己独特的性格，这种性格通常称之为"文化"。

文化一旦形成，其作用将是不可估量的。

20世纪有位华人作家，数典忘祖，极力贬低传统文化，把传统文化比喻为一个大染缸。实际上，这种比喻也只不过是在拾传统文化"牙慧"而已。《吕氏春秋》"仲春纪·当染篇"早在两千多年前就用了这种比喻：

墨子见染素丝者而叹曰："染于苍则苍，染于黄则黄，所以入者变，其色亦变，五入而以为五色矣，故染不可不慎也。"非独染丝然也，国亦有染。舜染于许由、伯阳，禹染于皋陶、伯益，汤染于伊尹、仲虺，武王染于太公望，周公旦。此四王者所染当，故王天下，立为天子，功名蔽天地，举天下之仁义显人必称此四王者。

■ 文化的实质

什么是"文化"？《周易》"贲"卦之象辞有如下描述：

> 刚柔交错，天文也；文明以止，人文也。观乎天文，以察时变；观乎人文，以化成天下。

刚柔交错是天的文采，文明灿烂止于礼仪是人类的文采。观察天的文采，可以知晓四季转变的规律；观察人类的文采，可以推行教化促成天下昌明。

现代语境中的"文化"是一个有着丰富含义的词汇。从广义上说，文化是指人类社会历史实践过程中所创造的物质财富和精神财富的总和。从狭义上说，文化是指社会意识形态以及与之相适应的制度和组织结构。

美国学者沙因在其《组织文化与领导力》[21]中给出的文化定义是：

> 文化就是某一特定的人群，在学会如何对付适应外界和整合内部过程中遇到的问题时，所发明、发现或开发出的一套基本性假设的模式，这套模式一直运作良好而被视为有效，因而把它当作感知、思考和感觉那些问题的正确途径而传授给该人群的新成员。

现代社会中，不同的组织在其运营管理过程中发展出专属于自己的文化，通常称之为"组织文化"。罗宾斯和贾奇在《组织行为学》[22]中给出的组织文化定义是：

组织文化是指组织成员共有的一套意义共同的体系：价值观、行为准则、传统习俗和做事的方式，使组织独具特色，区别于其他组织。

组织文化不仅影响组织成员的行为方式，还会影响他们如何看待、定义、分析和解决问题。组织并不是仅仅依靠财务数字生存，优秀的组织都有充满活力的文化。

高绩效团队都有自己优秀的团队文化。团队文化是成员共同认可并遵守的基本信念、价值标准和行为规范。团队文化是团队的魂魄，支配团队成员的思想和行为。

我国古人很早就对团队文化实质有着深刻理解。本篇"导言"中引述的"师克在和"故事就是例证。斗廉提出的"师克在和"理念，对今天的团队管理仍然具有借鉴意义。

现代管理学通常从七个方面描述团队文化：一、团队导向；二、员工导向；三、成果导向；四、进取性；五、创新与风险承受力；六、稳定性；七、关注细节。如图1-1就是一个示例。

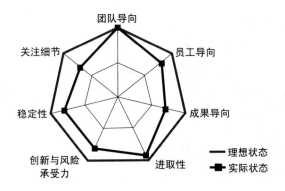

图1-1：团队文化的构成要素示例

不同的组织和团队对每个方面的重视程度不同。

■ 团队文化的影响力

"文化"之于组织，就像空气之于生命、灵魂之于人类，不可须臾或缺。文化约束人们应该做什么，不应该做什么。

不同组织或团队的文化对其员工的影响力不同。文化影响力的强弱，取决于组织推行其价值观的强度和员工对基本价值观的接受及承诺程度。有些组织或团队强烈坚持并广泛共享基本价值观，其文化对员工的影响就更大。

组织或团队文化，对管理者的行为产生的影响更大。因为，管理者的职责，正是通过组织、协调和监督他人的活动，有效率和有效果地完成组织赋予的工作任务。文化将直接决定管理者实施计划、组织、领导和控制的方式。

培育团队文化不仅对团队自身，而且对整个组织的发展都有积极意义。在全球化、知识化、信息化的今天，组织之间的竞争根本在于文化竞争。

☆ 优秀的团队文化孕育驱动力

单纯依靠物质和人力资源数量投入谋求发展优势的模式，已经或即将成为历史。华为公司任正非曾说："资源是会枯竭的，唯有文化才能生生不息。"在知识经济时代，知识与文化将成为组织发展的驱动力，驱动团队追求目标、实现目标。

☆ 优秀的团队文化激发创造力

文化能够把组织的愿景转化为团队成员个人努力的方向。这种转化一旦完成，就会对团队成员产生长久的激励，使其迸发出巨大的创造力。团队文化使成员有创造力的持久激励源，从而创造出超常的团队绩效和辉煌成就。

☆ 优秀的团队文化增强凝聚力

这种凝聚力可以使团队成员具有正确价值取向、强烈的责任感和使命感；使团队成员凝聚在一起，紧紧围绕团队共同目标而努力奋斗，创造出高效率和最佳效益；使团队不惧任何困难和挫折，在竞争中立于不败之地。

☆ 优秀的团队文化提高竞争力

独特的团队文化是其核心竞争力。团队文化是团队的无形资产，是取之不尽、用之不竭的智慧源泉。优秀的团队文化有利于团队成员之间加强协作，提高团队的整体竞争力。

好的团队文化能够激发出特殊的战斗力。《春秋左氏传》"成公十三年"记载了晋秦"麻隧之战"中孟献子对晋军的评价：

> 秦桓公既与晋厉公为令狐之盟，而又召狄与楚，欲道以伐晋，诸侯是以睦于晋。晋栾书将中军，荀庚佐之；士燮将上军，郤锜佐之；韩厥将下军，荀罃佐之；赵旃将新军，郤至佐之。郤毅御戎，栾鍼为右。孟献子曰："晋帅乘和，师必有大功。"五月丁亥，晋师以诸侯之师及秦师战于麻隧。秦师败绩。

上述故事中，孟献子总结晋军获胜的原因是"晋帅乘和"。一个"和"字高度概括了团队文化的作用。

■ 影响团队文化的因素

团队文化是在团队发展过程中形成的。文化形成的过程，势必受到社会文化、团队领导以及团队成员的影响。

首先，团队文化受社会文化影响。社会上所流行的价值观、道德取向都会反映在团队文化的内容中。

其次，团队文化受团队领导风格影响。团队首任领导通常是团队文化的缔造者，其风格无形中渗透到团队文化中。

最后，团队文化还与团队成员互相影响。团队成员的知识水平、文化素养都是团队文化的重要内容。

■ 建立什么样的团队文化

对于团队文化建设，好的开始就是成功的一半。《管子》[23]"小问篇"讲述了一则管仲与齐桓公关于马厩建设的论述：

> 桓公观于厩,问厩吏曰:"厩何事最难?"厩吏未对。管仲对曰:"夷吾尝为圉人矣,傅马栈最难。先傅曲木,曲木又求曲木,曲木已傅,直木无所施矣。先傅直木,直木又求直木,直木已傅,曲木亦无所施矣。"

建马厩围栏时,扎第一根木桩最重要,将决定后面选用什么样的木桩。不仅建马厩围栏时如此,团队文化建设同样如此。团队文化的最初来源,通常都反映了创始人的愿景和使命。

☆ 文化要符合道德

在组织或团队文化建立之初,就一定要强调符合道德规范。否则,无论如何赢得一时风光,最终也避免不了灰飞烟灭。

美国安然公司(Enron Corporation)曾经名列《财富》杂志"美国500强"的第七名,自称"全球领先企业"。2001年12月2日,安然公司突然向纽约破产法院申请破产保护,成为美国历史上第二大企业破产案。

安然公司某任CEO安德鲁·法斯托(Andrew Fastow)的座右铭是"安然说变脸就变脸"[24],充分反映了其本人及公司的价值观和文化。此人因电话和证券欺诈被判处十年监禁。

团队文化会影响道德氛围及其成员的道德行为。安然员工对文化氛围的感受是:个人欲望至上,不惜一切代价追求个人收入。正是不道德之文化,注定了安然公司的破产结局。

具有高道德标准的文化,会产生强大的正面影响。提倡诚实正直、有责任心、勇于担当和开放包容,将为建立符合道德的文化打下第一根"直桩"。反之,贪婪、欺诈、虚伪,也会为个人、团队或组织打下"曲桩",种下毁灭的种子。

为了建立具有较高道德标准的文化,团队领导首先要以身作则,成为一个有形的角色榜样;表达对团队成员的道德期望;定期对团队成员进行道德培训;明确团队规则:奖励符合道德的活动,惩罚非道德活动。

☆ **文化要有创新精神**

在快速变化的全球市场环境中，成功的组织或团队需要具有创新精神的文化支撑。瑞典学者格兰·埃克瓦尔（Goran Ekvall）认为，创新文化通常具有以下特点：

◇ 一，挑战现状并积极参与。

◇ 二，适度的自由。团队成员能够独立限定工作，行使自由决定权。

◇ 三，信任和开放。

◇ 四，周密的计划。

◇ 五，合适的冲突解决机制。

◇ 六，充分的沟通与讨论。

◇ 七，适度的冒险精神。

具有创新精神的文化通常也是学习型文化。要鼓励团队成员主动学习，积极参与沟通，激励创造和支持多样化。

☆ **文化要有一定的境界**

"境界"是属于文化范畴的概念。

个人或组织及团队的境界，无法量化，但我们可以描述。既有思想又有灵魂的人，不仅满足于完成工作、取得报酬，还会寻求工作中的意义和目标；和那些只追求物质享受、为了利益而蝇营狗苟的人相比，显然具有更高的人生境界。组织或团队，通过一定社会环境中有意义的工作来满足员工的需要、实现组织或团队的目标，组织或团队就具有一定的境界。

具有一定精神境界的文化具有以下特点：

◇ 一，工作目的有明确的意义。

◇ 二，关注个体发展。领导者要"己欲立而立人，己欲达而达人。"

◇　三，信任与开放。

◇　四，适度授权。

◇　五，创造员工自由表达的氛围。

有些工作也能为组织或团队及其成员带来经济价值，譬如：给环境带来严重污染的产品生产，质量低劣产品的生产等。但从事这种事业的组织或团队，谈不上什么境界。

在以信息技术为代表的新一轮科技革命浪潮中，互联网和移动终端的普及提高了人们之间的沟通效率，却拉大了人们之间的心理距离。许多人感到缺乏社会联系，归属需要和社会联系需要越来越强烈。人们一方面开始寻求工作之外的生活意义，另一方面希望工作意义能够与个人生活的价值观联系起来。越来越多的人在追求更高的人生境界。

管理者的任何管理行为，都受其价值观和境界的支配。决策方案的选择，为什么是这样，而不是其他？组织的人事任命，为什么是这个人，而不是其他人？合作伙伴的选择，为什么是B，而不是A或C？决策背后，起作用的都是价值观和境界。

管理者心中应该经常拷问自己：管理过程中，你是在不断提升自己以及你所领导团队的境界，还是让他们堕落，仅仅只是为了更快地实现团队的绩效目标？

管理者应该保持清醒的头脑，时刻反省和检讨，不断提升自己的境界。不仅如此，管理者还有责任培育具有一定境界的组织或团队文化，不断提升组织和团队的境界。

第三章　构建优秀的团队

作为管理者，当你决定选择团队管理模式，依靠团队的力量来完成组织赋予的任务时，你应该做什么？怎么做？

首先必须明确：团队目标是什么？为了实现目标，需要什么样类型的团队？如何构建一个优秀的团队？应该如何选择具有互补而平衡技能的成员？如何为团队建立有效的管理机制？

本章将重点阐述上述问题。

□　确定团队目标，指引前进方向

童话故事《爱丽丝漫游奇境记》[25]有一段爱丽丝与猫的对话：

> 爱丽丝问："请你告诉我，我该走哪条路？"猫回答："那要看你想去哪里？"爱丽丝说："去哪儿无所谓。"猫回答："那么，走哪条路也就无所谓了！"

没有目标的团队，就像大海上一只没有方向的航船，只能任意漂泊。明确目标，就是要让团队成员以及利益相关方都知道团队向何处去。目标指引团队首先"做正确的事情"，然后才是考虑如何"把事情做正确"。

■ 设定目标

建立团队的第一要务就是明确设定团队目标，以便凝聚团队的价值观共识，为成功奠定基础。

☆ 团队目标的总体要求

好的团队目标，必须满足以下要求：

第一，可行性。团队目标必须是可行的，只有可行的目标才能使团队成员都相信并愿意为之努力。

第二，挑战性。团队目标要有一定的挑战性。团队成员只有付出努力才能实现团队目标，可以激发团队的战斗力。

第三，可达性。团队目标必须是团队能力和掌握的资源能够实现的。如果目标太过好高骛远，只会影响团队的士气。

第四，共识性。要在最大范围内就团队目标形成共识，这对团队的执行力和绩效至关重要。兵法所云：上下同欲者胜。

第五，约束性。目标一旦确定，就不能随意改变。不管遇到多大的困难和诱惑，都会坚持目标不动摇。

第六，前瞻性。团队目标要兼顾团队发展潜力。

☆ 设定团队目标的方式

设定团队目标的方式或途径，通常有以下两种。

第一种，由团队领导者设定团队目标。目标设定之后，还要努力引导团队成员认同团队目标。

杰克·韦尔奇在美国通用电气公司推行一项变革时，会用其出色的演讲天赋，在公司的每个角落，向他遇到的每一位员工宣讲。团队领导都应该有韦尔奇那种锲而不舍的精神，将团队目标灌输、融入团队成员思维中。

第二种，由团队成员共同讨论确定团队目标。让每个成员都参与设定目标，用目标鼓舞团队，促进团队合作。

要将总体目标和具体目标有机地结合起来。鼓励团队成员自己设定阶段目标以提高自我驱动力。创造机会使团队成员就子目标、阶段目标进行充分辩论，并就如何达成目标、超越目标进行讨论，以此来激励创新的积极性。

☆ 对团队目标达成共识

无论以哪种方式设定的目标，都必须在团队内部达成共识，还应该与团队所在的组织达成共识。

在团队成立之初，应组织一次全体会议，提供沟通机会，促进团队成员互相了解，确保团队成员充分了解团队任务。会议讨论各种影响因素并就团队目标达成共识。

☆ 对团队目标进行合理分解

团队目标通常是宏观的整体性目标。为了实现团队目标，就必须对其合理分解。应对团队目标进行总体分析，考虑任务的各个方面，并和团队成员充分讨论。目标分解应根据团队目标的内在逻辑，在纵向、横向或时序上将其分解成范围较小、内涵更具体的次级目标，形成一个有效的目标体系。

目标分解是明确目标责任的前提，是使总体目标得以实现的基础。分解后的子目标或任务，能够真正落实到每位团队成员，并且便于实施与考核。

团队目标分解的过程，需要进行有效沟通和信息分享。

■ 拓展与调整目标

☆ 拓展目标

具有一定拓展空间的团队目标，意味着团队及其成员只有运用超出已有的能力才可以实现目标。实现具有拓展空间的目标的过程，也是团队及其成员自我超越的过程。

即便是已经成功的团队，只要能为其确定具有一定拓展空间的目标并提供适当的支持，一定能够继续超越其原定的标准。

要从简明、周密、实用、财务及效率等方面考虑来设定可拓展目标。这样设定的可拓展目标易于分解和落实责任。

☆ **调整目标**

世界在变化，组织在变革。只有变革才能保持创新活力，因循守旧只会导致落后。《周易》"系辞下传"所谓"穷则变，变则通，通则久"，讲的就是这个道理。

团队的任务和工作性质会随着外部环境而变更，人员也会变动。团队需要经常审视和评估已有价值观共识的适用性，以确保其能够适应新的环境和新的形势。

团队领导要确保团队目标能够激起成员的热情，否则就必须对目标进行调整。调整目标的同时，要调整落实目标的计划。如果计划有问题，目标也可能落空。

对于不能实现的目标，要进行详细分析，找出其原因，然后确定与变化了的情况相适应的新目标。

由于新目标是所有团队成员共同参与制定的，将更有激励作用。调整目标有两方面优点：一是团队共同解决问题；二是新计划比原来的计划更具有操作性。

■ 目标管理的 SMART 原则

目标管理可以使团队成员更加明确而高效地工作，也为绩效考核提供了标准，能够使考核更加科学化、规范化。

目标管理的 SMART 原则，是指以下五种特征：

◇ S：目标必须是具体而明确的（Specific）。

◇ M：目标必须是可以衡量的（Measurable）。

◇ A：目标必须是可以达到的（Attainable）。

◇ R：要与团队的总体目标和其他目标相关联(Relevant)。

◇ T：目标必须具有明确的截止期限（Time-bound）。

可以使用雷达图判断各项准则的符合程度，如图1-2所示。

图1-2：目标管理的SMART原则及其符合度

团队目标还是成员的绩效目标，都应符合SMART原则。

□ 选择团队类型，适用即是最好

世界上各类组织中团队规模大小不一，类型多种多样。

■ 可供选择的团队类型

罗宾斯和贾奇在《组织行为学》中将普遍存在的团队概括为四种类型，得到了广泛认可和应用。

☆ **问题解决型团队（Problem Solving Teams）**

团队成员通常来自于同一职能部门，每周用几个小时的时间会面，针对如何解决具体问题（改进质量、提高效率、改善环境等），进行讨论、互相交换看法或提出建议。

实践证明，问题解决型团队的管理形态是行之有效的。美林证券公司的问题解决型团队，通过研究开设现金管理账户过程中存在的问题，建议把处理流程由46步缩减到36步，所需时间由15天缩减到8天。

☆ **自我管理型团队（Self-Managed Work Teams）**

自我管理型团队是相对自治的团队，不仅要提出解决问题的建议，还要实施解决问题的方案，并对工作结果承担全部责任。团队拥有很高的决策权，可以自己挑选团队成员，可以共享或轮流担当团队领导，积极性得到极大提高。

自我管理型团队从根本上改变了工作的组织模式。组织通过自我管理型团队，形成真正意义上的扁平化组织结构。世界上很多知名公司都推行自我管理型团队。

☆　**交叉功能型团队（Cross-Function Teams）**

交叉功能型团队是跨职能部门的横向团队，团队成员来自于组织中不同业务领域，目标是完成组织中涉及多个业务领域的复杂任务。有些交叉功能型团队甚至是跨组织的，成员来自于不同组织，团队目标同时要满足多个组织的要求。

交叉功能型团队促使不同领域的员工交流信息，能够激发团队成员尝试以非常规方法解决问题，具有较强的创新能力，有助于解决复杂问题及应对变化的环境。实践证明，交叉功能型团队是一种有效的组织管理形态。

☆　**虚拟团队（Virtual Teams）**

虚拟团队是利用现代通信技术把分散的成员联系起来的团队管理形态。虚拟团队成员通常在网络上工作，通过宽带网、视频会议系统、电子邮件等技术手段进行沟通联络，通过电脑技术来实现共同目标。虚拟团队提高了人力资源的灵活性、解决方案的质量及项目完成速度。

随着经济全球化程度日益加深，跨国公司已经成为全球经济形态。很多跨国公司通过虚拟团队来获得竞争优势。

■　组建新的团队

构建一个新的团队，通常应考虑的事务包括：确定团队规模，确定团队结构，选择团队成员。

☆　**确定团队规模**

团队的规模并不是越大越好。有些情况下，团队成员过多反而会影响其效率。那么，多大算大？多小算小？

现代心理学有一个"心理魔数"：人的认知广度为"7±2"。这个数字成为管理学确定有效规模的框架：很多组织的管理部门数目为"7±2"的幅度，很多团队规模为"7±2"人。

实际上，团队规模的"大"和"小"存在辩证关系，取决于团队的类型及其任务目标。一把锋利的匕首，可以作为侠客近身肉搏的利器；而大规模野战，长枪大戟更能发挥效力。

☆ **确定团队结构**

应根据任务要求确定团队结构，要考虑综合平衡。

团队的成功取决于团队角色、组合模式以及发挥作用的情况。可以通过不同角色的组合达成完美。规模较小的团队，每个成员可以承担多种角色。任务不同，最佳组合方式也不同。每个角色都兼具优缺点，团队领导要用人之长，容人之短。尊重角色差异，发挥个性特征。

☆ **选择团队成员**

如何选择团队成员是实现团队目标的重要环节。从组织绩效模型来看，选择团队成员应考虑以下因素：

◇ 岗位要求。岗位要求不同，所需的团队角色也不同。
◇ 个人素质。包括工作的态度。

团队的本质是其成员相互协作。在选择团队成员时，要尽可能保证知识和技能的互补，还要考虑是否具备团队发展需要的潜能。处理人际关系技巧的水平也很重要，应有友好、坦诚的性格，有能力也有意愿与其他成员共同工作。

知识、技能和经验只是保证团队成功的一个方面，态度对于成功同样重要。那些主动要求加入团队的人，会比被指派的人更有可能为团队做出贡献。

■　重组已有团队

接手管理现有团队是一项挑战。

领导一个新团队，从团队组建开始，就可以分享团队的成长过程。而接手一个现有团队，要求管理者立即表现出掌控和辨识团队优势的能力。应根据新目标对团队进行重组，通常要了解团队现状、调整团队结构并补充团队成员。

☆　了解团队现状

接手一个现有团队，首先就要充分了解团队的现状。在和团队成员会面之前，要先了解其基本情况，还要注意听取与团队相关的其他人的意见，所谓"旁观者清"。在此基础上，依靠自己的判断力，形成对该团队整体概括性结论。

新任领导要尽量多地和团队成员在一起。务必安排时间和每位成员单独交流，以便了解团队成员；同时，也给团队成员了解自己的机会。要乐意听取团队成员的倾诉，善于"听"是愿意合作的象征。如果有成员的看法明显与表象不符，就要问为什么，不要让真知灼见被偏见掩盖。

要对团队表现出信任。信任是凝聚力的增强剂。同时，要表现出应有的自信。只有自信的人，才能赢得他人的信任。

新领导要以赞赏的态度肯定团队的技能和能力。组织团队成员对过去未能取得应有的绩效进行详细的分析和讨论，找出问题所在，并制定解决问题的措施。

☆　调整团队结构

在充分交流并掌握了团队的现状及问题症结所在后，就需要采取行动：依据团队目标和任务对团队进行调整。

调整并不意味着否定过去。相反，新领导要充分肯定团队的过去。团队的过去是团队成员共同的历史，消极地批评过去的失误和不良表现，会引起现有团队成员的不快和反感。

当你尝试了可能的措施，如果某些成员仍然不能适应或配合团队新的运行模式，那就要果断地进行人员调整。只有"推陈"，才能出新！人员调整要周密斟酌方式方法，给人留出路。不适合本团队的人也许更适合组织内其他岗位。

☆ 补充团队成员

对团队进行必要的调整后，某些职能或角色可能会空缺，需要及时选择补充。可以参考上节介绍的选择原则和方法。

■ 应关注的事项

☆ 关注人才群体效应

优秀人才具有超出常人的知识和分析判断能力，相互之间容易相知和认同，会出现群体效应。《吕氏春秋》"不苟论·贵当"篇楚庄王与善相人者之间的对话就阐述了这种效应：

> 荆有善相人者，所言无遗策，闻于国。庄王见而问焉，对曰："臣非能相人也，能观人之友也。观布衣也，其友皆孝悌纯谨畏令，如此者，其家必日益，身必日荣，此所谓吉人也。观事君者也，其友皆诚信有行好善，如此者，事君日益，官职日进，此所谓吉臣也。观人主也，其朝臣多贤，左右多忠，主有失，皆交争证谏，如此者，国日安，主日尊，天下日服，此所谓吉主也。臣非能相人也，能观人之友也。"

观察一个人的朋友圈，就可以大概知道此人品行与才能。观察一位领导者欣赏和使用什么样的人，就能够判断其事业发展前景。古往今来，概莫能外。

☆ 用人所长，容人所短

金无足赤，人无完人。领导者要有容人之量：用人所长，容人所短。德鲁克在《卓有成效的管理者》[26]中提出：

"用人所长是卓有成效的管理者必须具备的一种素质。有效的管理者应使人发挥其长处。"

团队绩效不佳，很可能是用人不当、用非其长而埋没人才。《吕氏春秋》"士容论"所讲"良狗取鼠"故事即为镜鉴：

齐有善相狗者，其邻假以买取鼠之狗。期年乃得之，曰："是良狗也。"其邻畜之数年，而不取鼠，以告相者。相者曰："此良狗也，其志在獐麋豕鹿，不在鼠。欲其取鼠也，则桎之。"其邻桎其后足，狗乃取鼠。

齐人的需求是"取鼠"，却配置了一只"志在獐麋豕鹿，不在鼠"的良狗，结果是"畜之数年，而不取鼠"。为了让良狗取鼠，于是就"桎其后足"。故事启示我们：应根据实际需要合理配置人才，低配和高配都会带来问题。低配导致组织目标无法实现，高配不仅浪费人才，还影响高配者的积极性。

将人才放在不合适的位置上，却用严酷的约束强迫其做非其所长、浪费能力之事，这样的组织还能吸引到人才吗？

☆ **善于发现被埋没的人才**

新领导接手既有团队，进行调整时，要特别注意考察那些绩效不佳的人。如果存在用人不当、埋没人才的情况，就要果断纠正，将特殊的人才放到合适的位置上。这样的人才一定会感激新领导的知遇之恩，尽其所能创造最佳绩效。

这方面，最好的学习榜样是三国时期刘备及时更正对庞统的任免。《三国志》"庞统传"记载了如下一段故事：

先主领荆州，统以从事守耒阳令，在县不治，免官。吴将鲁肃遗先主书曰:"庞士元非百里才也,使处治中、别驾之任,始当展其骥足耳。"诸葛亮亦言之于先主,先主见与善谭,大器之,以为治中从事。亲待亚于诸葛亮,遂与亮并为军师中郎将。

这段故事虽然没有《三国演义》讲得那么精彩,但更凸显了刘备善于发现和任用被埋没的人才。

□ 致力团队建设,寻求动态平衡

团队发展是一个动态过程。任何团队都会经历从建立、发展到有效运作直至使命结束的不同阶段。发展阶段不同,团队建设的工作重心也不同。

■ 团队的发展阶段

塔克曼1965年发表《小型团队的发展序列》[27],提出团队发展的四个阶段:形成阶段(Forming),震荡阶段(Storming),规范阶段(Norming),执行阶段(Performing)。后来又增加了休整阶段(Adjourning)[28]。"五阶段模型"对团队发展理论产生了深远的影响。

☆ 形成阶段

团队的形成阶段是团队初创和组建阶段。来自于不同部门的人员聚集起来构成一个团队,彼此从相互认识到相互熟悉,开始了由个体转变为团队成员、进而归属于团队的过程。

☆ 震荡阶段

团队形成以后,成员从相互交流信息转向拥有共同目标,并按照分工开始初步合作。问题也会逐渐暴露:可能会出现对角色和职责理解的分歧,甚至开始相互竞争;原来的期望与现实存在差距,士气开始低落;部分成员的能力还没有培养起来,工作业绩较低;团队成员开始流失。

☆ 规范阶段

经受了震荡阶段的考验，团队开始进入规范化发展阶段。成员基本稳定，相互关系已经理顺，大部分矛盾和冲突得到解决，成员之间的信任逐步增强，个人期望得到调整。规章制度逐步建立，团队领导逐渐掌控团队局势。团队成员有了归属感和凝聚力，相互配合意愿提高，开始和谐发展并创造效益。

☆ 执行阶段

经历了规范化发展阶段之后，团队就进入高效执行阶段。团队成员士气高昂、关系和谐、信心十足，集体感和荣誉感增强，能力达到或超过完成绩效目标所要求的程度。团队成员领悟了工作的实质精神，积极工作，致力于实现共同目标。

☆ 休整阶段

世上没有不散的宴席。任何一项任务，终有完成的时候。

预期目标实现之后，团队就进入休整阶段。组织规定的工作结束，团队不再有共同目标，未来向何处发展？暂时还没有明确的方向。团队成员会有失落感，不满足目前的处境，想得到更高的回报，利益层次上的矛盾也凸显出来。休整阶段既可能是团队的终止，也可能是另一个新团队的起点。

并不是每个团队都会经历上述五个阶段，因具体情况而异。管理实践也几乎无法找出相邻阶段的明显分界点。

■ 不同阶段工作重点

团队的发展过程不是自动的，需要有计划、有意识地建设。要结合阶段特征，确定团队建设工作重点。团队领导的职责是：带领团队完成任务，建设好团队，发展好每一位成员。

团队发展的不同阶段，团队任务、团队建设、个人发展三方面的需要并不是均衡出现，这就决定了不同的工作重心。团队领导要掌握动态平衡。

☆ 形成阶段的工作重点

在团队形成阶段，团队成员个人发展需要较高。他们首先要确定自己的工作任务是什么，并想知道与其他人的工作关系是什么。团队领导的工作重心应向个人发展需要倾斜，多创造机会、多花时间与每一位成员交流和沟通。

团队建设的需要处于中等水平，领导和成员应共同探索团队的运行模式和发展方式。应多组织交流讨论，创造互相熟悉的机会，让每个人都能够自由地说出自己的观点和想法。

这一阶段团队任务的需要不高。

☆ **震荡阶段的工作重点**

这一阶段个人发展需要仍然处于较高水平。必须满足个人发展需要，才能使团队成员安心、对未来充满希望并愿意共同克服困难，而不是选择离开。

团队成员的不同观点会在交流中互相碰撞，不可避免地会发生冲突。因此，团队建设的需要必然会上升。应使所有成员都有表达自己观点的机会，避免个别人主导团队舆论。

这一阶段，任务需要仍然处于较低水平。

☆ **规范阶段的工作重点**

团队度过震荡阶段后，成员之间经过磨合，已经可以顺利处理问题和困难。因此，成员的个人发展需要相应降低。

团队致力于形成行动准则和工作程序，并建立一系列规章制度，团队建设的需要上升到较高的水平。应鼓励团队成员提出新想法、新思路，增强团队成员的参与感。

团队任务的需要开始上升。应注意引导团队关注目标，合理分解目标并激励团队成员为目标做出贡献，鼓励加强协作以提高效率。激励团队成员全力投入工作，帮助解决问题。

☆ **执行阶段的工作重点**

这一阶段，完成任务成为第一需要。应将主要精力放在完成团队任务上，围绕团队目标，激励成员完成计划，监督和评审执行效果。个人发展需要和团队建设需要处于适当的水平。

☆ **休整阶段的工作重点**

这个阶段，组织规定的团队工作任务已经完成，团队目标基本实现。团队的任务需要退居到最低的水平。

团队失去共同目标，成员会有失落感，不满足目前的处境，想得到更高的回报。个人发展需要上升到突出的位置。

休整阶段既可能是团队的终止，也可能是新团队的起点。团队"向何处去"成为所有人都要面对的首要问题。这一问题取决于两个方面的因素：一是组织的需要；二是团队本身的建设水平。如果团队建设水平较高，处于一个较好的状态，组织会赋予团队新的任务，团队将进入一个新的发展时期。

不同的前景预期会对团队成员造成不同的心理影响。要做好团队成员的思想引导工作，充分说明休整的必要性及意义，让团队成员认同组织的调整措施。

■ **争取支持资源**

团队没有资源支持，就如同"巧妇难为无米之炊"。大多数团队都能从其所在的组织获得支持资源。如果组织本身拥有这些资源并且能够为团队所用，团队就不需要重复配置。

☆ **争取组织内部的各种资源**

团队组织者应该认真考虑所需的各种资源，包括市场和客户信息、管理层的支持、财会部门的专业支持、决策支持等，并与成员一起讨论如何从组织的有关机构获得这些资源。

☆ **与管理层建立联系**

团队需要获得组织中高层管理者的支持，这种支持是特殊的、不可替代的资源。以下三方面的关系是至关重要的：

◇ 第一，团队的主要发起人。团队是其创意和骄傲，愿意支持和帮助。

◇ 第二，归口管理部门及其负责人。多数情况下，归口管理部门及其负责人会及时帮助团队协调解决问题。

◇ 第三，控制团队预算的部门及其负责人。充分沟通，使预算控制部门了解并理解团队预算需求的合理性。

☆ **寻求外部资源**

团队的成功很大程度上依赖于优秀的联络技能。在组织内外充分利用各种关系，可以为团队提供必须的支持。

某些人能够从外部对团队施加重要影响。要详细分析这些影响及其施加时机，主动联系，寻求理解、认可和支持。

发掘所有可能对团队有利的关系，并努力维持。

■ **确定团队管理模式**

不同性质的团队，处于不同发展阶段的团队，其适用的管理模式也不同。成功的团队管理模式有多种，正所谓"条条大路通罗马"，要根据实际情况确定团队的管理模式。

☆ **以领导为中心**

团队领导掌控团队发展和运行过程，保持统一。在团队的震荡阶段和休整阶段尤其应该采用以领导为中心的管理模式。

团队领导应注意把主要精力放在团队建设上。一方面，以自己的正直行为赢得管理权威并尽力维护其权威；另一方面，要主动征求团队成员的意见并尽量取得一致。

☆ **以团队为中心**

这种管理模式，适用于团队的规范阶段和执行阶段。这种模式的先决条件是：团队已经足够成熟，领导对其团队和成员有充分的信任，团队成员之间的协作和配合也比较默契。

团队领导者的角色应该是协调者和推进者，适当放弃对团队的控制，允许团队以适合的决策方式做出最后抉择。

☆ **其他管理模式**

团队发展可能不是连续过度，而是间断式跳跃发展。每一个发展阶段都会形成阶段性平衡状态，即所谓"间断平衡"。以此基础的团队管理模式，通常应遵循的原则是：第一，新的阶段应打破旧的管理模式；第二，依据变化了的团队工作重心和外部环境重新选择管理模式；第三，选择较为适合当前阶段的新型工作方式；第四，在每一个阶段应保持相对稳定性，有效运作并取得稳定成效。

我们可以把团队发展阶段模式作为一种总体框架，针对团队发展的动态特性，有效预测团队发展中可能出现的问题，积极准备好应该采取的策略。

□ 建立管理机制，确保质量效率

■ 明确规范和制度

☆ **团队行为规范**

团队应有自己的行为规范。所谓行为规范，就是团队成员共同接受的行为标准。其作用有两个：一是约束和规避有害的行为；二是鼓励对团队发展有益的行为。

行为规范可以提高团队的自我管理和自我控制能力。

我国古人特别重视行为规范。《春秋左氏传》"文公十八年"记载：莒国的国君莒纪公喜爱小儿子，于是就废黜了太子已仆。莒纪公在国内还多行"无礼"之事。已仆利用国人杀了莒纪公，带着国家宝物玉器投奔鲁国，献给了刚继位的鲁宣公。

鲁宣公贪图"宝"和"玉"，准备接纳已仆，还下令赐予其城邑，并要求"今日必授"。鲁国正卿季文子担心国君收留已仆这样"犯上作乱"的人，国家以后没法治理，就让负责司法和治安的司寇（后来孔子任过此职）

把己仆赶出鲁国，要求"今日必达"。鲁宣公就派人去质问季文子为什么和自己作对。

季文子派太史克回答鲁宣公："先大夫臧文仲教导我侍奉国君的道理，我一直奉行，不敢有差错：'见到对其国君有礼的人，侍奉他，要像孝子奉养父母一样；见到对其国君无礼的人，驱逐他，要像鹰鹯驱逐鸟雀一样。'……我观察己仆，没有做人原则：孝敬方面，杀了自己的君父；忠信方面，盗窃了国家的宝玉。他就是盗贼，那些器物就是赃物！如果我们收留他并用其器物，就是窝赃！以此作榜样，百姓就无所效仿了。"

季文子通过驱逐"犯上作乱"的己仆这个行动，为鲁国的卿大夫们树立了孝敬、忠信的行为规范。

《论语》"颜渊"篇记述：

> 季康子问政于孔子曰："如杀无道，以就有道，何如？"孔子对曰："子为政，焉用杀？子欲善而民善矣。君子之德风，小人之德草。草上之风，必偃。"

若干年来，我国吏治由世界最廉洁发展到较为严重的腐败。对照古人反思：背后是否有行为规范方面的原因？在高位的领导者们，为我们的干部队伍、为整个国家和人民树立了什么样的行为规范？吹的是什么风？

☆ **团队规章制度**

行为规范是没有行诸文字的价值观共识。规章制度是明文规定的行为规范。

规章制度确定团队的运转程序和多数工作流程，保证团队成员按照规定积极主动地投入工作。规章制度包括团队如何进行日常决策以及常用的决策方法[29]：

◇ 方法一，团队提出参考建议，领导做决策。

◇ 方法二，多数票决策。

◇ 方法三，专家组决策。

◇ 方法四，全体一致通过决策。

☆ **团队纪律及其作用**

严肃纪律之目的就是要祛恶扶善。祛恶要有惩罚来威慑。

西方现代管理学有一个"热炉法则"（Hot Stove Rule）：将纪律比作一个烧热的火炉，任何触碰都会受到惩罚。"热炉法则"包含四项基本内容：

◇ 第一，预先警告。烧红的火炉，不用手去触摸也知道是热的，会灼伤人。团队要将纪律这个炉子烧红。

◇ 第二，即时惩罚。碰到热炉时，立即就会被灼伤。如果违反团队纪律，惩罚必须立即进行，决不能拖泥带水。

◇ 第三，一视同仁。谁碰到热炉，都会被灼伤。纪律面前人人平等，无论是谁，只要触犯纪律，都要受到惩罚。

◇ 第四，前后一致。每一次接触热炉，都会得到同样的结果。只要触犯纪律，就一定会受到惩罚。

"热炉法则"与我国2500年前郑国执政大臣子产的施政理念有异曲同工之妙。据《春秋左氏传》"昭公二十年"记述：

郑子产有疾，谓子大叔曰："我死，子必为政。唯有德者能以宽服民，其次莫如猛。夫火烈，民望而畏之，故鲜死焉；水懦弱，民狎而玩之，则多死焉，故宽难。"疾数月而卒。大叔为政，不忍猛而宽。郑国多盗，聚于萑苻之泽。大叔悔之，曰："吾早从夫子，不及此。"兴徒兵以攻萑苻之盗，尽杀之，盗少止。

子大叔怀着仁慈之心，不愿严格约束百姓，没有听从子产的遗训。结果，纵容了犯罪，最后不得不杀掉更多的人。

这对新中国建立后半个多世纪的吏治状况演化过程，特别有针对意义。是谁，在什么时候把严惩贪污腐化的"火炉"，化成了贪官们可以随意狎玩的水了？

目前很多组织热衷于"热炉法则"，把自己的员工看作随时都可能违反纪律的"坏人"，需要高扬纪律之鞭来威慑。但惩罚毕竟只是手段而不是目的，使用过滥将适得其反。

高效的组织或团队，更为常用的方法是教育员工自觉遵守纪律。如果"教"能够达到目的，还需要"惩"做什么呢？

维护团队纪律，机制创新很重要。一方面要积极寻求替代惩罚的办法；另一方面，更要进行激励，形成"奖励为主，处罚为辅"的激励型管理机制。

■ 建立激励机制

团队管理者必须懂得何时及如何进行激励，以维持团队的士气，提升团队的绩效，实现团队既定目标和组织的利益。

组织或团队的激励，需要建立正常机制并营造一种氛围，使得激励不仅能够保证目标的实现，还能够针对每个成员最看重的方面，使团队成员得到最大程度的自我满足。

☆ 激励的理论依据

现代管理实施激励的理论依据有：需求层次理论，双因素理论，成就—动机理论，期望理论，"X理论与Y理论"等。

一、需求层次理论。美国心理学家马斯洛在其"Motivation and Personality"一书中提出了需求层次理论。假设人的需求分为五种层次：第一，生理需求；第二，安全需求；第三，社会需求；第四，尊重需求；第五，自我实现需求。需求层次与职业发展阶段、组织规模、环境和文化等有关。

二、双因素理论。1950年代由美国心理学家赫茨伯格及其合作者提出[30]。认为个人在工作中会面临两类因素：与外部条件及心理环境有关的保健因素(Hygiene Factors)；与工作内在特征及挑战性有关的激励因素(Motivator

Factors)。两种因素是相互独立的。保健因素得不到满足，激励程度就会降低；即便保健因素得到满足，个体仍然需要激励；只有激励因素得到满足，才会使人感到满意。

三、成就动机理论。由美国心理学家麦克莱兰及其合作者提出[31]。该理论将需要分为三类：

◇ 成就需要。是人们追求卓越、达到标准、争取成功的内在驱动力。

◇ 权力需要。控制别人行为方式的需要。

◇ 归属需要。人们都有与他人建立友好亲密关系的愿望。

具有高度成就需要的人在工作中倾向于承担责任，具有高度归属需要的员工偏重人际关系和沟通，而具有高度权力需要的管理人员则愿意寻求影响力。

四、期望理论。美国心理学家弗鲁姆1964年在其《工作与激励》[32]中提出期望理论。认为人总是渴求满足一定的需要并设法达到一定的目标。目标尚未实现时，表现为一种期望，对个人动机是一种激发力量。激发力量的大小，取决于目标价值和期望概率的乘积。

五、"X理论与Y理论"。美国心理学家麦格雷戈1960年在《企业中人的方面》[33]书中提出"X理论"与"Y理论"。"X理论"认为人们有消极的工作源动力，"Y理论"则认为人们有积极的工作源动力。

☆ **激励的作用**

激励之目的是提高个人绩效和团队整体绩效。

员工的绩效是其能力与动机的组合体现。通常情况下，绩效=技能×激励。技能是指能力以及对能力的自信，即会不会做和能不能做的问题；而激励实际上就是工作动力的问题，即有没有意愿的问题。如果不能给予成员较强的工作动机并创造合适的环境与机会，即便员工才华横溢，最终也将一事无成。

第一，激励是发挥优秀人才作用的关键因素。

我们可能遇到过这样的领导者：平日里不注意激励下属，成绩、功劳和好处都归自己所有，关键时刻又想让别人为其出力。这样的领导能够成功吗？《韩诗外传》[34] "卷七"讲了一则"宋燕罢相"的故事，就属于这种情况。

宋燕被齐王罢免相国之职，回到家里召集陈饶等门客问道："诸位有谁能够赴诸侯国为我谋取官职吗？"陈饶等人低头不语，装作没听见。宋燕气愤地说："为什么所谓的士这么容易招揽，而到关键时候却没什么用处呢！"陈饶反驳说："并不是士难用，是您不能用罢了。您自己不能用人，反有不平之心。自己有过失，却去责备别人。"宋燕更气愤地质问陈饶："你说说看，为什么是我自己有过失，却去责备别人？"于是，陈饶就对其行为进行了深入剖析：

"三斗之稷不足于士，而君雁鹜有余粟，是君之一过也；果园梨栗，后宫妇人以相提掷，而士曾不得一尝，是君之二过也；绫纨绮縠，靡丽于堂，从风而弊，而士曾不得以为缘，是君之三过也。且夫财者，君之所轻也；死者，士之所重也。君不能行君之所轻，而欲使士致其所重，犹譬铅刀畜之，而干将用之，不亦难乎！"

从陈饶的分析中我们了解，宋燕平时不注意对其门客进行激励，门客们仅能满足最低层次的生理需求，甚至连安全需求都没有完全满足！指望满腹抱怨的门客为其出谋划策、奔走效命，不是"铅刀畜之，而干将用之"吗？

与宋燕吝于待士相比，孟尝君田文就很注意养士并在关键时候得到帮助。《战国策》[35] "齐策四"篇讲了冯谖帮助孟尝君复相位的故事：冯谖家贫不能自立，经人推荐到孟尝君门下作食客，开始只得到最低级待遇。

居有顷，倚柱弹其剑，歌曰："长铗归来乎！食无鱼。"左右以告。孟尝君曰："食之，比门下之客。"居有顷，复弹其铗，歌曰："长铗归来乎！出无车。"左右皆笑之，以告。孟尝君曰："为之驾，

比门下之车客。"于是，乘其车，揭其剑，过其友，曰："孟尝君客
我。"后有顷，复弹其剑铗，歌曰："长铗归来乎！无以为家。"左右
皆恶之，以为贪而不知足。孟尝君问："冯公有亲乎？"对曰："有老
母。"孟尝君使人给其食用，无使乏。

　　冯谖通过"三弹三唱"引起孟尝君的注意，解决了生理需求、安全需求、
社会需求和尊重需求。接下来需要找机会施展其才能，满足其自我实现需求。
　　一年后，机会果然来了。齐宣王罢黜了孟尝君的相位。孟尝君只好回自
己的封地。冯谖施展其外交才干，为其恢复相位。第一步，游说梁惠王厚礼
聘请孟尝君。第二步，借助于梁国的行为影响齐国：齐宣王听说梁国要重用
孟尝君，就赶紧把他请回来复位。第三步，把齐国先王的祭器弄到封地薛，
立了王室的宗庙。孟尝君在齐国作国相数十年，再没有什么灾祸，都是由于
冯谖的谋划。
　　宋燕与孟尝君，对门客的激励措施不同，收获的结果也截然相反。正所
谓"种瓜得瓜，种豆得豆"。
　　第二，给优秀人才更多的发展机会。
　　我国秦汉时期杰出的军事家韩信，最初投身项羽集团，做了三年负责帐
前警卫的"执戟郎"。项羽没有给他发展机会。
　　韩信怀才不遇，愤而离开，投奔了刘邦，被任命为负责后勤管理的军需
官"治粟都尉"。韩信仍然感觉自己的能力未被认可，没有发展机会，就再度
逃走。
　　接下来，发生了大家熟悉的"萧何月下追韩信"的故事。萧何把韩信追
回来，直接推荐给大老板刘邦。经过几次深谈，刘邦终于发现了这位军事天
才，于是举行隆重的"封坛拜将"仪式，任命韩信为"大将军"。从此，韩信
的能力和动机得到了很好结合，充分发挥其军事才能："明修栈道，暗度陈
仓"，消灭了项羽安插在关内的三股势力；"背水一战"，灭了赵国和代国；
"垓下一战"帮助刘邦彻底打败了项羽，重新统一了国家。

第三，给优秀人才更大的自由空间。

近代史上满清政府破格任用左宗棠和太平天国不能重用石达开，是具有特殊能力的人才是否有自由空间发挥才能的两个截然相反的案例。

左宗棠不善八股文，一直未能考取进士。但他作为湖南巡抚张亮基的幕僚，在抵抗太平军的过程中表现出了杰出的组织能力和军事才华。咸丰皇帝亲自下令"让左某人出来做事"，左宗棠由谋僚直接被任命为浙江巡抚。这给了他更大空间施展才华，极大地激发了他建功立业的动机，在镇压太平天国以及收复新疆的过程中发挥了至关重要的作用。

另一位优秀人才石达开，鄱阳湖水战打得湘军统帅曾国藩两次投水自尽。但石达开一直未能得到信任和重用，没有施展才华的空间。"天京事变"后又遭受洪秀全猜忌，石达负气出走，另立山头，成为太平天国运动由盛转衰的关键。

☆ **常用的激励措施**

激励措施分为物质激励和非物质激励两类。物质激励固然重要，但有时候非物质激励却能够起到物质激励起不到的作用。管理的最好方式是认可并重视人的价值，激发其能动性。所谓"士为知己者用，女为悦己者容"。

实施激励要注意把握强度：太低，起不到激励的作用；太高，团队和组织难以承受，会影响长远发展。实施激励还必须考虑资源有限性和激励持久性。

☆ **根据不同对象实施个性化激励**

团队成员中每个人都有其特殊情况，对激励的需求也有差别。经济拮据的人更关注即时经济回报，具有创新精神的人更关注工作的挑战性、成功与成长的空间。

马斯洛的需要层次理论提示我们，激励需要注意以下问题：

◇ 激励需考虑不同对象，激励甲的方法不一定适合乙。

◇ 即便同一个人，不同时期的需要也会变化，需要不同的激励方式。

刘基在《郁离子》"致人之道"篇阐述了招揽人才并实施激励的道理，可谓中国版需求层次理论，早于马斯洛600年。

> 或问致人之道，郁离子曰："道致贤，食致民，渊致鱼，薮致兽，林致鸟，臭致蝇，利致贾。故善致物者，各以其所好致之，则天下无不可致者矣。是故不患其有所不至，而患其有所不安。"

《郁离子》以寓言故事方式讲管理。我国管理领域的研究者和实践者，在争相引入"洋理论""洋模式"时，是否尝试过对《郁离子》这个管理学宝藏进行深入研究和挖掘利用？

☆ **激励要及时兑现**

激励是否兑现，是"立信"的大问题。提出的激励措施一定要兑现，不能兑现激励就会失去信用。长期失信于民，必然造成严重后果。《郁离子》"吴王吝赏"篇讲了一则吴王夫差不能兑现激励而导致亡国的寓言故事：

> 姑苏之城围，吴王使太宰伯嚭发民以战。民诟曰："王日饮而不虞寇，使我至于此，乃弗自省，而驱予战。战而死，父母妻子皆无所托；幸而胜敌，又不云予功。其奚以战？"太宰嚭以告王，请行赏，王吝不发；请许以大夫之秩，王顾有难色。王孙雄曰："姑许之，寇退，与不与在我。"王乃使太宰嚭令。或曰："王好诈，必诳我。"国人亦曰："姑许之，寇至，战不战在我。"于是王乘城。鸱夷子皮虎跃而鼓之，薄诸阊阖之门。吴人不战。太宰帅左右扶王以登台请成，弗许。王伏剑，泰伯之国遂亡。

吴王吝赏，不肯给将士们激励。勉强答应的，还准备好了不兑现。长期失信于民，最终的结局是身死国灭。

激励的作用随着时间延长而快速衰减，只有及时激励才能起到应有作用。刘邦和项羽争夺天下，都想拉拢那些游离势力为己所用，这些人为谁所用，关键在于激励措施。《史记》[36]"淮阴侯列传"记载了韩信对项羽的评价：

> "项王喑噁叱咤，千人皆废，然不能任属贤将，此特匹夫之勇耳。项王见人恭敬慈爱，言语呕呕，人有疾病，涕泣分食饮，至使人有功当封爵者，印刓敝，忍不能予，此所谓妇人之仁也……今大王诚能反其道：任天下武勇，何所不诛！以天下城邑封功臣，何所不服！"

项羽不肯及时激励部属、不愿意与功臣们分享成果。刘邦则听取韩信的建议：许诺的封王封侯或者物质奖赏，都能够及时兑现。历史发展正如韩信预测：不仅独立势力，甚至项羽集团的人物，也先后投奔刘邦。项羽众叛亲离，最终自刎于乌江。

☆ **善用特殊激励**

特殊的激励措施能够激发出特殊的潜能。《韩非子》[37]"内储说上"讲了李悝用特殊激励"教民习射"的故事：

> 李悝为魏文侯上地之守，而欲人之善射也，乃下令曰："人之有狐疑之讼者，令之射的，中之者胜，不中者负。"令下而人皆疾习射，日夜不休。及与秦人战，大败之，以人之善射也。

魏国的上地与秦国相邻，边境经常发生战事。太守李悝希望百姓都善于射箭，就下令："如果有说不清是非曲直的诉讼，就用射箭定输赢。"于是，百姓都赶快学习射箭。后来与秦国发生战事，把秦国打得大败。

■ 培育团队文化

文化一旦形成，就会维持其稳定性，并发挥持久影响力。

团队文化的培育和建设不是一朝一夕的事情，需要长期耐心细致的培养和潜移默化的影响。如何培养团队文化？可以借用唐朝大诗人杜甫《春夜喜雨》的诗句来描述：

好雨知时节，当春乃发生；随风潜入夜，润物细无声。

团队领导者的行为，会无形地影响团队文化。

IBM的某任CEO帕尔米萨诺希望员工重视团队工作，他从自己年终奖中拿出几百万美元，奖励团队工作的管理者。

文化可以通过多种途径传递，最常用的几种方式包括以下几方面。

◇ 撷取团队文化中的一系列故事，讲给新成员听；

◇ 将团队文化整理成结构化的仪式，要求新成员履行；

◇ 将团队文化凝练成信条，要求成员牢记；

◇ 使用团队成员特有的语言来标识团队文化。

团队领导者应采用适当的方法引入文化。

建立一个健康的、符合道德的、有创新精神的文化，必须坚守以下要素。

◇ 一，真诚。要建立诚实的文化氛围，明确在这个诚实的文化氛围中，团队及其成员的行为规范。

◇ 二，信任。一切良好的关系都建立在信任基础上，要在组织和团队中建立一种信任氛围，使交流公开化。

◇ 三，自由。要创造一个自由工作环境，要清楚每个人的优缺点，让每个成员充分发挥自己的特长。

第四章 打造高绩效团队

作为团队的领导者，怎样才能打造一个高绩效团队，更好地实现团队目标和个人发展目标？

首先，必须充分发挥领导力，将团队成员凝聚在一起。其次，用自己的道德影响团队，培育团队良好品德，奠定成功基础。再次，要掌握并善用管理措施，提高管理效率。最后，还要熟谙领导艺术，充分调动和发挥成员的积极性和创造性。

本章将重点阐述上述问题。

□ 发挥领导作用，凝聚团队力量

西方有个谚语：一头狮子带领一群绵羊，绵羊也会成为狮子；一头绵羊带领一群狮子，狮子也会成为绵羊。

隋朝末年瓦岗寨农民起义军队伍中，汇聚了魏征、秦琼、徐绩、程咬金、侯君集等众多优秀人物。然而，就是这么一支由狮子构成的团队，在翟让和李密的领导下，竟被洛阳土豪王世充打败！一众英雄穷途末路，纷纷投奔李唐集团，后来在杰出领袖李世民的领导下，为大唐王朝做出了突出贡献，可见成败得失，关键在于领导者的作用。

■ 领导力面面观

领导者的作用通常称为"领导力"。一个团队、一个组织、一个政权的兴衰，其核心人物的领导力起着决定作用。德鲁克在其专著《管理的实践》[38]中提出：领导力的重要性至高无上，没有什么能够替代；领导力是把一个人的视野提升到更高的境界，把一个人的绩效提升到更高的标准，是打造一个人的品格，使之超越通常的局限。

关于领导力，古今中外多有阐释。本节重点阐述领导力的构成要素。

☆ **我国古代领导力素质模型**

我国先哲们两千多年前就从不同的视角对领导力进行了阐述。著名军事家孙武在《孙子兵法》[39]中提出了军队统帅应具有五个方面的领导力素质：

"将者，智、信、仁、勇、严也。"

孔子认为领导力素质应包括"恭、宽、信、敏、惠"：

子张问仁于孔子。孔子曰："能行五者于天下，为仁矣。"请问之。曰："恭，宽，信，敏，惠。恭则不侮，宽则得众，信则人任焉，敏则有功，惠则足以使人。"（《论语》）

《庄子》[40]"胠箧"篇以诙谐的笔法提出：甚至做强盗头子也是需要领导力的。强盗头子的领导力素质应包括"圣、勇、义、智、仁"等五个方面：

跖之徒问于跖曰："盗亦有道乎？"跖曰："何适而无有道邪？夫妄意室中之藏，圣也；入先，勇也；出后，义也；知可否，智也；分均，仁也。五者不备而能成大盗者，天下未之有也。"

在庄子的辩证观里，盗跖与窃国的诸侯（齐国的田氏，晋国的韩、赵、魏），道德水准是没有高下之分的，领导力素质也是可以比拟的。

我国唐代学者赵蕤，总结华夏数千年文明史，写了一部《长短经》[41]，对我国古代领导力做了详尽阐述。赵蕤提出：

> "设官分职，君之体也；委任责成，君之体也；好谋无倦，君之体也；宽以得众，君之体也；含垢藏疾，君之体也。君有君人之体，其臣畏而爱之，此帝王所以成业也。"

赵蕤从以下四个方面阐述了君王应具有的领导力素质：

◇　第一，设官分职。构建组织体系。

◇　第二，委任责成。人事任免及绩效考核。

◇　第三，好谋无倦。战略谋划。

◇　第四，含垢藏疾。团队文化建设。

☆　**西方领导力理论概述**

一、特质理论。领导特质理论从个人特质入手来研究领导者个性特点，试图建立个人特质与领导成效之间的关系。成功的领导者有某些共同特质。美国普林斯顿大学教授鲍莫尔针对美国企业界情况，提出了企业领导者应具备的十项条件[42]：合作精神，决策能力，组织能力，精于授权，善于应变，勇于负责，勇于求新，敢担风险，尊重他人，品德超人。

二、行为理论。领导行为理论着重分析领导者的行为和风格对其组织成员和绩效成果的影响，从而找出能提高领导有效性的行为和风格。

美国心理学家勒温在《人格的动力理论》[43]书中把领导者表现出来的极端的工作作风分为三种类型：专制型，民主型，放任自流型。密歇根大学利克特等人将领导方式分为四种基本类型[44]：极端专制型，温和专制型，民主协商型，民主参与型。研究表明：民主参与型和民主协商型的领导方式更能促进效率提高，因此提倡"参与管理"。

三、权变理论。领导力权变理论的中心思想是：领导过程是领导者、被领导者、环境条件和工作任务四方面因素交互作用的动态过程，不存在普遍适用的领导方式。提倡实事求是、具体情况具体分析的精神，注重管理活动中各项因素的相互作用。高明的领导者应根据不同环境及时变换领导方式。该理论的代表是费德勒的《有效领导的权变模式》[45]

☆ **库泽斯和波斯纳的领导力素质模型**

美国管理学研究者库泽斯和波斯纳认为："领导力就是动员大家为了共同的愿景努力奋斗的艺术"，"领导力是领导者和追随者之间的一种关系。"他们在多年研究基础上，归纳出卓越领导者的五种习惯行为[46]：

◇ 一、以身作则。领导者必须以自己的清晰理念和言行一致来回答追随者的三个基本问题：你是谁？你要带我们去哪里？如何去？树立榜样，影响他人。

◇ 二、共启愿景。展望未来，放飞梦想，找到激动人心和富有吸引力的共同奋斗目标和使命感。生动描绘实现目标的美好画面，让追随者形成高度共识。

◇ 三、挑战现状。追寻机会，解放思想，打破藩篱，实现突破。要有敢为天下先的魄力，冲破旧有观念、制度、惯例和行为约束，鼓励冒险，善于创新。

◇ 四、使众人行。充分发挥团队成员的积极性和潜能，通过相互尊重、建立信任、团结合作、平等参与、授权赋能、相互支持、分担责任、分享信息、分享权力、分享利益，让每个人以主人翁的心态投入工作。

◇ 五、激励人心。克服前进中的困难、挫折带来的心理压抑，不断激发和保持人们的工作意愿和激情。通过创造性的激励方式，有效地认可、表彰追随者的进步和成绩，营造一个乐观向上、鼓舞人心的集体氛围。

领导力本质上是一种影响力。领导者发挥卓越的影响力，使团队成员为了共同目标而努力工作并相互合作。

■ 领导者与管理者

三国时期刘邵在《人物志》[47]中对比了领导者和管理者：

> "夫一官之任，以一味协五味；一国之政，以无味和五味……故臣以自任为能，君以用人为能；臣以能言为能，君以能听为能；臣以能行为能，君以能赏罚为能。所能不同，故能君众能也。"

☆ 领导者任人

刘邵在《人物志》自序中提出：

> "夫贤圣之所美，莫美乎聪明；聪明之所贵，莫贵乎知人。知人诚智，则众材得其序，而庶绩之业兴矣。"

美国钢铁工业之父卡内基自撰的墓志铭是：这里躺着的人，知道在其事业中如何选用比自己能力更强的人。

古今中外，智者所见略同。

我国古代统治者特别重视任用人才来成就事业。《吕氏春秋》"慎行论·求人"篇总结了春秋用人得失，得出如下结论：

> 观于春秋，自鲁隐公以至哀公十有二世，其所以得之，所以失之，其术一也。得贤人，国无不安，名无不荣；失贤人，国无不危，名无不

辱……虞用宫之奇、吴用伍子胥之言，此二国者，虽至于今存可也。

汉高祖刘邦就属于善用人的领导者。《史记》"高祖本纪"记载了刘邦称帝之后与群臣谈论自己和项羽的比较：

> 夫运筹策帷帐之中，决胜於千里之外，吾不如子房。镇国家，抚百姓，给馈饷，不绝粮道，吾不如萧何。连百万之军，战必胜，攻必取，吾不如韩信。此三者，皆人杰也，吾能用之，此吾所以取天下也。项羽有一范增而不能用，此其所以为我擒也。

作为团队的领导者，如何任用他人来成就事业？明朝刘伯温在《郁离子》"立教"篇中凝练出的原则，可供我们借鉴：

> 是故君子之使人也，量能以任之，揣力而劳之；用其长而避其缺，振其怠而提其蹶；教其所不知，而不以我之所知责之；引其所不能，而不以我之所能尤之；诲之循循，出之申申，不震不暴，匪怒伊教。夫如是，然后惩之而不敢怼，刑之而不敢怨。

上述道理对于今天的团队领导者仍然适用。

优秀的团队领导应能够把团队使命、目标和工作方式密切联系起来，并赋予其积极意义；积极培养团队成员的责任感和信心；促进团队中各种技能的组合，并提高技术水平；为团队的发展清除障碍，为团队成员创造机会。

☆ **管理者理事**

关于管理的作用，德意志银行的创立者西门子曾经说过："如果没有管理，一家银行只是一堆等待清算处理的废物。"

一种十分流行并被普遍接受的观点认为：发展中国家并不是在发展上落后，而是在管理上落后。

那么，什么是管理呢？

管理学大师德鲁克认为：管理是通过协调和监督他人的活动，有效率和有效果地完成工作。管理是相对于所有权、地位或权力而独立存在的，是一种以绩效责任为基础的客观职能。在经济和社会的发展过程中，管理是决定性的因素。

管理的对象是事，目的是以最高的效率达成目标。实施管理的核心是人，建立分工合作的、融洽的人际关系是其重点。

管理通常有四项基本职能：

◇ 计划。包括：定义目标，制定战略，制订计划和协调活动的过程。

◇ 组织。安排工作以实现组织目标，决定做什么、怎么做、由谁去做。

◇ 领导。指导和激励所有人，与他人一起或通过他人去完成组织目标。

◇ 控制。监控组织的活动，评估其进展情况，以确保按计划完成。

管理必须完成以下三项任务：

◇ 组织的特定目的和使命。

◇ 使工作富有成效（效率和效果）并使员工有所成就。

◇ 管理组织机构的社会影响和社会责任。

高效的团队管理将带来互相信任、高质量的信息交流，形成团队协作、更好的决策和有效的控制。

☆ **领导与管理的对比**

关于领导与管理的区别，西汉刘向在其《说苑》[48]"君道"篇对帝尧时期治理结构的总结，最能说明这个问题：

当尧之时，舜为司徒，契为司马，禹为司空，后稷为田畴，夔为乐正，倕为工师，伯夷为秩宗，皋陶为大理，益掌驱禽。尧体力便巧，不能为一焉。尧为君而九子为臣，其何故也？尧知九职之事，使九子者各受其事，皆胜其任，以成九功。尧遂成厥功，以王天下。

为什么尧作国君，另外九人都作为臣子呢？因为尧熟知九种职务的内容和要求，使用九人各尽其才，能够借助于九人的功劳而治理天下。尧是当然的领导者，而承担具体事物责任的舜、契、禹等九人只能是管理者。

《吕氏春秋》"开春论·察贤"篇对比了宓子贱和巫马期的理政风格：

宓子贱治单父，弹鸣琴，身不下堂，而单父治。巫马期以星出，以星入，日夜不居，以身亲之，而单父亦治。巫马期问其故于宓子，宓子曰："我之谓任人，子之谓任力。任力者故劳，任人者故逸。

宓子贱任人，身逸而单父治，是成功的领导者。而巫马期任力理事，身劳而单父亦治，只能是管理者。哪种治理方式更好？答案很清楚。

■   领袖关于如何做好领导的教诲

毛泽东主席在中国共产党第七届中央委员会第二次全体会议上所作的"党委会的工作方法"[49]报告中，对党委书记提出了十二点要求。实际上讲的就是如何做好团队领导者：

◇   一、党委书记要善于当"班长"。

◇   二、要把问题摆到桌面上来。

◇   三、"互通情报"。

◇   四、不懂得和不理解的东西要问下级，不要轻易表示赞成或反对。

◇ 五、学会"弹钢琴"。

◇ 六、要"抓紧"。

◇ 七、胸中有"数"。

◇ 八、"安民告示"。

◇ 九、"精兵简政"。

◇ 十、注意团结那些和自己意见不同的同志一道工作。

◇ 十一、力戒骄傲。

◇ 十二、划清两种界限。

毛泽东主席还概括："领导者的责任，归结起来，主要是出主意、用干部两件事。"领袖对共产党干部的要求，与传统文化中对领导者的要求一脉相承。

☐ 培育良好品德，奠定成功基石

我国儒家文化倡导人们在等级制、结构化的社会中追求道德的自我完善，进而实现社会治理目标：修身、齐家、治国、平天下。在提高自我道德修养的基础上，先通过家庭小团队管理，然后"入仕"走向社会管理的路径。所以，儒家文化更强调通过调动人们内在的创造力和积极性来自觉地实现管理目标，把强制性规则作为次要的管理手段。

我国历史上官员占人口的比例长期维持在一个很低的水平。实现管理目标、应对社会挑战、解决各种问题的核心，是管理者自我修养和道德影响力，及植根于人民思想灵魂的"仁义礼智信"价值观。而把"齐之以刑"的强制性措施作为维护社会秩序的最后底线，这就要求治理国家的统治者有良好的品德，以德施政，做出典范，以行为教化百姓。

《论语》"为政"开篇即给我们阐述了这样的道理，成为两千多年来封建社会的执政逻辑：

　　子曰："为政以德，譬如北辰，居其所而众星拱之。"

■ 德才辩证法

　　关于"德"与"才"的辩证关系，北宋司马光在其组织编撰的《资治通鉴》[50]"周纪一·威烈王二十三年"评价智氏灭亡原因时给出了精辟阐述：

　　智伯之亡也，才胜德也。夫才与德异，而世俗莫之能辨，通谓之贤，此其所以失人也。夫聪察强毅之谓才，正直中和之谓德。才者，德之资也；德者，才之帅也……是故才德全尽谓之圣人，才德兼亡谓之愚人，德胜才谓之君子，才胜德谓之小人。凡取人之术，苟不得圣人、君子而与之，与其得小人，不若得愚人。何则？君子挟才以为善，小人挟才以为恶。

　　司马光按照德才组合模式将人分为四类：圣人，才德全尽；君子，德胜才；小人，才胜德；愚人，才德全无。并提出：如果不能得到圣人、君子为用，则宁用愚人而不用小人。

　　中国共产党继承了我国传统文化之精髓。选拔领导干部也是将品德放在第一位，强调德才兼备，以德为先。

　　我国传统文化中，成功的领导者共同拥有的品德包括：为人正直、公正无私、自信并负责、兼听不同意见、以身作则等。

■ 正直的品德

　　我国传统道德观要求领导者首先应该是正直的人。孔子对此多有论述，记载于《论语》中。

　　子曰："其身正，不令而行；其身不正，虽令不从。"
　　子曰："苟正其身矣，于从政乎何有？不能正其身，如正人何？"

不仅我国传统文化强调品德在管理中的重要性，西方学者也同样重视品德的作用。德鲁克在《管理的实践》中告诫：

> 组织不应该任命将才智看得比品德更重要的人作管理者。在任命管理人员时，再怎么强调品德也不过分。品德不是一个人能愚弄人们的东西，与管理者一起工作的人，尤其是他的下属，通过几周的交流和沟通，就知道他是否具有正直的品德。缺乏正直品德的管理者对组织具有破坏作用，无论他知识多么渊博、多么聪明、以前多么成功。这样的人会破坏组织中最有价值的资源——员工，败坏组织精神，损害组织绩效。

■ 无私的品德

团队领导者应公正无私，把团队和组织利益置于个人好恶之上。这方面，我国古代有很多值得学习的典范。

第一个典范是春秋中期晋国的臾骈。鲁文公六年（公元前621年），晋国太傅阳处父干预国君对狐射姑（贾季）的中军帅任命，重新任命赵盾为中军帅，而把狐射姑降为中军佐（副帅）。狐射姑心怀怨愤，派人把阳处父杀了，自己逃奔到狄人那里。赵盾安排臾骈把狐射姑的家属送出境。

> 夷之蒐，贾季戮臾骈，臾骈之人欲尽杀贾氏以报焉。臾骈曰："不可。吾闻《前志》有之曰：'敌惠敌怨，不在后嗣，忠之道也。'夫子礼于贾季，我以其宠报私怨，无乃不可乎？介人之宠，非勇也。损怨益仇，非知也。以私害公，非忠也。释此三者，何以事夫子？"尽具其帑与其器用财贿，亲帅扞之，送致诸竟。

以前在夷地训练军队时，贾季侮辱过臾骈，臾骈的属下就想借机杀光贾氏报仇。臾骈坚决反对，并引用古书说："报恩和报怨，不应牵涉后嗣，才是忠诚之道。" 臾骈认为：借助于赵盾的信任而报私怨，是不勇敢；泄了自己的怨恨，而增加他人对自己的仇恨，是不明智；以私害公，是不忠诚。臾骈亲自带队，把贾季的家属及器用财物护送至边境交给贾季。

正是由于臾骈的公正无私，赵盾后来推荐他做了上军佐。

第二个典范是臾骈之后五十多年的晋国大夫祁奚，"外举不避仇，内举不避亲"。其公正无私的高尚品德，已经在我国传颂了两千五百多年，在此不再赘述。

■ 自信并负责

领导者带领团队克服困难并取得成功，首先必须具有高度的自信，特别是在团队处于困境之时。如果自己都没有克服困难、解决问题的信心，又如何能够激励团队取得胜利呢？史玉柱和马云的创业团队，都曾经历过挫折和困难。他们之所以能够取得成功，正是由于团队的领导人对他们的创新事业充满自信，无论团队陷入如何困难境地，始终没有放弃对团队的信心。

中国共产党历史上也曾遭受过挫折和失败。当革命处于低潮，不少人产生动摇时，毛泽东同志发表了著名的"星星之火，可以燎原"[51]的文章，坚定了党和红军对革命胜利的信心。

领导者要勇于创新并准备为可能的失败承担责任。是否勇于承担责任，决定了是否有人愿意追随，关系其事业成败。

■ 兼听则明

古人云："兼听则明，偏听则暗。"用现代管理学原理来解释，就是对信息掌握的程度决定对事物理解的正确与否。

世界纷繁多彩，事物错综复杂，而领导者时间和精力有限，不可能亲自掌握所有第一手信息，必然有相当一部分信息通过间接渠道得来。"兼听"能够扩大信息收集渠道，就有可能掌握较为全面的信息，对信息的真实性进行比较分析。这对于了解事物和人、进而做出相关决策，都是有帮助的。"偏听"则约束了信息渠道，导致信息来源受限，甚至是缺失重要信息。

领导者要特别注意，不能只听好消息。一旦出现这种情况，必然会有人投其所好，壅蔽其信息来源和传递渠道。在信息缺失的情况下做出的决策，很有可能偏离实际情况。久而久之，失误和失败就必然相伴而至。

领导者要慎重对待不同意见。真理往往掌握在少数人手中。德鲁克在《卓有成效的管理者》一书中提出：领导者要善于听取反面意见，理由如下：

第一，反面意见能保护决策者不为众意左右。利益相关方各有所求，都希望决策对自己有利。决策者要听取那些引起争辩、但却是深思熟虑并有充分证据的不同意见。

第二，反面意见也是决策者需要的一种方案。如果决策只有一种方案，别无选择，那与赌博无疑！还不如掷硬币。

第三，反面意见可以激发想象力。那些经过慎密推断和反复思考的不同意见，是激发想象力的最为有效的要素。

孔子在教育弟子时特别重视要掌握全面信息，避免偏听导致错误判断。《论语》"卫灵公"篇记载了孔子对此的解释：

> 子曰："众恶之，必察焉；众好之，必察焉。"

大家都讨厌一个人，一定要详细考察原因；大家都喜欢一个人，也一定要详细考察原因。战国中期的齐威王，就是孔子上述观点的践行者。《资治通鉴》"周纪一·烈王六年"记载了齐威王对即墨大夫和阿大夫的赏罚：

> 齐威王召即墨大夫，语之曰："自子之居即墨也，毁言日至。然吾使人视即墨，田野辟，人民给，官无事，东方以宁；是子不事吾左右以求助也！"封之万家。召阿大夫，语之曰："自子守阿，誉言日至。吾使人视阿，田野不辟，人民贫馁。昔日赵攻鄄，子不救；卫取薛陵，子不知；是子厚币事吾左右以求誉也！"是日，烹阿大夫及左右尝誉者。于是群臣耸惧，莫敢饰诈，务尽其情，齐国大治，强于天下。

古人云"知易行难"。古今中外的众多领导者，并不都是不知道兼听则明的道理，只是难于做出"听"的合理判断。

■ 以身作则

库泽斯和波斯纳的领导力五大准则之一就是"以身作则"。

我们常说"榜样的力量是无穷的"，实际上就是在强调以身作则的作用。中国共产党的优秀党员模范——雷锋、焦裕禄、孔繁森，没有一个是仅靠说教去影响他人、影响社会的。他们都是以自身的行动来感召他人。

汉语里的"模范"一词，起源于古代铸造青铜器时使用的两种器具"模"和"范"。"模"是内芯模子，就照着那样去做；"范"是外廓模具，给你限定范围去做。工匠们照着"模"和"范"就能铸造出精美的器皿。社会中，人们照着"模"和"范"去修身育德，便会成就道德品质高尚的人。

领导者以身作则，便是给团队成员做模范。

我国春秋时期的贵族阶层是非常注重以身作则的。《诗经》"小雅·节南山"说："弗躬弗亲，庶民弗信"。领导者不能以身作则，下属是不会相信的。团队领导以身作则，实际上也是对团队成员的一种最好的非物质激励。《吕氏春秋》"贵直论"记载了晋国赵简子听从劝谏，以身作则激励士气。

> 赵简子攻卫附郭，自将兵。及战，且远立，又居于犀蔽屏橹之下，鼓之而士不起。简子投桴而叹曰："呜呼！士之速弊一若此乎？"行人烛过免胄横戈而进曰："亦有君不能耳，士何弊之有？"……"文公即位二年，底之以勇，故三年而士尽果敢，城濮之战，五败荆人，围卫取曹，拔石社，定天子之位，成尊名于天下，用此士也。亦有君不能耳，士何弊之有！"简子乃去犀蔽屏橹，而立于矢石之所及，一鼓而士毕乘之。简子曰"与吾得革车千乘也，不如闻行人烛过之一言。"

战斗开始时，赵简子"远立"还要用盾牌保护，却抱怨将士们没有斗志。烛过的一番话，刺激赵简子以身作则激励士气，最终取得胜利。

一个团队的领导者，如果不能以身作则，而只是一味地抱怨团队没有战斗力，那他就不是一个称职的领导。

□ 善用管理措施，提高团队效率

打造高绩效团队，管理者不仅要发挥领导力，还必须掌握管理方法和措施并在实际工作中灵活运用。这些管理措施包括（但不限于）：沟通管理，决策管理，风险管理，冲突管理等。

■ 沟通管理

沟通是人类的一项基本需要和技能。沟通不良导致人与人产生误解，组织与成员不能协调一致，政府与民众发生冲突。

沟通的技能和方式很重要，有时候能够决定事情的成败。《荀子》[52]"子道"篇讲了一个很好的例子：

> 子路问于孔子曰："鲁大夫练而床，礼邪？"孔子曰："吾不知也。"子路出，谓子贡曰："吾以夫子为无所不知，夫子徒有所不知。"子贡曰："女何问哉？"子路曰："由问鲁大夫练而床，礼邪？夫子曰：'吾不知也。'"子贡曰："吾将为女问之。"子贡问曰："练而床，礼邪？"孔子曰："非礼也。"子贡出，谓子路曰："女谓夫子为有所不知乎！夫子徒无所不知。女问非也。礼：居是邑，不非其大夫。"

鲁国一位大夫在为父母守孝时"练而床"（披戴白色熟绢睡在床上）。子路跑去问孔子："鲁大夫这样干，合乎礼吗？"孔子说："我不知道。"子贡去询问，孔子就告诉他："非礼也。"

子路和子贡的沟通差别在哪里？"鲁大夫"三个字而已！"礼：居是邑不非其大夫。"即《春秋公羊传》[53]"闵公元年"所讲原则："《春秋》为尊者讳，为亲者讳，为贤者讳。"

沟通是现代管理最为重要的技能之一。在全球化程度日益加深，组织成员日益多样化的今天，有效沟通是实现计划、组织、领导、控制等管理职能的前提。统计表明，管理者约有75％的工作时间用于沟通，高层经理更是高达80％。但是约有70％的沟通是无效沟通，没能达到沟通目的。

良好的沟通是保持团队高效运行的关键因素。团队领导不仅要与团队成员保持顺畅的沟通渠道，还必须掌握沟通技能。关于沟通的详细内容，见第二篇《"郢书燕说"与沟通管理》。

☆　**团队沟通的原则**

有效沟通遵循一定的原则，包括以下几方面。

真实性原则。沟通中传递的信息必须是真实的、有意义的，至少对参与沟通的其中一方是如此。

准确性原则。不准确的信息沟通，轻者造成人与人之间的误解，重则给组织造成重大损失，甚至导致团队失败。

完整性原则。沟通的完整性原则通常包括三个层面的含义：第一，沟通信息的完整性；第二，沟通过程的完整性；第三，沟通环节的完整性。根据不同的沟通情景，必须遵守上述第一、或者第一和第二，或者全部。

及时性原则。及时性是指沟通过程及信息传递的时效性。

策略性原则。为了达成良好的沟通效果，要善于运用沟通策略，尤其是要善于根据不同情况运用沟通策略。

☆　**影响沟通的因素**

在与团队成员沟通之前，要考虑五个关键因素：

一、沟通目的。不同的沟通目的决定不同的沟通内容。

二、沟通对象。要清楚沟通对象是谁，并针对性地确定沟通方式和内容。

三、沟通内容。沟通的主要目的是传递信息。考虑沟通信息中包含哪些内容，主要取决于沟通目的和沟通对象。

四、沟通方式。常用的沟通方式有：口头沟通，书面沟通，会议沟通。

五、时间安排。考虑的因素有：需要什么时候达到目的？沟通对象是否需要花时间准备？自己在沟通中的任务及他人的任务；沟通对象合适的时间。

☆ **团队常用的沟通方式**

一、口头沟通。口头沟通是指运用口头语言进行的沟通。团队沟通活动中，最常用的信息传递方式是口头沟通。包括：正式的演说报告，个体间谈话，小组间讨论，多人参加的会议，电话或视频洽谈以及小道消息传播。口头沟通是团队成员共享思想和见解最有效的方法。面对面的沟通，可以即时交流和反馈，还可以利用语调、姿态、表情等非言语因素。

二、书面沟通。书面沟通是运用书面文字符号进行的沟通。包括书信、传真、备忘录、图画、电子邮件，以及其它任何传递书面文字或符号的手段。团队内部的书面沟通，还包括文件、通知、报告、布告、期刊等。书面沟通适用于需要保留记录或者有大量信息需要传递的情况。书面沟通客观上为信息接收者留出一定的时间，对内容进行思考，做出适当的反应。

三、会议沟通。召开团队全体会议，是就具体问题达成共识的最好方式。会议沟通是一种较为复杂的沟通形式。现场会议属于口头沟通的范畴，通常能够充分地交流观点。

☆ **特殊的沟通需要**

一、谈判沟通。谈判是一种特殊的沟通形式，通常是指与利益相同或相背的人进行会谈以期达成协议。谈判是团队管理中的一项重要工作。

二、危机沟通。是指为了防止危机发生、减轻危机后果、尽快从危机中恢复而进行的沟通过程。现代社会中，团队面临的外部环境越来越复杂，突发性事件时有发生并可能演变成危机。危机沟通可以降低危机的冲击，转"危"为"机"。

■ 决策管理

管理就是决策的过程。团队管理者无论做什么，都需要通过决策来完成。决策可能是例行工作，也可能影响团队的目标和未来。德鲁克认为，有四种特性决定了组织决策的本质：

第一，决策的未来性。这个决策将会影响未来多长时间？

第二，决策对组织其他职能、领域或整体的影响有多大？

第三，决策的性质是由其中包含多少"质"的因素决定的。包括：组织的基本行为准则、伦理价值、社会和政治信念。

第四，决策是经常性的，还是一个特例？

为了顺利完成团队任务，解决团队面对的问题，团队领导需要进行科学和有效的决策。团队决策应遵循以下原则。

◇　在需要时应立即进行决策；

◇　尽可能让团队成员参与决策过程；

◇　使用有效信息进行决策；

◇　让团队成员共同作出决定。

☆ 决策的依据

第一，信息是决策的基础。有效决策必须具备以下要素。

◇　掌握问题的性质，以便制定针对性的决策。

◇　找出问题的边界条件，对解决问题的措施进行约束。

◇　考虑解决问题的正确方案，以及必须满足的条件。

◇　决策方案必须兼顾执行措施，保证决策是可执行的。

◇　执行过程中要进行反馈，一方面印证决策的准确性和有效性，另一方面确保及时调整无效的决策。

上述要素都需要足够的信息支撑。充足且真实的信息，使决策者能够评估各种选择方案并确定最优选择。

第二，参考以前的决策实践。并非每一项决策都能轻易做出。多数情况下，没有充足的信息可用，但工作又不允许拖延，此种情况下，以前所做的类似决策案例将会成为重要的决策依据。如果决策者面对的是以前从来没有遇到过的问题，建议把这次所做的决策记录下来，纳入数据库中。以后再遇到类似问题时，就有记录可以参考。这是学习型团队和组织必需的行为。

第三，组织规定是决策的边界。组织规定或个人原则可以作为决策的依据，同时也为决策划定了边界范围。一旦有了清晰的价值观，做决定就很容易。如果某件事明显违背组织原则或个人价值观，不管有多大诱惑，也要坚持拒绝，不要越界。

很多官员犯错误直至滑向犯罪的深渊，就是因为其决策没有边界：思想没有条条框框，行为没有红线。当思想上一切条条框框都被打破后，做人做事就没了原则。没有原则的人，其行为是不可预测的。《吕氏春秋》"恃君览·观表"篇在两千多年前就提出了警告：

事随心，心随欲。欲无度者，其心无度。心无度者，则其所为不可知矣。

唯利是图的机会主义，必然导致原则丧失、社会无序和混乱。团队领导者在做决策时，如果遇到组织规章制度中提到的原则，就不需要另做判断，直接按照规则办事。

☆ **决策的过程**

罗宾斯和库尔特将决策过程概括为八个基本步骤[54]：

第一步：识别决策问题。决策应该是问题导向的，决策制定过程的第一步开始于对问题的识别。

第二步：确定决策标准。识别出待决策的问题后，确定决策标准就成为重要事项。所谓决策标准，就是制定决策的依据。决策者必须确定什么与制定决策有关，哪些是参照因素，哪些是必须执行的依据。

第三步：为决策标准分配权重。决策标准包含的内容往往不在一个层面上，不具有同等重要性。应为每一项标准分配权重，并排列优先顺序。

第四步：提出备选方案。对于大多数决策而言，需要针对待决策的问题提出多个备选方案。

第五步：分析备选方案。要对每一种方案进行认真分析,并与决策标准比较。列出每一种方案的优缺点，计算出每一项决策标准的得分，将单项得分乘以其权重，累加形成综合得分。

第六步：选择方案。从所有备选方案中选出最佳方案，依据是第五步中每种方案的综合得分。

第七步：实施决策方案。将决策传达给执行决策的有关人员，并获得对执行决策明确无误的承诺，将决策付诸行动。在决策过程中，请可能的执行者参与决策，将会极大地调动其执行决策的积极性和主动性，全力使决策取得成果。

第八步：评估决策结果。决策执行的效果如何？选择的方案和实施的结果是否达到了预期效果？问题是否解决？如果评估发现问题依然存在，那就必须找出哪个环节存在问题。

☆ **决策的模式**

常用的决策模式有：

一、程序化决策。适用于常规性、例行性及重复性决策。可以依据其规律编制例行的决策程序，纳入团队规章制度。

二、理性决策。是指决策是完全客观、符合逻辑且前后一致的，是为了追求特定条件下的利益最大化。假设待决策的问题是清晰明确的，决策目标是清楚具体的，掌握了所有可能的解决方案。事实证明，大多数实际决策只能是有限理性决策。

三、创造性决策。创造性决策包括：提出多个可能的解决方案；设想与正常思维不同的想法和解决方案；思考一些看似"不可思议"的问题；冲破思想壁垒和传统阻碍。优秀团队通常能够进行创造性决策。

四、排序与选择。任何旨在解决问题的办法，都需要权衡。权衡涉及对方案的排序和选择。《论语》"颜渊"篇"子贡问政"就是很好的例子：

> 子贡问政。子曰："足食，足兵，民信之矣。"子贡曰："必不得已而去，于斯三者何先？"曰："去兵。"子贡曰："必不得已而去，于斯二者何先？"曰："去食。自古皆有死，民无信不立。"

在"足食""足兵"和"民信"这三个目标中，如果条件达不到，必须决策舍弃时，顺序如何？孔子的排序是："去兵"，"去食"，而"信"是不能舍弃的。并就此发表了"自古皆有死，民无信不立"的千古名言。

■ 风险管理

风险客观存在，相伴于人类社会的所有活动，不以人的主观意志为转移。能否成功管理风险，直接决定团队的成败。

☆ 风险及其产生原因

根据国际标准化组织发布的《风险管理 —— 原理与指南》（ISO 31000: Risk Management – Principles and Guidelines）的定义，风险是指不确定性对组织实现目标的影响。

风险来自于不确定性。不确定性是一种客观存在。通常可以把不确定性归纳为三种类型[55]：

> ◇ 一、状态的不确定性。是指管理者缺乏环境状态信息。
>
> ◇ 二、影响的不确定性。是指环境变化的影响不可预测。
>
> ◇ 三、反应的不确定性。是指管理者缺乏组织应如何应对环境变化的信息。

以前的研究者普遍将不确定性看成是组织发展的障碍，试图运用战略规划、组织设计、管理优化等多种方法来消减不确定性。这实际上只是对不确定性的负面影响进行应对，而不确定性对组织实现目标的影响还有积极的一面，管理者还要善于管控不确定性，应尽可能利用其积极影响。

☆ **风险管理目的**

什么是风险管理？顾名思义，风险管理就是对风险进行管理，是指为了识别风险并控制其对组织或团队目标的影响，所采用的监控方法与过程的统称。

任何组织及团队的活动总是着眼于未来，而我们对于未来唯一可以确定的事情，就是它的不确定性和其中蕴含的风险。

风险管理主要目的是避免或减少风险损失。团队实施风险管理，就是要确保在其具有与收益可比较的合理代价下，尽可能减少影响未来的不确定因素，使其预期结果与实际结果之间的差距降低到可接受的水平。具体目的有三：

◇ 一，控制风险使其降低到可接受的程度。

◇ 二，降低风险决策的不确定性。

◇ 三，提升组织及其利益相关方对风险决策的信心。

☆ **风险管理的基本原则**

《风险管理——原理与指南》（ISO 31000）提出了风险管理的 11 项基本原则，用于提高风险管理的有效性。

◇ 原则 1：风险管理创造和保护价值。

◇ 原则 2：风险管理是整合在所有组织过程中的不可或缺的部分。

◇ 原则 3：风险管理是决策的一部分。

◇ 原则 4：风险管理明晰地处理不确定问题。

◇ 原则5：风险管理是系统化的、结构化的和适时的。

◇ 原则6：风险管理基于最好的可用信息。

◇ 原则7：风险管理是量体裁衣的。

◇ 原则8：风险管理考虑人文因素。

◇ 原则9：风险管理是透明和包容的。

◇ 原则10：风险管理是动态、迭代和变化响应的。

◇ 原则11：风险管理促进组织的持续改进。

☆ **风险管理的基本过程**

风险管理过程是组织及团队管理活动不可或缺的一部分。实施风险管理通常包括以下基本过程（活动），详细内容见第三篇《"曲突徙薪"与风险管理》：

◇ 一、沟通和协商。

◇ 二、确定环境状况。

◇ 三、风险评估。

◇ 四、风险处理。

◇ 五、监测与评审。

上述过程中，确定环境状况、风险评估、风险处理是顺序过程，前一过程的完成是后一过程的先决条件。沟通与协商、监测与评审活动贯穿于另外三个过程的全部活动。风险管理活动应可追溯，所以每个过程都需要记录。

风险管理应嵌入组织或团队文化和管理实践之中，应针对组织的经营过程量身定制风险管理过程。

■ 冲突管理

冲突是指人们由于观念和利益的差异而产生的对立状态和抵触情绪。研究表明，团队领导者平均有20%左右的时间用于处理团队中的冲突问题。

☆ **冲突产生的原因**

冲突产生的表观原因可以归为以下几类：

第一类：沟通差异。由沟通不畅引起。

第二类：结构差异。由于部门划分和层次设置造成。

第三类：人格差异。是由于生活、教育背景和人性及价值观不同形成的。

☆ **冲突对团队的影响**

冲突有两种极端状态：一种是受控状态，表现出微妙的、不合作的情绪；另一种是爆发状态，表现出公开的对立。多数冲突处于两者的中间状态。

一方面，适度的冲突是团队创新的重要动力。团队成员能够公开讨论对问题的不同认识，会给团队带来活力。德鲁克在其《卓有成效的管理者》一书中提出：

> "好的决策，应以互相冲突的意见为基础，从不同的观点和不同的判断中选择。除非有不同意见，否则就不可能有决策。"

另一方面，无法调和的矛盾和冲突只会带来负面影响，在团队和组织内造成不满与不信任，破坏大家的共同目标。

☆ **冲突管理原则**

团队领导者要正确对待团队中的冲突并妥善地解决冲突，防止破坏性影响。管理冲突的原则如下：

原则一：审慎处理。无关紧要的冲突，要让团队成员自己协调解决，领导者尽量回避。

原则二：充分了解情况。应详细了解当事人的背景，如什么人卷入，会采取什么激烈行动等，为有效处理打下基础。

原则三：具体问题具体分析。

原则四：对事不对人。

冲突本身是一个特殊的情景，如果管理得好，可以达到其他管理措施难以达到的特殊效果。《韩非子》"说林下"篇记载了魏文侯通过调解韩国与赵国的冲突从而树立自己的威信：

> 韩、赵相与为难，韩子索兵于魏曰："愿借师以伐赵。"魏文侯曰："寡人与赵兄弟，不可以从。"赵又索兵以攻韩，文侯曰："寡人与韩兄弟，不敢从。"二国不得兵，怒而反。已乃知文侯以构于己，乃皆朝魏。

■ 政治与文化差异认知能力

在经济全球化、劳动者知识化和生产组织信息化的新一轮工业革命浪潮中，管理者不得不面对日益复杂和不确定的外部环境。管理者的认知难度增加，预测未来的可能性降低。这给实施有效管理提出了前所未有的新挑战。管理者必须加强自身修养、提高认知能力、尽可能正确地认知政治环境及文化差异，把握团队或组织发展方向，实现团队目标及组织利益。

在跨国性组织及团队中，管理者必将面临文化的多样性。英国通常将明确的规则隐藏于模糊的文字中，美国人习惯于直言不讳，而日本人通常在决策前就通过艰巨的工作达成一致。

没有一种管理模式能够同时满足所有这些文化差异，可行的团队合作方式只能是适应、妥协与融合。能够认知、理解并利用文化差异，就更有可能创建一个互相信任和共赢的氛围。管理组织文化多样性的一个有效途径是了解不同的团队成员，并编制良好的沟通计划（作为整体项目计划的一个部分）。

□ 熟谙领导艺术，打造优秀团队

管理者不仅需要领导能力，更需要领导艺术和领导智慧。

■ 以诚待人，建立信任

高绩效的团队以成员相互信任为基础。通常用五个维度衡量信任：诚信度；胜任力；一贯性；忠诚；开放性。五个维度中，诚信度和胜任力水平是团队管理的关键。

"诚信"在我国传统价值体系中占据重要位置。历史人物有很多诚信的表率。孔子的弟子季路就以讲信用著称，其个人信用顶得上国家的盟誓。《春秋左氏传》"哀公十四年"记载：

> 小邾射以句绎来奔，曰："使季路要我，吾无盟矣。"使子路，子路辞。季康子使冉有谓之曰："千乘之国，不信其盟，而信子之言，子何辱焉？"对曰："鲁有事于小邾，不敢问故，死其城下可也。彼不臣，而济其言，是义之也，由弗能。"

《后汉书》[56] "光武帝纪"记述了刘秀"推心置腹"的故事：

> 积月余日，贼食尽，夜遁去，追至馆陶，大破之。受降未尽，而高湖、重连从东南来，与铜马余众合，光武复与大战于蒲阳，悉破降之，封其渠帅为列侯。降者犹不自安，光武知其意，敕令各归营勒兵，乃自乘轻骑按行部陈。降者更相语曰："萧王推赤心置人腹中，安得不投死乎！"由是皆服。

刘秀以自己的亲身行动，赢得了投降农民军的信任。这支队伍成为其扫平群雄、建立东汉王朝的基础力量。

在一个以诚信为基础的社会中，一旦欺骗行为暴露，长远的损失将远远大于一次欺骗所得。当今社会因为诚信缺失，个人生活、社会交往、经济运行、国家治理付出了太多的代价！

■ 以德服人，凝聚共识

伦理道德是构成人类社会的重要基础，是一个社会群体对人类行为正当性的判断标准。每个人对是非都有自己的判断，但是在基本的道德层面，必须有一定的共识。团队领导者的行为应符合道德规范共识。

《吕氏春秋》"离俗览·上德"篇阐述了"德"之重要性。

> 为天下及国，莫如以德，莫如行义。以德以义，不赏而民劝，不罚而邪止。此神农、黄帝之政也……三苗不服，禹请攻之，舜曰："以德可也。"行德三年而三苗服。孔子闻之，曰："通乎德之情，则孟门、太行不为险矣。故曰：'德之速，疾乎以邮传命。'"

孔子认为：懂得了道德的作用，即使孟门、太行也无法成为险阻。道德影响之速度，比用于邮递传达命令的马车还快。

我们不能依据今日之社会道德水平去臆测古人。孔子及吕不韦之论述，是对那个时代之前先祖们数千年经验的总结。《春秋左氏传》"宣公十六年"记载了晋国士会以德治国的故事。

> 晋侯请于王，戊申，以黻冕命士会将中军，且为大傅。于是晋国之盗逃奔于秦。羊舌职曰："吾闻之，'禹称善人，不善人远'，此之谓也夫。诗曰'战战兢兢，如临深渊，如履薄冰'，善人在上也。善人在上，则国无幸民。谚曰'民之多幸，国之不幸也'，是无善人之谓也。"

中原诸侯国中"卿"的任命，通常要征得周天子的同意，也就是"王命"。公元前593年，晋侯请周天子王命，任用士会为晋国的中军帅（负责行政和军事），并兼任太傅（负责礼仪、教育和社会治安）。士会品德高尚，自己做出表率，与大臣和谐共事，把晋国治理得井井有条，盗贼都跑到秦国去了。羊舌职评价说：善人在上位治理国家，就没有行险侥幸的人。百姓中行险侥幸之人多，是国家的不幸。因为国家没有任用善人。

■ 用人所长，不察细过

如何用人，是领导艺术。不同的领导者有不同的用人观。成功的领导者通常是"用人所长，不察细过。"俗语所云"金无足赤，人无完人"，每个人都会有自己的长处，也难免会有弱项。充分发挥每个人的长处，是组织兴旺发达的根本所在。领导者用人，应考虑如何发挥其长处，为组织和团队做出贡献。

《吕氏春秋》"离俗览·举难"篇讲述了齐桓公"车下举宁戚"的故事：

> 宁戚欲干齐桓公，穷困无以自进，於是为商旅将任车以至齐，暮宿於郭门之外。桓公郊迎客，夜开门，辟任车，爝火甚盛，从者甚众。宁戚饭牛居车下，望桓公而悲，击牛角疾歌。桓公闻之，抚其仆之手曰："异哉！之歌者，非常人也。"命后车载之。桓公反，至，从者以请。桓公赐之衣冠，将见之。宁戚见，说桓公以治境内。明日复见，说桓公以为天下。桓公大说，将任之。群臣争之曰："客，卫人也。卫之去齐不远，君不若使人问之。而固贤者也，用之未晚也。"桓公曰："不然。问之，患其有小恶。以人之小恶，亡人之大美，此人主之所以失天下之士也已。"凡听必有以矣。今听而不复问，合其所以也。且人固难全，权而用其长者，当举也。桓公得之矣。

齐桓公通过宁戚的"一歌""两说"，已经了解宁戚是一位大才。群臣建议到宁戚的老家调查，被其拒绝了。为什么呢？因为"人固难全"。不了解小过失也就罢了，了解之后怎么办呢？用还是不用？不用，就会失去一位大才；用吧，小过失的"阴影"会一直存在。所以，齐桓公干脆就不派人去调查。

与齐桓公相反的另一类领导者，斤斤计较人之细过。据《资治通鉴》"周纪一·安王二十五年"记载：

> 子思言苟变于卫侯曰："其才可将五百乘。"公曰："吾知其可
> 将。然变也尝为吏，赋于民而食人二鸡子，故弗用也。"子思曰：
> "夫圣人之官人，犹匠之用木也，取其所长，弃其所短。故杞梓连抱
> 而有数尺之朽，良工不弃。今君处战国之世，选爪牙之士，而以二
> 卵弃干城之将，此不可使闻于邻国也。"公再拜曰："谨受教矣！"

卫侯到底"受教"与否？历史没有记载，我们也不得而知。终战国之
世，也没有人才帮助卫国创造过辉煌业绩。就连卫国自己的庶族公子卫鞅，
也跑到魏国、秦国去施展才华。

察人之短，则世无可用之人。过多考虑人的短处，会影响组织实现目
标。希望团队领导者都有齐桓公那样的用人智慧，善于任用各类人才，在自
己的业务领域里创造出优秀业绩，使组织在竞争中处于领先地位。

■ 合理授权，用人不疑

授权是一种领导能力，也是一种领导艺术。

团队领导的主要工作就是授权：让最了解情况的人去做相关工作。华为
公司倡导让听得见市场"炮声"的人做决策。

成功的授权是建立领导者权威的重要方式，是领导影响力的自然渗透。
有效领导必须建立在成功授权的基础上。

团队管理模式中，合理授权的效能是多方面的。

> ◇ 对团队。能够调动积极性和主观能动性，激发团队潜能；
> 增加工作的挑战性，提高解决问题的能力；有利于扩大管理幅度，
> 培养团队的创新能力，提高团队绩效。
>
> ◇ 对成员。增加学习机会，丰富工作经历，培养其能力；增

强团队成员的参与感，提高其创造力和工作效率。

◇　对领导。确保领导节省时间，集中精力处理优先级更高的
问题；增强团队的信心，提高领导的威信。

团队领导者在可能的范围内，应尽量将工作授权给团队成员执行。授权
应公开进行，不仅表示信任，又能促使被授权者的自律和他人监督。应支持
被授权者自主地制定措施并付诸实施，并准备为其承担必要的责任。

授权要的是结果，强调的是绩效，而不要干涉工作手段和方法。在这方
面，春秋早期的鲁桓公就是一位典范。据《春秋左氏传》"桓公十七年"记载：

> 夏，及齐师战于奚，疆事也。于是齐人侵鲁疆，疆吏来告。公
> 曰："疆埸之事，慎守其一，而备其不虞。姑尽所备焉。事至而战，
> 又何谒焉？"

鲁桓公不仅充分授权给边吏，还教导其守卫边疆的方略。

《吕氏春秋》"先识览·乐成"篇记载了魏文侯授权乐羊攻中山的故事：

> 魏攻中山，乐羊将。已得中山，还反报文侯，有贵功之色。文
> 侯知之，命主书曰："群臣宾客所献书者，操以进之。"主书举两箧
> 以进。令将军视之，书尽难攻中山之事也。将军还走，北面再拜
> 曰："中山之举，非臣之力，君之功也！"

这个故事说明什么？领导者授权，不仅要"用人不疑，疑人不用"，更要
有定力！对既定决策不能动摇，更不能朝令夕改！

■　明确责任，界定权限

由于人性之弱点，领导者授权并不那么简单。被授权者还需要未雨绸

缪，提前与授权者讲清楚授权的条件。《韩诗外传》"卷七"所讲"赵王使人于楚"的故事，就是一个典型案例：

> 赵王使人于楚，鼓瑟而遣之，曰："必如吾言，慎无失吾言。"使者受命，伏而不起，曰："大王鼓瑟未尝若今日之悲也。"王曰："然，瑟固方调。"使者曰："调则可记其柱。"王曰："不可。天有燥湿，弦有缓急，柱有推移，不可记也。"使者曰："臣请借此以喻。楚之去赵也千有余里，亦有吉凶之变。凶则吊之，吉则贺之，犹柱之有推移，不可记也。故明王之使人，必慎其所使，既使之，任之以心，不任以辞也。"

赵王派人出使楚国，临行前为其鼓瑟，并谆谆叮嘱说："一定要照我说的转述。"使者就借赵王为瑟调音来说事：天气有燥有湿，瑟弦有缓有急，音柱可能转动，不能调好一直不变，而要根据情况调整。楚国远离赵国一千多里，其内部情况也会有吉凶变化，就像音柱会有转动一样，是无法事先刻好记号的。

第二个案例是《史记》"樗里子甘茂列传"中的故事。秦武王想要攻下韩国宜阳，以便打通去周王室都城洛阳的道路。宜阳是韩国抵御秦国进攻的战略要地，防御设施坚固。攻打宜阳将费时费力。甘茂担心过程中会有人进谗言，就提前给秦武王讲了"曾参杀人"及"魏文侯使乐羊攻中山"两个故事，并与武王在息壤订立誓约，把授权条件记录在案。

> 卒使丞相甘茂将兵伐宜阳。五月而不拔，樗里子、公孙奭果争之。武王召甘茂，欲罢兵。甘茂曰："息壤在彼。"王曰："有之。"因大悉起兵，使甘茂击之。斩首六万，遂拔宜阳。

事情发展果然如甘茂所料：有人进谗言，秦武王就想罢兵。这时候甘茂提醒秦武王：别忘了在息壤立的誓约。秦武王觉得不好意思，就增派援兵，放手让甘茂攻下了宜阳。

现实生活中，不乏事无巨细一插到底的领导，以彰显其能力与责任心。尽管当今管理技术手段已经与古时不可同日而语，但在认识论和方法论领域，仍然需要向古人汲取智慧。

■ 换位思考，同理同心

所谓换位思考是指以对方的观点和视野来考虑问题。所谓同理同心就是要能够设身处地为对方着想，认同对方的问题和处境，理解对方的想法和感受。

孔子提出"己所不欲，勿施于人"是对人性的凝练和概括。这种能力对团队管理者尤为重要。如果不能换位思考，就会在心理上事先假定别人都应该像自己一样思考、顺着己方的逻辑行事，这会给团队管理带来许多麻烦。《吕氏春秋》"审应览"篇讲述了一则"换位思考"的严肃政治故事：

> 卫嗣君欲重税以聚粟，民弗安。以告薄疑曰："民甚愚矣。夫聚粟也，将以为民也。其自藏之与在于上奚择？"薄疑曰："不然。其在于民而君弗知，其不如在上也。其在于上而民弗知，其不如在民也。"凡听必反诸己，审则令无不听矣。

在卫嗣君看来，"民甚愚"，不知道国家聚粟防备饥荒，是为了老百姓。但在老百姓看来，粟被国家征走了，看不见摸不着，不如在自己家里放心。

这个故事揭示了自古及今关于税收的感知差异。纳税人被告知"取之于民，用之于民"，而实际感知却是"取之于民，用之于官"——公车消费，公款吃喝，公款旅游！公款哪里来？全是纳税人的血汗："尔俸尔禄，民脂民膏。"

不同的人，成长经历不同，生活环境不同；不同的组织机构，行业规范不同，经营环境不同；不同的国家，文化背景不同，政治理念不同。团队领导者必须具备换位思考的能力，如果经常听到"你别站着说话不腰疼"，那就应该警惕并深刻反思自己了。实际上，经常反思也是提高领导力的一种有效途径。

■ 善用激励，慎养士气

特殊的激励措施，在特定时期会起到异乎寻常的效果。但是，特殊激励措施要慎用，一旦使用不当，所起的作用很可能是负面的。《郁离子》"慎爵"篇讲述了一则特殊激励的故事：

> 昔者赵王得于阗之玉，以为爵。曰："以饮有功者。"邯郸之围解，王跪而执爵进酒，为魏公子寿，公子拜嘉焉。故鄗南之役，王无以为赏，乃以其爵饮将士，将士饮之皆喜。于是赵人得饮，重于得十乘之禄。及其后，王迁以爵爵嬖人之舐痔者。于是秦伐赵，李牧击却之，王取爵以饮将士，将士皆不饮而怒。故同是爵也，施之一不当，则反好以为恶。不知宝其所贵而已矣。

这个故事实际上分两个阶段、两层意思。

第一阶段，赵孝成王懂得并且善用特殊激励。赵孝成王得到一块于阗美玉并制成酒器"爵"，宣称用他给有功者敬酒。秦赵长平之战后，秦国围攻赵都邯郸，"诸侯无敢救者"，只有魏国公子无忌"窃符救赵"。邯郸解围后，赵王跪着执此爵为魏公子敬酒。于是，能饮此爵之酒，成为一种特殊荣耀。在鄗南之役中，赵王已经没有什么可以奖赏立功者了，就用此爵为将士敬酒，将士们喝了此爵之酒特别高兴，士气高昂。赵国人把能够喝到此爵之酒的荣耀，看得比"十乘"俸禄还重要。

第二阶段，孝成王的孙子赵王迁用此爵为嬖人中"舐痔者"赐酒，轻率之举彻底破坏了特殊激励之意义。秦国再次攻打赵国时，李牧率军击退秦军。赵王迁又用此爵为将士赐酒，将士们都愤怒地拒绝，感觉受到了侮辱！

同样是这个酒爵，一旦用之不当，就会起到相反的效果。就是因为赵王迁不知道珍惜其特殊的激励作用。

■ 处经守常，通权达变

"处经守常，通权达变"就是要求原则性与灵活性的有机统一。管理者不仅要坚持原则，还要根据实际情况灵活变通。

我国传统文化不仅强调维护社会价值观，而且也重视灵活性和艺术，倡导"通权达变"。《韩诗外传》引用孟子的话：

> "夫道二：常之谓经，变之谓权。怀其常道而挟其变权，乃得为贤。"

孟子认为，大道体现在两方面，常例称为经，变通称为权。只有怀其常道，而又能够权变，才会成为有作为的贤人。

通权达变可以保护自己。《庄子》"秋水"篇提出："知道者必达于理，达于理者必明于权，明于权者不以物害己。"

历史上，很多人不能通权达变招致事业失败，甚或杀身之祸。据《春秋左氏传》"文公五年"记载：

> 晋阳处父聘于卫，反过宁，宁嬴从之。及温而还。其妻问之。嬴曰："以刚。《商书》曰：'沈渐刚克，高明柔克。'夫子壹之，其不没乎！天为刚德，犹不干时，况在人乎？且华而不实，怨之所聚也。犯而聚怨，不可以定身。余惧不获其利而离其难，是以去之。"

宁嬴对阳处父的分析判断很准确。在国君已经任命狐射姑为中军帅的情况下，阳处父强力干预，重新任命赵盾为中军帅，狐射姑改任副职。狐射姑心生怨恨，就派人把阳处父杀了。这个故事给我们留下了"华而不实"的成语。

世界上多数事物往往不能以"对与错""黑与白"来区分，而是带有一定的模糊性。管理领域尤其如此。如何解决管理中的模糊性问题？到目前为止，仍然只能靠个人适应能力进行权衡。因此，通权达变的能力是领导者必不可少的素质。

什么时候应该坚持原则？什么时候可以灵活变通？关键是要把握好度。这种能力对管理者相当重要。一个人熟悉和惯用的方法不可能放之四海而皆准，要在过程中不断学习，使自己能够在不同的情境中恰当地调整行为。《郁离子》"捕鼠"篇关于赵人捕鼠的故事，体现了通权达变智慧：

> 赵人患鼠，乞猫于中山，中山人予之。猫善捕鼠及鸡，月余，鼠尽，而鸡亦尽。其子患之，告其父曰："盍去诸？"其父曰："是非若所知也。吾之患在鼠，不在乎无鸡。夫有鼠，则窃吾食，毁吾衣，穿吾垣墉，坏伤吾器用，吾将饥寒焉，不病于无鸡乎？无鸡者，弗食鸡则已耳，去饥寒犹远，若之何而去夫猫也！"

赵国睿智的老人，权衡了无鼠和无鸡之利害后，还是选择了猫。

意识到自己的行为与适应所处的环境是两件完全不同的事情。有些人，意识到行为不当后能够马上改变以适应新的情景。

历史上，汉高祖刘邦特别能够根据环境而通权达变，最终成就统一大业。秦失其鹿，诸侯共逐之。数年战乱后，形成楚汉相争的僵持局面。这个时候，项羽派遣武涉游说韩信自立，辩士蒯通也劝韩信独立于刘邦自立，韩信就要求刘邦封自己为"假（代理）齐王"。刘邦对韩信的要挟很愤怒，但在张良的提示下，爽快地封韩信为齐王而不是代理齐王。如果刘邦不肯答应韩信的要求，会不会导致韩信自立门户、出现三国鼎立的局面？历史不能假设。

■ 捕捉创新机遇，收获意外成功

当今社会，信息快速传播，市场需求多元化，组织与社会非线性互动，新技术生命周期缩短。在快速变化的外部环境中，如何保持团队适应能力、竞争优势和持续发展，是领导者必须考虑和面对的问题。如果因循守旧、墨守成规，不具备动态调整能力或反应速度跟不上环境变化，就可能在竞争中处于不利地位，导致团队目标不能实现，组织利益遭受损失。

创新成为组织和团队提高竞争力的最好途径。

《庄子》"逍遥游"篇讲述的"不龟手之药"故事，启示我们要保持通权达变的灵活思维，善于捕捉意外的成功：

> 宋人有善为不龟手之药者，世世以洴澼絖为事。客闻之，请买其方百金。聚族而谋曰："我世世为洴澼絖，不过数金。今一朝而鬻技百金，请与之。"客得之，以说吴王。越有难，吴王使之将。冬，与越人水战，大败越人，裂地而封之。能不龟手一也，或以封，或不免于洴澼絖，则所用之异也。

保持通权达变的思维习惯，当机会意外地降临时能够抓住并充分利用。所谓"机遇只光顾有准备的人"。

第五章 团队管理问题探讨与案例分析

□ 解析八骏寓言，总结团队管理

周朝第五代天子周穆王姬满，是一位有能力且兴趣广泛的统治者，留下了很多传说故事，后世称其为"穆天子"。西晋太康年间，从汲郡古墓出土竹简整理出的《穆天子传》[57]，讲述周穆王任用擅长造车和养马的造父，驾着八骏神马（赤骥、盗骊、白义、逾轮、山子、渠黄、骅骝、绿耳）拉的"豪华旅游专列"周游天下的传说故事。穆天子西行抵达昆仑之丘与西王母相会，西王母请其观赏黄帝之宫，迎其上瑶池，设宴款待，诗歌相和。这期间淮河流域东夷族的徐国称王作乱，穆王只好终止其与西王母那段旖旎的风流故事，回中原平定叛乱。

唐朝诗人李商隐写了一首"瑶池"[58]诗描述这一传说：

瑶池阿母绮窗开，黄竹歌声动地哀；八骏日行三万里，穆王何事不重来。

明朝刘基根据这个传说撰写了《郁离子》"八骏"寓言故事，通过如何"选马用马"，阐述治国理政的道理。

穆天子得八骏，以造王母。归而伐徐偃王，灭之。乃立天闲、内、外之厩。八骏居天闲，食粟日石；其次乘居内厩，食粟日八斗；又次居外厩，食粟日六斗；其不企是选者为散马，散马日食粟五斗；又下者为民马，弗齿于官牧。以造父为司马，故天下之马无遗良，而上下其食者，莫不甘心焉。

穆王崩，造父卒，八骏死。马之良驽莫能差，然后以产区焉。故冀之北土纯色者为上乘，居天闲，以驾王之乘舆；其厖为中乘，居内厩，以备乘舆之阙，戎事用之；冀及济河以北，居外厩，诸侯及王之公卿大夫及使于四方者用之；江淮以南为散马，以递传、服百役，大事弗任也。其士食亦视马高下，如造父之旧。

及夷王之季年，盗起。内厩之马当服戎事，则皆饱而骄，闻钲鼓而辟易，望旆而走。乃参以外厩。二厩之士不相能。内厩曰："我乘舆之骖服也。"外厩曰："尔食多而用寡，其奚以先我？"争而闻于王。王及大臣皆右内厩。既而与盗遇，外厩先，盗北；内厩又先，上以为功。于是外厩之士马俱懈。盗乘而攻之，内厩先奔，外厩视而弗救，亦奔。马之高足骧首者尽没。

王大惧，乃命出天闲之马。天闲之马，实素习吉行，乃言于王而召散马。散马之士曰："戎事尚力，食充则力强。今食之倍者且不克荷，吾侪力少而恒劳，惧弗肩也。"王内省而惭，慰而遣之，且命与天闲同其食。而廪粟不继，虚名而已。于是四马之足交于野，望粟而取。农不得植，其老羸皆殍，而其壮皆逸入于盗，马如之。

王无马，不能师，天下萧然。

我们不妨从团队管理的视角来分析这个"选马用马"的寓言故事。可以将其归纳为以下三个管理阶段。

■ 第一阶段：成功的团队管理

周穆王时期，任命造父为司马，能够识马用马。待遇与能力和贡献挂钩：分为天闲、内厩、外厩、散马四类管理。

第一类，"八骏居天闲，食粟日石"。这是经过考验，展示出能力，做出过贡献的一类，理应享受最高待遇。

第二类，"其次乘居内厩，食粟日八斗"。能力和贡献比八骏稍差一级，享受次一等待遇。

第三类，"又次居外厩，食粟日六斗"。再差一点，只能享受三等待遇。

第四类，"其不企是选者为散马，食粟日五斗"。没能进入前三等的，作为散马来养，享受普通官府待遇。

没有选入"国家队"的民马，不能享受官府的待遇。

由于造父能够识马用马，天下良马几乎没有被遗漏的，享受不同待遇者都认为很公平。从团队管理的视角看，这是一个成功的团队。组织选派了一位好领导造父，能够"识马用马"，因才而任；待遇与能力和贡献挂钩，大家心悦诚服。

■ 第二阶段：因循的团队管理

穆天子驾崩，造父去世，八骏也老死了。无人能够识别马之良驽，就只能以产地区分，将职责和待遇与"出身"挂钩。

第一类，"故冀之北土纯色者为上乘，居天闲，以驾王之乘舆"。产于冀州之北、毛色纯一的马匹，选入天闲，享受最高待遇。专门为天子驾车。

第二类，"其庬为中乘，居内厩，以备乘舆之阙，戎事用之"。产于冀州之北但毛色不纯的马匹，选入内厩。用于天子驾车的替补，征战时用。

第三类，"冀及济河以北居外厩，诸侯及王之公卿大夫及使于四方者用之"。产于冀州之南、济河以北的马匹，居于外厩。为诸侯和公卿大夫及出使者服务。

第四类，"江淮以南为散马，以递传、服百役，大事弗任也"。产于江淮以南的为散马，用于拉驿站传车、服杂役，国家大事是不用的。

"其士食亦视马高下，如造父之旧"。养马人的待遇也按照造父定下的规矩，与所养马匹的等级匹配。

刘基的本意是在讽刺蒙元王朝统治者推行的种族歧视政策，治理国家不是选贤任能，而是根据出生地把人民分为四等：

第一等，蒙古人。即："冀之北土纯色者为上乘，居天闲。"

第二等，色目人。即："其庬为中乘，居内厩。"

第三等，汉人。指汉化契丹人、女真人和北方汉人。即："冀及济河以北，居外厩。"

第四等，南人。指原南宋统治下的南方汉人。即："江淮以南为散马，以递传、服百役，大事弗任也。"

■ 第三阶段：失败的团队管理

到了周夷王末年，盗贼四起。这实际上又有了检验马匹能力并让其做贡献的机会。但是，朝廷不能"因马而使"、公平竞争，又不能正确激励，最终导致团队解体。主要问题如下：

☆ 第一，能力与其职责和待遇不符

"内厩之马当服戎事，则皆饱而骄，闻钲鼓而辟易，望旆而走。"

内厩之马应当参加战事。但它们饱食终日无所事事，骄横而怯懦，战场上听见钲鼓声就颤抖，看见敌人旗帜就逃跑。

☆ 第二，团队内部不协作

"乃参以外厩。二厩之士不相能。内厩曰：'我乘舆之骖服也。'外厩曰：'尔食多而用寡，其奚以先我？'"

于是就让外厩的马匹也参与战事。内厩与外厩互相瞧不上，内厩说：我们是拉天子御驾的。外厩说：你们吃的虽多，但贡献很少，为什么要我们在前面？

☆ **第三，组织处事不公**

"争而闻于王。王及大臣皆右内厩。既而与盗遇，外厩先，盗北。内厩又先，上以为功。"

争论传到天子那儿，天子及大臣都袒护内厩。不久又与盗贼相遇，外厩先上，打败了盗贼。随后，内厩也冲了上去，朝廷把功劳归于内厩。

☆ **第四，团队离心离德**

"于是外厩之士马俱懈。盗乘而攻之，内厩先奔，外厩视而弗救，亦奔，马之高足骧首者尽没。"

于是，外厩的战士和马匹均泄了气。盗贼乘机攻过来，内厩先逃奔，外厩视而不救，也跟着逃跑。朝廷平日里养的高足骧首之马丧失殆尽。

☆ **第五，最高待遇养了一群华而不实的废物**

"王大惧，乃命出天闲之马。天闲之马实素习吉行，乃言于王，而召散马。"

天子很担忧，就命令派出天闲之马。这些马平日里只是训练礼仪，根本不会冲锋陷阵，有人就向天子建议召集散马。

☆ **第六，待遇低者不肯出力**

"散马之士曰：'戎事尚力，食充则力强。今食之倍者且不克荷，吾侪力少而恒劳，惧弗肩也。'"

养散马的战士推辞说："作战需要体力，食物充足力气就强壮；食物是我们两倍的都不能胜任，我们力气不足，平日里又一直服杂役，恐怕不能承担！"

☆ **第七，缺乏激励资源**

"王内省而惭，慰而遣之，且命与天闲同其食。而廪粟不继，虚名而已。"

天子也觉得惭愧，抚慰散马之士才派遣，并给其天闲待遇。国家粮仓储存难以为继，这个待遇只是徒有虚名而已。

☆ **第八，纪律败坏导致团队解体**

"于是四马之足交于野，望粟而取。农不得植，其老羸皆殍，而其壮皆逸入于盗，马如之。王无马，不能师，天下萧然。"

于是默许天闲、内厩、外厩、散马自己跑到田里去取食物（纵兵劫掠百姓）。农人得不到收获，老弱者都饿死了，强壮者都去做了强盗，马匹也跟着走了。天子没有马，不能组织军队行军打仗，天下就失去了秩序。

□ 分析失败现象，归纳常见问题

所有团队都会存在这样那样的问题。通常包括：团队没有目标，失去前进方向；组织用人不当，团队缺乏合力；可用资源不足，团队决策混乱；没有正确规范，不守团队纪律。除了"可用资源不足"是客观因素外，其他都是管理问题。

■ 团队没有目标，失去前进方向

没有目标,团队就没有存在价值。最终失败是必然的!

☆ 伤心的故事

1997年7月7日,《北京科技报》刊登了一则"伤心的故事",情节如下。

日商A君在日本东京经营中国菜，生意很红火。不久，三个中国留学生也在对面开了个中国餐馆。开始只是一个小门脸，因为他们是正宗，自然中国菜做得好，把这位日本客商的生意抢走了不少。餐馆经理很着急，与A君商量用什么办法和对面竞争。谁知他却让餐馆经理每日去对面买一份留学生们做的中国菜，认真研究。一个月后全部买齐了，然后在报纸上刊登广告，大举推出这些菜，每款价格均比对面贵出三倍。经理十分不解，认为这不是为人家做广告么，A君却颇有把握地说，我就是要对面的餐馆迅速发家致富。

果不其然，一年以后对面三个留学生开的餐馆发了，从一间小门脸发展到买下了整个二层楼，每个留学生出门也是小轿车，从不亲临"前线"，最后发展到经常为分钱而争吵。A君看准了这一时机，突然大规模推出与对面同样的中国菜，并且价格比中国留学生餐馆的菜还要便宜三分一，不到半年的时间，一举击败了竞争对手，并收购了该餐馆。

A君对此举解释说，三个中国留学生创业时，很抱团，如果当时与他们竞争，虽然使他们感到压力更大，但是他们的竞争策略会更多，我打不起"持久战"，必败无疑。让他们迅速致富，感到没有压力，也就不抱团了，分裂是自然的。这时发起攻击，必然获胜。

三个中国留学生组成的创业团队根本没有明确目标！他们的事业走到哪里算哪里，困难时还可以"共度时艰"，一旦顺利，随时都可能散伙走人。

☆ **遗憾的历史**

历史上有很多优秀团队，没有明确目标，或者在完成阶段性任务之后失去了目标，团队出现内耗，最终走向失败。典型案例包括黄巢起义军、李自成起义军和太平天国起义军。

黄巢出身盐商家庭，自幼学文习武，颇有才干。曾经参加科举考试，因出身低微且长相不佳，屡试不第，还受到主考官的羞辱。黄巢心怀怨愤，要通过其他途径展示才能，报复这帮官老爷。适值关东大旱，庄稼无收，百姓走投无路，黄巢于是在家乡聚众起兵。起义军转战东部、南部、中部半个中国，并于公元881年占领唐朝都城长安，建立大齐政权。由于黄巢起义军没有明确的宗旨和纲领，建立政权后失去了奋斗目标，在朝廷和地方军阀的反扑围攻中，很快灭亡。

明朝天启、崇祯年间，北半球进入"小冰河"时期，中国北部连年干旱。又因豪强兼并土地，朝廷因与建州鞑虏作战而加重赋税。饥民无以为生，纷纷暴动。李自成起义军顺应时势，提出"均田免赋"的口号，作为凝聚民心的目标，获得广大人民的欢迎。农民军很快席卷华北、定都西安，并于1644年攻入北京。李自成农民军就是在进入北京、完成阶段性任务之后，其将领团队丧失了团队目标，很短时间内失去了战斗力。在汉奸吴三桂和满清多尔衮的联合绞杀下，最终灰飞烟灭。

太平天国也是在定都天京、完成其阶段性任务之后，领导团队失去了目标，出现内讧，自相残杀，走向衰落并最终失败。

☆ **成功的榜样**

中国共产党自诞生那天起，就有其明确的目标，并对其总体目标进行了阶段性分解。在不同的历史阶段，随着外部环境条件的变化，对目标进行调整。党的高层管理团队充分吸取历史的经验教训，在历史转折时期不断自我警醒，成功实现团队目标转换。抗日战争胜利前夕，号召全党学习郭沫若的《甲申三百年祭》，吸取李自成的教训。解放战争取得全国胜利前夕，毛泽东主席在党的第七届中央委员会第二次全体会议上提出：

> "夺取全国胜利，这只是万里长征走完了第一步……中国的革命是伟大的，但革命以后的路程更长，工作更伟大，更艰苦。"

在实现前一个目标的过程中，就为团队提出了下一个更为宏伟的目标。

■ **组织用人不当，团队缺乏合力**

组织或团队用人不当，通常表现在以下几个方面。

☆ **唯出身论，忽视能力和贡献**

本章引述的《郁离子》"八骏"寓言故事，在造父去世后，没有人能够识别马之良驽，就只能以产地来区分了，于是将职责和待遇与"出身"挂钩。

《春秋左氏传》"哀公十七年"记载：楚国白公胜作乱的时候，陈国趁火打劫。楚国平定内乱后，要出兵报复陈国。关于元帅任命，楚王咨询大师子谷与叶公诸梁（字子高，曾与孔子对话）。子谷建议任命右领差车或左史老，他们以前参加过讨伐陈国的军事。叶公子高认为：他们出身低贱，会遭士兵轻视，恐怕不能完成任务。子谷用楚国的历史事实批驳了子高的观点。只要能够胜任，有什么贵贱之分？

楚子问帅于大师子谷与叶公诸梁，子谷曰："右领差车与左史老皆相令尹、司马以伐陈，其可使也。"子高曰："率贱，民慢之，惧不用命焉。"子谷曰："观丁父，鄀俘也，武王以为军率，是以克州、蓼，服随、唐，大启群蛮。彭仲爽，申俘也，文王以为令尹，实县申、息，朝陈、蔡，封畛于汝。唯其任也，何贱之有？"

现代社会某些组织及管理者的认识水平和能力尚不如古人。某大学的一家研究院，在评职称时，有一条不成文的规定：本校本科毕业者优先。如果这些人并没有表现出突出能力和业绩，那是因为"没有给其机会"。曾有一位老同志，大半生碌碌无为，快退休时评职称，能够拿得出的竟然是"本科学习成绩优秀"。

我们当然不能指望所有组织和团队中都有伯乐！在当今社会大环境中，能够做到用人不唯私、唯亲，尚能只看出身选拔人才，也算是勉为其难了。

☆ **只用听话和顺从者**

某些团队或组织的领导特别喜欢用听话和顺从者。因为有能力者多数有个性和棱角，往往不那么听话和顺从。听话和顺从者要么能力不足，要么不敢坚持原则，其后果必然导致团队和组织整体能力下降，无法完成任务。《郁离子》"规执政"篇对这种情况进行了辛辣讽刺：

郁离子曰："仆闻农夫之为田也，不以羊负轭；贾子之治车也，不以豕骖服。知其不可以集事，恐为其所败也。是故三代之取士也，必学而后入官，必试之事而能，然后用之。不问其系族，惟其贤，不鄙其侧陋。今风纪之司，耳目所寄，非常之选也。仪服云乎哉，言语云乎哉，乃不公天下之贤，而悉取诸世胄、昵近之都那竖为之，是爱国家不如农夫之田、贾子之车也。"

农夫种田时，不用羊拉犁耕地；商人赶车做生意，不用猪驾车。因为他们知道羊和猪不能胜任，担心自己的事业被其败坏。这本来都是常识！国家（或组织）的领导，不是选拔任用贤才，而是任用贵族后裔、昵幸近臣，说明他们爱惜国家（或组织）反而不如农夫爱其田地、商人爱其货车！

组织和团队用人，目的是要发挥其才能，成就组织的事业；而不是投领导所好。只用听话和顺从者，不能实现目标，最终将损害团队和组织的利益。

☆ **外来的和尚会念经**

时下，某些组织和团队热衷于高薪招聘外部人才，而轻视已有人才。这种认识上的误区，副作用极大。首先，引进的"和尚"未必真是人才；其次，即便是真的人才，也未必适应组织的环境和要求。不讲能力和业绩，而给予引进人才特殊的待遇，将挫伤现有人才的积极性。近二十年来，一些高校和研究单位就发生过"招来了女婿，气走了儿子"的现象。这种问题一而再、再而三地发生，甚至"招来了小女婿，气走了老女婿"！值得组织的高层领导和人力资源部门反思。

据《春秋左氏传》记载，发生在公元前645年的秦晋"韩之战"，晋惠公因为喜欢用来自郑国的马拉车，马匹不熟悉本国地理环境和人员习性，战车陷入泥泞，导致自己被秦国擒获：

> 三败及韩……步扬御戎，家仆徒为右。乘小驷，郑入也。庆郑曰："古者大事，必乘其产，生其水土，而知其人心；安其教训，而服习其道；唯所纳之，无不如志。今乘异产，以从戎事，及惧而变，将与人易。乱气狡愤，阴血周作，张脉偾兴，外强中干。进退不可，周旋不能，君必悔之。"弗听。
>
> ……壬戌，战于韩原，晋戎马还泞而止……秦获晋侯以归。

这个故事是对"外来的和尚会念经"误区的最好注释。

建议各级劳动人事部门和人力资源研究者们，认真地组织调查研究：我们高薪聘来的"外来和尚"，有多少是在认真地"念经"，又有多少是在"滥竽充数"。研究结果可用于优化我国的人才引进及聘用的体制机制。

用人不当必然影响团队的凝聚力！团队没有凝聚力，就不可能有战斗力。团队没有凝聚力主要表现在以下几个方面。

☆ **团队成员的合作意愿低**

组织不能合理用人，个人能力和作用得不到发挥，必然影响其积极性及其合作意愿。合作意愿通常分为五个层次：

◇ 消极，不合作。对工作马马虎虎，应付了事。

◇ 消极，但合作。对工作不热心，但能够完成相关工作。

◇ 中性，视人际关系而定。对人际关系好的合作者，其工作质量和速度均能保证；对人际关系不好的合作者，就马马虎虎，应付了事。

◇ 积极，但不合作。积极参与但争夺主导权。这种人一旦达到其争夺主导权之目的，将会转化为积极又合作；否则，将会成为消极而不合作者。

◇ 积极，合作。全力以赴，同心协力，一起解决问题。

发生在公元前559年的晋秦"棫林之战"就是一个典型的"消极不合作"案例。据《春秋左氏传》"襄公十四年"记载：

荀偃令曰："鸡鸣而驾，塞井夷灶，唯余马首是瞻。"栾黡曰："晋国之命，未是有也。余马首欲东。"乃归。下军从之。左史谓魏庄子曰："不待中行伯乎？"庄子曰："夫子命从帅，栾伯，吾帅也，吾将从之。从帅，所以待夫子也。"伯游曰："吾令实过，悔之何及，多遗秦禽。"乃命大还。晋人谓之"迁延之役"。

主帅荀偃下令："鸡鸣驾好战车，塞井夷灶，以我的马首是瞻。"下军帅栾黡说："晋国的命令，没有这样的。我的马首要往东。"说完，率领下军往东回国了。栾黡及下军不合作，这仗就没法打！荀偃无奈，只好下令全军撤退。晋国与秦国的大仗虽然没打成，却给后世留下了一个成语"马首是瞻"。

☆ **领导威望不足，成员各行其是**

团队领导的能力、资历和威望不够，也会导致团队没有凝聚力。发生在鲁宣公十二年的晋楚"邲之战"就是典型案例，晋军新任统帅荀林父威望不足，不能统一团队意志，指挥团队成员各行其是。面对楚军攻击，仓促应战，大败而归。

敌对方楚国对晋国军队指挥团队的评价如下：

> 伍参言于王曰："晋之从政者新，未能行令。其佐先縠刚愎不仁，未肯用命。其三帅者，专行不获。听而无上，众谁适从？此行也，晋师必败。

"邲之战"的结局也正如伍参所料：当楚军开始攻击时，晋军的中军和下军完全没有做好准备，荀林父下令"先济者有赏"。士兵争船过河，已上船的砍断了攀着船帮的士兵手指，以至于"舟中之指可掬"。

团队成员各行其是，既定计划无法实施，必然导致失败。典型例子是公元前506年吴楚"柏举之战"中楚军指挥团队：

> 冬，蔡侯、吴子、唐侯伐楚。舍舟于淮汭，自豫章与楚夹汉。左司马戌谓子常曰："子沿汉而与之上下，我悉方城外以毁其舟，还塞大隧、直辕、冥阨。子济汉而伐之，我自后击之，必大败之。"既谋而行。武城黑谓子常曰："吴用木也，我用革也，不可久也，不如速战。"史皇谓子常曰："楚人恶子而好司马。若司马毁吴舟于淮，塞城口而入，是独克吴也。子必速战！不然，不免。"乃济汉而陈，自小别至于大别。三战，子常知不可，欲奔。史皇曰："安，求其事；难，而逃之；将何所入？子必死之，初罪必尽说。

十一月庚午，二师陈于柏举……子常之卒奔，楚师乱，吴师大败之。子常奔郑。史皇以其乘广死……五战，及郢。

楚军指挥团队成员各行其是，导致军队溃败、国都沦丧！

■ 可用资源不足，团队决策混乱

团队开展工作需要一定的资源支持。组织既然成立了团队并赋予其任务，就应该为其配置必需的资源。某些类别的资源不足，在一定限度内，可以通过激发团队成员的主观能动性或采取其他措施来克服。但是，资源匮乏超过了限度，团队内部无法克服或弥补时，必定会影响团队任务的完成。

☆ 资源不足导致失败

俗语云："巧妇难为无米之炊"。如果组织"又要马儿跑，又要马儿不吃草"，那得到的将只可能是挫折和失败。刘基在《郁离子》"请舶得苇筏"中讲了一则关于秦始皇和徐市的寓言故事，意图阐明这个道理：

昔者秦始皇帝东巡，使徐市入海求三神蓬莱之山。请舶，弗予，予之苇筏。辞曰："弗任。"秦皇帝使谒者让之曰："人言先生之有道也，寡人听之。而必求舶也，则不惟人皆可往也，寡人亦能往矣，而焉事先生为哉？"徐市无以应，退而私具舟，载其童男女三千人，宅海岛而国焉。"

☆ 团队决策混乱

团队决策混乱的原因多种多样。

决策通常都带有不确定性。管理者不可能等掌握了所有需要的信息后再决策，决策时总是存在这样那样的不确定因素。在不确定情况下做决策的问题，至今仍然尚未完全解决。

《春秋左氏传》"桓公八年"记载，随国与楚国在速杞决战，随侯的错误决策导致战败并臣服楚国。于是，汉水流域众多姬姓诸侯国都臣服于楚国，为楚国北上争霸中原扫清了道路。

> 楚子伐随。军于汉、淮之间。季梁请下之："弗许而后战，所以怒我而怠寇也。"少师谓随侯曰："必速战。不然，将失楚师。"随侯御之。望楚师。季梁曰："楚人上左，君必左，无与王遇。且攻其右。右无良焉，必败。偏败，众乃携矣。"少师曰："不当王，非敌也。"弗从。战于速杞。随师败绩。随侯逸。斗丹获其戎车，与其戎右少师。"

随侯的错误决策体现在"战前"和"临战"两个阶段。

战前决策，季梁和少师分别提出了不同的行动方案：

> ◇ 季梁提出的行动方案是示弱，激怒己方将士，麻痹敌方。"季梁请下之：'弗许而后战，所以怒我而怠寇也。'"
>
> ◇ 少师提出的行动方案是示强，抓住机会，与之决战。"少师谓随侯曰：'必速战。不然，将失楚师。'"

随侯没有采纳季梁的方案，而是听从了少师的主意。

临战决策，季梁和少师分别提出了不同的行动方案：

> ◇ 季梁提出"避实击虚"，集中主力攻敌弱点。"季梁曰：'楚人上左，君必左，无与王遇。且攻其右。右无良焉，必败。偏败，众乃携矣。'"
>
> ◇ 少师提出"君臣对等"，遵守当时的传统，国君对国君、臣子对臣子。"少师曰：'不当王，非敌也。'"

随侯又没有采纳正确建议，听了少师的主意而被打败。

☆ 决策时机不当

即便好决策，实施时机不合适，也会造成损失。德鲁克在《管理：使命，责任，实务》（使命篇）讲述了福特公司决策推出"汽车安全带"的故事：

> 20世纪40年代晚期至50年代早期，福特汽车公司生产出一种汽车，该种汽车在座位上配有安全带，但该种汽车的销售却一落千丈。福特公司不得不停止销售这种带有安全带的汽车，并放弃这种想法。而在十五年之后，当美国驾驶汽车的大众已经注意到安全问题的时候，却大肆攻击汽车制造商"完全不注意安全问题"，是送命商。

福特公司的决策，从技术的角度是一个好决策。但是，从决策的时机和对组织的利益来说，却是一个坏决策。没有进行市场调研，决策依据不充分。

■ 没有正确规范，不守团队纪律

☆ 没有正确的行为规范

一个团队，一个组织，甚或一个社会，没有正确的行为规范，人们就无所适从。过去一段时期，社会价值观和道德观的混乱，行为规范的迷失，导致了官场和社会混乱。历史给我们留下过教训和警示。

鲁襄公二十一年，季文子的后代季武子当政，接纳了邾国亡臣邾庶其，搞乱了鲁国的行为规范，于是"鲁多盗"：

> 邾庶其以漆、闾丘来奔，季武子以公姑姊妻之，皆有赐于其从者。于是鲁多盗。季孙谓臧武仲曰："子盍诘盗？"武仲曰："不可诘也。纥又不能。"季孙曰："我有四封，而诘其盗，何故不可？子为司寇，将盗是务去，若之何不能？"武仲曰："子召外盗而大礼焉，何以止吾盗？子为正卿，而来外盗；使纥去之，将何以能？……夫上之所为，民之归也。上所不为，而民或为之，是以加刑罚焉，而

莫敢不惩。若上之所为，而民亦为之，乃其所也，又可禁乎？"

季武子责备负责治安的司寇臧武仲没有尽职抓捕盗贼，臧武仲认为这次盗贼没法抓，并给季武子讲了一通"上梁不正下梁歪"的道理：你作为正卿大礼招待并赏赐外来大盗，却让我缉捕鲁国的小盗，我用什么理由来制止小盗贼呢？在上位的统治者的行为，可以成为人民的规范。统治者不做不该做的事，而人民做了，你可以名正言顺地惩罚他。统治者做了某种事，而人民也做了，是在学统治者的样子，又如何禁止呢？

从鲁国执政的季孙家族两代人处事原则可以看出，不同的行为规范及其对国家政治和民众行为带来不同的影响，值得团队领导者及当政者深思和借鉴。

没有正确行为规范的人，思想和行为中就没有约束。这样的领导者权力越大，对组织造成的不良影响就越严重。

☆ **个人好恶置于组织利益之上**

某些团队领导者不能正确处理团队和组织利益与个人好恶，将个人好恶凌驾于团队和组织利益之上。

《春秋左氏传》"闵公二年"记述了郑文公因厌恶大臣高克而致使军队溃散：

郑人恶高克，使帅师次于河上，久而弗召。师溃而归，高克奔陈。郑人为之赋《清人》。

作为贤明君主榜样的汉文帝，也干过类似的事。据《史记》"匈奴列传"记载，汉文帝讨厌宦官中行说，早想把他赶走，就派他送亲去匈奴。中行说主动投降了匈奴，为单于出了很多对付汉朝的主意，给国家带来了几十年的麻烦。

老上稽粥单于初立，孝文皇帝复遣宗室女公主为单于阏氏，使宦者燕人中行说傅公主。说不欲行，汉强使之。说曰："必我行也，为汉患者。"中行说既至，因降单于。

以上案例都是以个人好恶影响组织利益。品德不好的管理者，利用手中权力泄私愤，给组织及个人带来极大危害。

☆ **不守团队纪律**

没有严明的纪律，必将导致团队不能实现目标。发生在鲁文公十二年的秦晋"河曲之战"，晋国的纨绔子弟赵穿不遵守军队纪律，擅自行动，导致晋军的作战计划流产。

> 秦为令狐之役故，冬，秦伯伐晋，取羁马。晋人御之……臾骈曰："秦不能久，请深垒固军以待之。"从之。秦人欲战。秦伯谓士会曰："若何而战？"对曰："赵氏新出其属曰臾骈，必实为此谋，将以老我师也。赵有侧室曰穿，晋君之婿也，有宠而弱，不在军事，好勇而狂，且恶臾骈之佐上军也。若使轻者肆焉，其可。"秦伯以璧祈战于河。
>
> 十二月戊午，秦军掩晋上军。赵穿追之，不及。反，怒曰："裹粮坐甲，固敌是求。敌至不击，将何俟焉？"军吏曰："将有待也。"穿曰："我不知谋，将独出。"乃以其属出。宣子曰："秦获穿也，获一卿矣。秦以胜归，我何以报？"乃皆出战，交绥。秦行人夜戒晋师曰："两君之士皆未憖也，明日请相见也。"臾骈曰："使者目动而言肆，惧我也，将遁矣。薄诸河，必败之。"胥甲、赵穿当军门呼曰："死伤未收而弃之，不惠也。不待期而薄人于险，无勇也。"乃止。秦师夜遁。

由于赵穿两次不守纪律的捣乱，晋军作战意图不能实现。正是这个赵穿，八年后杀了晋灵公，埋下了赵氏灭族之祸。

☆ **赏罚不公**

我国"春秋"大舞台上第一个出场的"主角儿"是郑庄公姬寤生。郑国紧邻周天子都城，郑庄公又继承了朝廷"卿士"官职，天时、地利条件都很好，最有资格成为春秋第一霸。郑庄公之所以未能称霸，就是因为缺乏"人和"的因素。很重要的一方面，是其赏罚不公，没有统一标准。

郑庄公的团队中，有一位智勇双全的颍考叔。在公元前712年"伐许之战"前领取武器时，与公孙阏（子都）发生过争执。子都是历史上有名的美男子，郑庄公很宠幸他。甚至400年后亚圣孟子还在称赞他的美貌："不知子都之姣者，无目者也。"就是这样一个美男子，却生着一副蛇蝎心肠。在攻克许国都城时，颍考叔率先登上城墙，却被公孙阏在众目睽睽之下射死。郑庄公不仅没有惩罚凶手，反而装模作样地组织"诅咒"活动：

> 郑伯将伐许。五月甲辰，授兵于大宫。公孙阏与颍考叔争车，颍考叔挟辀以走，子都拔棘以逐之。及大逵，弗及，子都怒。
>
> 秋七月，公会齐侯、郑伯伐许。庚辰，傅于许。颍考叔取郑伯之旗蝥弧以先登，子都自下射之，颠。瑕叔盈又以蝥弧登，周麾而呼曰："君登矣！"郑师毕登。壬午，遂入许……
>
> 郑伯使卒出豭，行出犬、鸡，以诅射颍考叔者。
>
> 君子谓郑庄公："失政刑矣。政以治民，刑以正邪。既无德政，又无威刑，是以及邪。邪而诅之，将何益矣！"

"君子"评价郑庄公失去了"政"和"刑"。政用来治理百姓，刑用来纠正邪恶。既缺乏德政，又没有威刑，所以才会发生邪恶的事情。不去惩罚邪恶而是诅咒，又有什么益处呢！

对比晋国追究"邲之战"责任及惩罚措施，我们就可以理解：为什么晋国几经严重失败，仍然能够复起称霸诸侯；而郑国在郑庄去世后，只能作为晋楚大国之间的"夹心馅饼"，窝窝囊囊地继续苟存着。

☆ **激励措施不到位**

激励措施不到位，或者激励不公，也容易涣散团队凝聚力，极端情况下会导致团队失败。

《春秋左氏传》"闵公二年"记载了"卫懿公好鹤"的故事：

> 冬十二月，狄人伐卫。卫懿公好鹤，鹤有乘轩者。将战，国人受甲者皆曰："使鹤！鹤实有禄位，余焉能战？"……及狄人战于荧泽，卫师败绩，遂灭卫。卫侯不去其旗，是以甚败。

卫懿公平日里喜欢鹤，还为有些鹤配备了轩车。临战前，士兵们都说："派鹤去！鹤享有禄位，我们怎能作战？"卫军在荧泽被狄人打败，卫懿公坚持不去其旗帜，被狄人杀死。这个人治国很荒唐，在战场上却颇有点英雄气概。

□ 剖析成功案例，吸取经典精华

■ 齐桓公的团队

春秋早期，东迁之后的周王室已经失去了"溥天之下，莫非王土；率土之宾，莫非王臣"的实力和威风。四周"戎、狄、蛮、夷"少数民族势力深入到黄河流域，不断与华夏诸侯国发生冲突，甚至一度灭了邢国和卫国。《春秋公羊传》"僖公四年"评述当时的状态："南夷与北狄交，中国不绝若线。"

齐国经历了十数年乱政，国力严重下降，亟须整顿国政、恢复秩序。在这样的大背景下，齐桓公于公元前685年继位。

☆ **团队目标**

齐桓公打出"尊王攘夷"的旗号，成为执政团队的理念和目标。在其后数十年中，齐国执政团队忠实贯彻落实这一目标：救邢，复卫；北击山戎，南伐楚国；九合诸侯，一匡天下。

齐桓公因此成为"春秋五霸"之首：公元前665年，周天子以"王命"正式赐予了齐桓公霸主地位，并于鲁僖公九年（公元前651年）再次对齐桓公"尊王攘夷"的功劳给予赏赐。

☆　**团队构成**

齐桓公之所以能够实现其"尊王攘夷"的理想，成就其"称霸诸侯"的功业，并不是因为其个人能力有多么出众，而是依靠团队的力量。

他接受鲍叔牙的建议，任命了仇人管仲作为其执政团队的领导。以管仲为中心，建立了一个近乎完美的团队。我们前面引述《吕氏春秋》"审分览·勿躬"篇，介绍了齐桓公的执政团队骨干人员：

◇　大田，负责农业生产。人选：宁戚。

◇　大行，负责外交礼仪。人选：隰朋。

◇　大谏臣，负责纠正国君的错误。人选：东郭牙。

◇　大司马，负责领军作战。人选：王子城父。

◇　大理，负责刑狱治安。人选：弦商。

团队领导，负责整个团队的领导与管理，实现组织目标。人选：管仲自荐。

齐桓公根据管仲的建议，任用上述五人，服从管仲的领导。正是这个团队为齐桓公建立了霸业。

☆　**团队文化与管理**

总结齐桓公的执政团队，有以下几个特点：

一、礼贤下士。《吕氏春秋》"慎大览·下贤"篇记载：

齐桓公见小臣稷，一日三至弗得见。从者曰："万乘之主见布衣之士，一日三至而弗得见，亦可以止矣！"桓公曰："不然。士骜禄爵者，固轻其主。其主骜霸王者，亦轻其士。纵夫子骜禄爵，吾庸敢骜霸王乎？"

我们读《三国演义》，都会感叹刘备三顾茅庐请诸葛亮辅佐的求贤若渴诚意。这种行为并不是刘备首创，他只是向八百多年前的齐桓公学习而已。

二、因才而任。齐桓公很会任用贤才。组建执政团队时，任命的团队领导管仲，曾辅佐公子纠与自己争夺君位，还差一点把自己射死。前面我们还引述了任用宁戚、不察细过的故事。齐桓公按照管仲的建议，任用了一批能干的人。根据个人的德与才安排职位，而不是根据个人亲疏关系。《吕氏春秋》"孟春纪·贵公"记载了管仲与齐桓公关于用人原则的对话：

> 管仲有病，桓公往问之曰："仲父之病矣，渍甚，国人弗讳，寡人将谁属国？"……管仲敬诺，曰："公谁欲相？"公曰："鲍叔牙可乎？"管仲对曰："不可。夷吾善鲍叔牙，鲍叔牙之为人也，清廉洁直，视不己若者，不比於人。一闻人之过，终身不忘。勿已，则隰朋其可乎？隰朋之为人也，上志而下求，丑不若黄帝，而哀不己若者。其于国也，有不闻也。其于物也，有不知也。其于人也，有不见也。勿已乎，则隰朋可也。"夫相，大官也。处大官者，不欲小察，不欲小智，故曰：大匠不斫，大庖不豆，大勇不斗，大兵不寇。桓公行公去私恶，用管子而为五伯长。

管仲有病，齐桓公问执政团队的继承领导人，管仲否决了对自己有知遇之恩的鲍叔牙，而推荐了隰朋。管仲分析了鲍叔牙的性格特征，认为其不能统揽全局，而隰朋的性格特征则适合国相的职位。

三、充分授权。据《吕氏春秋》"审分览·任数"篇记载，齐桓公放手让管仲施展才能。

> 有司请事于齐桓公，桓公曰："以告仲父。"有司又请，公曰："告仲父。"若是者三。习者曰："一则仲父，二则仲父，易哉为君！"桓公曰："吾未得仲父则难，已得仲父之后，曷为其不易也？"

管仲本人也不直接管理所有事务，不干自己不擅长的事情，而是根据团队成员各人的职责分工，让宁戚、隰朋、东郭牙、王子成父、弦商等人各尽其能。

四、直言与纳谏。齐桓公的执政团队有较好的团队文化。成员能够直言，而国君也善于纳谏。据《吕氏春秋》"贵直论·直谏"篇记载：

> 齐桓公、管仲、鲍叔、宁戚相与饮酒酣，桓公谓鲍叔曰："何不起为寿？"鲍叔奉杯而进曰："使公毋忘出奔在于莒也。使管仲毋忘束缚而在于鲁也。使宁戚毋忘其饭牛而居于车下。"桓公避席再拜曰："寡人与大夫能皆毋忘夫子之言，则齐国之社稷幸于不殆矣。"当此时也，桓公可与言极言矣。

中国共产党很多优良传统，深植于我国传统文化。党的"三大法宝"之一"批评与自我批评"，就是要"直言与纳谏"。

五、因善而赏。齐桓公能够任用管仲，是由于鲍叔牙的让贤与坚持推荐。据《吕氏春秋》"不苟论·赞能"篇记述：齐桓公还是公子姜小白时，鲍叔牙就辅佐他。按照那时候的惯例，小白做了国君，自然以鲍叔牙为相。但鲍叔牙认为自己才干不如管仲，就辞让相位，坚持推荐管仲。管仲治理齐国，每次有大成就，桓公一定先赏赐鲍叔牙，并说："使齐国能够任用管子，是鲍叔的举荐。"齐桓公称得上善于行赏。行赏要赏其根本，能够赏赐根本，过失就无从发生了。

☆ **团队结局**

齐桓公的执政团队政治生命相当长，从公元前685年齐桓公继位起，一直持续了四十年左右。但是，天下没有不散的宴席。齐桓公与管仲都随着岁月的流逝而渐渐老去。团队骨干成员一个个去世，尤其是团队领导管仲的去世，标志着这个团队走到了尽头。遗憾的是，齐桓公没能听从管仲的遗言，执政的最后两年任用非人，最后被围困在宫中饿死。春秋五霸之首、一代枭雄齐桓公，最终竟这样窝窝囊囊地死于宵小之手！

尽管齐桓公及其团队随历史而去，但他们留下的规章制度和文化，为齐国奠定了强盛的基础。终春秋之世，齐国虽没能再次称霸，但一直是与晋、楚、秦匹敌的强国，左右着天下局势。进入战国以后，田氏篡夺了姜家政权，齐国也一直作为战国七雄之一，坚持到秦始皇统一中国的前一年。

齐桓公及其执政团队在华夏民族风雨飘摇、文化命脉若断若续之际，举起"尊王攘夷"的大旗，拱卫着华夏民族的生存空间，使得中华民族五千多年文明得以绵延和传承！他们的功绩得到孔子高度颂扬，《论语》"宪问"篇记述：

子曰："管仲相桓公，霸诸侯，一匡天下，民到于今受其赐。微管仲，吾其被发左衽矣。"

■ 晋文公的团队

晋文公姬重耳是晋献公的二儿子。晋献公宠幸骊姬，欲废掉太子申生、改立骊姬所生儿子奚齐为太子。骊姬要斩草除根，撺掇晋献公杀掉其他儿子。于是，重耳走上了逃亡之路。在外漂泊了十九年后，返国作了国君，就是名垂青史的晋文公。

☆ 重构已有团队

晋文公的执政团队，基本上是在原有两班人员的基础上重构的：一是追随其流亡的人员，二是留守人员。

流亡人员跟随重耳在外漂泊了十九年，彼此互相了解，建立了深厚的感情基础，是重耳执政团队的骨干成员。

留守人员一直在国内参与国家管理。其中也不乏优秀人物，如：郤縠、先轸、士会等。晋文公全部接收，并量才任用。

☆ 明确团队目标

晋文公的执政宗旨，首先是强国，其次是称霸。这也成为其执政团队的目标。晋国从晋献公末年起，连续混乱二十余年，晋文公执政之初，最需要整顿国内政治，治理好国家之后，再对外用兵争霸。实现这些目标，齐桓公用了二十多年，而晋文公在其执政的短短八年里全部实现了。据《吕氏春秋》"贵直论·原乱"篇记述：

> 文公施舍，振废滞，匡乏困，救灾患，禁淫慝，薄赋敛，宥罪戾，节器用，用民以时，败荆人于城濮，定襄王，释宋，出谷戍，外内皆服，而后晋乱止。

鲁僖公二十八年，晋文公在取得"城濮之战"胜利后向周天子献俘，得到周天子的正式册命，成为名副其实的霸主：

> 丁未，献楚俘于王：驷介百乘，徒兵千。郑伯傅王，用平礼也。已酉，王享醴，命晋侯宥。王命尹氏及王子虎、内史叔兴父策命晋侯为侯伯，赐之大辂之服、戎辂之服，彤弓一、彤矢百，旅弓矢千，秬鬯一卣，虎贲三百人，曰："王谓叔父：'敬服王命，以绥四国，纠逖王慝。'"晋侯三辞，从命，曰："重耳敢再拜稽首，奉扬天子之丕显休命。"受策以出，出入三觐。

☆ 正确的战略与实施

为了实现团队目标，狐偃（子犯）为团队制定了正确的战略，将总体目标分解，分阶段有步骤地实施。总体目标的实现过程可以分为以下三个阶段。

第一阶段，使民知义。措施：平定周王室内乱。

晋文公继位第二年（公元前635年），出兵平定王室内乱，为建立霸业奠定了基础。据《春秋左氏传》"僖公二十五年"记载：

> 狐偃言于晋侯曰："求诸侯，莫如勤王。诸侯信之，且大义也。继文之业，而信宣于诸侯，今为可矣。"……三月甲辰，次于阳樊，右师围温，左师逆王。夏四月丁巳，王入于王城。取大叔于温，杀

之于隰城。戊午，晋侯朝王。王飨醴，命之宥……与之阳樊、温、
原、攒茅之田。

周天子赐给晋文公阳樊、温、原、攒茅的田地，扩大了晋国的疆域。
第二阶段，使民知信。措施：给伐"原"限定三天时间来树立诚信。

冬，晋侯围原，命三日之粮。原不降，命去之。谍出，曰："原
将降矣。"军吏曰："请待之。"公曰："信，国之宝也，民之所庇
也。得原失信，何以庇之？所亡滋多。"退一舍而原降。

第三阶段，使民知礼。措施：练兵和命帅（大蒐）。
晋文公四年（公元前633年），国内治理整顿告一段落，开始强军经武。
在被庐这个地方练兵，将原来的上、下两军扩充为三军，任命三军将帅。晋
文公的执政团队在选择将领时，表现出了优秀的素养：任贤使能与互相谦
让。赵衰推荐郤縠为元帅；狐偃将上军帅之职让与其兄狐毛，自己做副职；
赵衰又将下军将帅之职让与栾枝和先轸。

于是乎蒐于被庐，作三军，谋元帅。赵衰曰："郤縠可。臣亟闻
其言矣，说礼、乐而敦诗、书。诗、书，义之府也；礼、乐，德之
则也；德、义，利之本也。夏书曰：'赋纳以言，明试以功，车服以
庸。'君其试之！"乃使郤縠将中军，郤溱佐之。使狐偃将上军，让
于狐毛，而佐之。命赵衰为卿，让于栾枝、先轸。使栾枝将下军，
先轸佐之。荀林父御戎，魏犨为右。

狐偃所列条件均已具备，便开始了称霸诸侯的活动。此时，被华夏诸侯视
为蛮夷的楚国也在攻略中原，正好给晋国提供了"尊王攘夷"的大好机会。于
是就发生了晋楚之间第一次大战"城濮之战"，晋国取得胜利，成为诸侯霸主。

☆ **严格执行团队纪律**

晋文公的执政团队之所以能够一战而称霸诸侯，另一个主要原因是有着严明的纪律并严格执行。晋文公五年春天，在伐曹之战中，曾经跟随晋文公流亡的魏犫和颠颉不听命令，放火烧了曹国大夫僖负羁的家。魏犫因作战中受伤，没有追究罪责，但免去其戎右之职。晋文公杀了颠颉传示全军，以严肃军纪。

城濮之战后，又惩罚了两起违反军纪的情况。第一起：城濮之战中，祁瞒犯了军令，司马把他杀了，并通报诸侯。第二起：晋文公的车右舟之侨擅自先行回国。秋季七月丙申日，大军高唱凯歌回到国都，在太庙报告俘获和杀死敌人的数字，饮酒犒赏。杀舟之侨并通报全国，百姓因此而大为顺服。

☆ **团队精神与文化**

一、任贤使能。首先，能够破格任用人才。由于先轸表现出超乎常人的智谋，在中军帅郤縠去世后，晋文公将先轸从居卿位第六的下军佐擢升到居卿位第一的中军帅。这一人事变动，促成了随后一系列战役的胜利。

其次，能够任用罪人之后。胥臣推荐郤芮之子郤缺，郤芮因谋弑晋文公而被杀，但晋文公还是听从了胥臣的建议，任用郤缺为下军大夫。

最后，能够任用自己的仇人。寺人披（宦官）曾经受命于晋献公追杀过晋文公，负责看管晋文公财物的竖头须曾经趁其流亡时带着财物离开。晋文公既往不咎，照样接纳二人。

二、合理激励。《吕氏春秋》"不苟论"记述了两起晋文公行赏的故事。

第一起，晋文公听从赵衰的建议伐邺取胜，回来后要赏赐赵衰。赵衰说，要赏结果就赏作战的士兵，要赏本因就赏郤子虎，因为这个主意是听郤子虎说的。晋文公要赏郤子虎，郤子虎说：说起来容易，做起来很难，主意确实是我出的。

《吕氏春秋》评价说：行赏范围要大，范围大能够调动更多人的积极性。郤子虎并没有亲自为文公出主意，还能够得到赏赐，这就使得没有机会接近国君的人也能够竭尽其智能了。晋文公在外流亡了那么久，回去接手一个大乱之余的烂摊子，还能够称霸诸侯，行赏是重要原因。

第二起，晋文公回国执政后，赏赐流亡人员，三轮赏赐都没有陶狐。近臣就问为什么。晋文公就讲了他行赏的原则：礼仪为上，善贤为次，直谏为末。这些都是有功之臣。若赏出力最多的人，那陶狐将为第一。周王室的内史兴听说此事后评价："晋公将能够称霸！古代圣王先德而后力，晋公就是这样。"

三、自我批评精神。据《春秋左氏传》"僖公二十四年"记述：介之推不言禄而逃死。晋文公把绵上的土地用于祭祀介之推，并说："以此来标志我的过失，并表彰善人。"

> 晋侯赏从亡者，介之推不言禄，禄亦弗及。推曰："献公之子九人，唯君在矣。惠、怀无亲，外内弃之。天未绝晋，必将有主。主晋祀者，非君而谁？天实置之，而二三子以为己力，不亦诬乎？窃人之财，犹谓之盗，况贪天之功以为己力乎？"……遂隐而死。晋侯求之不获。以绵上为之田，曰："以志吾过，且旌善人。"

这个故事给我们留下成语"贪天之功"，还演绎出我们现在的清明节。

☆ **团队结局**

晋文公执政时间只有短短的八年，但他建立的制度、机制及精神文化却影响了晋国甚至整个华夏文明圈两百年之久。此后的诸侯争霸，大都发生在晋国和其他诸侯国之间。晋国尽管也遭受过严重失败，但总能够再次崛起继续称霸。

与晋国对比，后来称霸的吴国和越国，由于没有制度、机制与文化支撑，只是昙花一现而已。

由此可见，有效的体制机制与文化，才是确保一个组织能够经得起考验、成为百年老店并持续兴盛的根本。

■ **一位士官连长的团队**

中国军报记者网2014年11月6日刊登了一篇名为《公开竞岗，老兵当上连长》的文章。一次偶然的机会，士官唐永乐参加了新兵连连长岗位竞聘，竞争中超越几位排长，成功当上了新兵连连长。让我们从这位士官连长一系列活动中，撷取几个片段，分析这位连长是如何建设并领导他的新兵连团队的。

☆ **满怀激情，自信能力**

在最后的竞岗答辩中，唐永乐是如此陈述的：

"我有10年的带兵经验，我了解他们，我喜欢和他们在一起。
我相信我有能力胜任新兵连长一职……"

这一段简要的陈述表达了四层涵义：第一，有经验；第二，了解情况；第三，喜欢；第四，自信。我们无从推测考官们最终选择唐永乐的依据是什么，也许正是"喜欢"的态度打动了考官们。几位竞聘者同样具有第一、第二、第四项条件，但是否也"喜欢"这项工作？并不是每个人都做得到的。

我们在"选择团队成员"一节中提出：知识、技能和经验只是保证团队成功的一个方面，态度同样重要。那些主动要求加入团队的人，会比被指派的人更有可能为团队做出贡献。关于个人态度的重要性，《论语》"雍也"篇记述了孔子的观点：

子曰："知之者不如好之者，好之者不如乐之者。"

对于新兵连连长一职，唐永乐就是孔夫子所谓的"乐之者"吧。他还有一年就可以退役，有技术，有能力，完全可以在社会上找到一份很好的工作，为什么要竞聘新兵连连长一职？就是因为"我喜欢"！

☆ **以身作则，树立表率**

唐永乐走马上任，但连队的新战士却忧心忡忡："来个士官当连长，铁定被别的连队踩在脚底下！"

唐永乐并不去做无谓的辩解，而是用自己的实际行动，为连队做出表率，树立胜利的信心。他的信条是："身教什么时候都比言传有说服力。"

一位标枪运动员出身的新兵，助跑投掷手榴弹获得56米好成绩，就开始沾沾自喜。唐永乐拿出手榴弹，原地投出65米，一下就折服了那位运动员。

曾经的一位竞争对手，怀着些许不服气的情绪，故意拖延不上交本排新兵训练情况，要给士官连长一个下马威。没成想唐永乐对全连新兵个人情况及训练情况了然于胸，一个晚上就写好了全连新兵训练情况及下阶段训练计划和建议，根本不用各排提供资料。曾经的竞争对手于是口服心服。

☆　**深入群众，换位思考**

新兵们如是评价他们的这位士官连长："我们服连长，不仅因为他军事素质好，更因为他把我们当兄弟！"

把士兵当兄弟的军事主管，还有什么目标不能实现呢？古语所谓："打虎亲兄弟，上阵父子兵。"

一位娇生惯养的新兵，得知母亲住院，闹情绪要回家。唐永乐知道情况后，并没有用军队纪律去生硬地批评，而是跟医院联系，让这位新兵了解母亲的病情及治疗方案，并安慰他："你的家人就是我的家人，你说我能不着急吗？"这位新兵看到连长为自己的事情如此认真，从内心里感激，并转化为实际行动，训练中加倍刻苦，很快成长为训练标兵。

☆　**善于激励，用人所长**

连队一位新兵，个头小，体能弱，由于训练成绩落后，就显得很自卑。但他有一项特长，歌唱得好。

唐永乐根据其个人特点，推荐其参加新兵营文艺晚会。一曲《中国人》点燃了战士们的激情，带动起全营大合唱。

这位新兵由于才能得到了认可，逐步改变了自卑的心理，越来越自信、开朗；连长的鼓励和支持激发了他的训练热情，让他很快改变了训练落后的状况。

唐永乐，一个普通的新兵连长，在其本职工作岗位上做出了平凡而出色的成绩，带出了一个优秀的团队。

希望在我国社会主义建设的各行各业、各个阶层的管理岗位上，涌现出更多像唐永乐这样的团队领导！

本篇的最后，给大家分享《郁离子》"安期生"寓言故事：

> 安期生得道于之罘之山，持赤刀以役虎，左右指使，进退如役小儿。东海黄公见而慕之，谓其神灵在刀焉，窃而佩之。行，遇虎于路，出刀以格之，弗胜，为虎所食。

祝愿读者诸君在管理领域努力学习、积极实践、不断提高。能够像安期生那样，真正修得管理之"大道"，借用团队管理这把"赤刀"，处理各种问题之"虎"，为组织创造高绩效。相信多数人都不愿像东海黄公那样，只是学得了西方管理理论的形式（赤刀），而未领悟管理的实质和精髓（大道）；拿着管理形式之"赤刀"，去处理纷繁复杂的问题之"虎"，最终反受其害。

参考文献

［1］Joinson, C. Teams at Work ［J］. HR Magazine, 1999 (5).

［2］杨伯峻. 春秋左传注 ［M］. 北京: 中华书局, 1990.

［3］徐元诰. 国语集解. ［M］. 北京: 中华书局, 2002.

［4］〔美〕斯塔夫里阿诺斯. 全球通史：从史前史到 21 世纪（上）
［M］. 吴象婴等，译. 北京: 北京大学出版社，2005.

［5］闻人军 译注. 考工记 ［M］. 上海: 上海古籍出版社, 2008.

［6］〔美〕乔治·梅奥. 工业文明的人类问题 ［M］. 陆小斌，译. 北京:
电子工业出版社, 2013.

［7］Maslow, A. Motivation and Personality ［M］. New York: Harper &
Row, 1954.

［8］Lewin, K. Resolving social conflicts: selected papers on group dynamics
［M］. Gertrude W. Lewin (ed.). New York: Harper & Row, 1948.

［9］〔美〕彼得·德鲁克. 管理：使命，责任，实务（使命篇）［M］. 王
永贵，译. 北京: 机械工业出版社, 2009.

［10］毛泽东. 毛泽东选集（第三卷）［M］. 北京: 人民出版社, 1991.

［11］许维遹. 吕氏春秋集释 ［M］. 北京: 中华书局, 2009.

［12］〔明〕刘基. 郁离子 ［M］. 郑州: 中州古籍出版社, 2008.

［13］尚秉和.周易尚氏学［M］.北京:中华书局,1980.

［14］〔晋〕陈寿著,〔南朝 宋〕裴松之注.三国志［M］.北京:中华书局,2006.

［15］〔英〕霍尔姆斯,李奇.自我发展与团队管理［M］.天向互动教育中心 编译.北京:中央广播电视大学出版社,2007.

［16］〔美〕德鲁克.管理:使命,责任,实务(实务篇)［M］.王永贵,译.北京:机械工业出版社,2009.

［17］张伟.越来越近大飞机梦［J］.国企管理,2014(09).

［18］程俊英 译著.诗经［M］.上海:上海古籍出版社,2008.

［19］ Belbin, R.M. Management Teams – Why They Succeed or Fail ［M］. London: Heinemann, 1981.

［20］〔宋〕朱熹.四书章句集注［M］.北京:中华书局,1983.

［21］〔美〕埃德加·沙因.组织文化与领导力［M］.马红宇,王斌等,译.北京:中国人民大学出版社,2011.

［22］Robins, S.P. and T.A. Judge. Organizational Behavior ［M］. 12th Edition. New Jersey: Prentice Hall, 2007.

［23］黎翔凤 撰,梁运华 整理.管子校注［M］.北京:中华书局,2004.

［24］Raghavan, A. et al. Full Speed Ahead: How Enron Bosses Created A Culture of Pushing Limits ［J］. Wall Street Journal, August 26, 2002.

［25］〔美〕卡罗尔.经典童书馆:爱丽丝漫游奇境记［M］.董兵,译.北京:万卷出版公司,2014.

［26］〔美〕彼得·德鲁克.卓有成效的管理者［M］.许仕祥,译.北京:机械工业出版社,2009.

［27］Tuckman, B.W.. Developmental Sequence in Small Groups ［J］. Psychological Bulletin. 1965, 63(6).

［28］Tuckman, B.W.. and M.A.C. Jensen. Stages of small – group development revisited ［J］. Group and Organization Studies, 1977(2).

［29］哈佛商学院出版公司. 团队管理［M］. 王春颖，译. 北京: 商务印书馆, 2009.

［30］Herzberg, F. et al. The Motivation to Work［M］. New York: Wiley, 1959.

［31］McClelland, D.C. The Achieving Society［M］. New York: Van Nostrand Reinhold, 1961.

［32］Vroom, V. H. Work and Motivation［M］. New York: John Wiley, 1964.

［33］McGregor, D.. The Human Side of Enterprise［M］. New York: McGraw-Hill, 1960.

［34］许维遹. 韩诗外传集释［M］. 北京: 中华书局, 2005.

［35］〔汉〕刘向. 战国策［M］. 上海: 上海古籍出版社, 1998.

［36］〔汉〕司马迁. 史记［M］. 北京: 中华书局, 1959.

［37］王先慎. 韩非子集解［M］. 北京: 中华书局, 1998.

［38］〔美〕彼得·德鲁克. 管理的实践［M］. 齐若兰，译. 北京: 机械工业出版社, 2009.

［39］支伟成 编. 孙子兵法史证［M］. 北京: 中国书店, 1988.

［40］〔晋〕郭象 注,〔唐〕成玄英 疏. 南华真经注疏［M］. 北京: 中华书局, 1998.

［41］〔唐〕赵蕤. 长短经［M］. 郑州: 中州古籍出版社, 2007.

［42］Baumol, W.J. Entrepreneurship in Economic Theory［J］. American Economic Review, 1968, May.

［43］〔美〕库尔特·勒温. 人格的动力理论著［M］. 王思明, 叶鸣铉，译. 北京: 北京理工大学出版社, 2014.

［44］Likert, R. New Patterns of Management［M］. New York: McGraw-Hill Inc., 1961.

［45］Fiedler, F.E. A Theory of Leadership Effectiveness［M］. New York:

McGraw-Hill Inc., 1967.

［46］〔美〕詹姆斯·库泽斯, 巴里·波斯纳. 领导力（第五版）［M］. 徐中等，译. 北京: 电子工业出版社. 2013.

［47］〔三国 魏〕刘邵. 人物志［M］. 郑州: 中州古籍出版社, 2007.

［48］向宗鲁. 说苑校证［M］. 北京: 中华书局, 1987.

［49］毛泽东. 毛泽东选集（第四卷）［M］. 北京: 人民出版社, 1991.

［50］〔宋〕司马光. 资治通鉴［M］. 北京: 中华书局, 2007.

［51］毛泽东. 毛泽东选集（第一卷）［M］. 北京: 人民出版社, 1991.

［52］王先谦. 荀子集解［M］. 北京: 中华书局, 1988.

［53］王维堤, 唐书文. 春秋公羊传译注［M］. 上海: 上海古籍出版社, 2004.

［54］〔美〕斯蒂芬·罗宾斯, 玛丽·库尔特. 管理学（第9版）［M］. 孙健敏等，译. 北京: 中国人民大学出版社, 2008.

［55］席酉民, 张晓军. 未来经理们的四大挑战［J］. 管理学家, 2014 （4）.

［56］〔南朝 宋〕范晔. 后汉书［M］. 北京: 中华书局, 2005.

［57］张耘 点校. 山海经·穆天子传［M］. 长沙: 岳麓书社, 2006.

［58］黄世中 选注. 李商隐诗选［M］. 北京: 中华书局, 2005.

第二篇 / 『郢书燕说』与沟通管理

导　言

　　沟通是人类社会特有的现象。沟通是指个体之间或群体之间交换信息和分享思想感情的过程。沟通是人类的基本需要和技能，也是人类最重要的活动方式之一。现代社会中人们70%的时间用于进行各种类型的沟通。

　　沟通是实现社会、组织机构及团队良善治理的关键途径。良好的沟通能在具有不同民族文化背景、不同利益诉求、不同观点的人之间架起桥梁。

　　沟通是现代管理的核心和本质。管理的四大职能：计划、组织、领导、控制，每一项都必须通过有效沟通来实现。管理者不能单打独斗，必须依靠团队。有效沟通是组织和团队凝心聚力、激发创新精神的有力工具。成功的管理者一定是有效的沟通者。

　　如何实施有效沟通？管理者首先要了解沟通的功能和过程，明确沟通之目的和方法；要熟悉主要的沟通模式和组织常用的沟通渠道；要掌握沟通的基本原则和技能；要研究分析可能存在的问题，消除沟通中的障碍，提高沟通的有效性。还要善于借鉴前人的智慧，不断在实践中学习提高。

　　中华文明的经典宝库中，积累了从远古时代沉淀下来并得以凝练的管理智慧——包括沟通管理智慧，这些智慧穿越数千年时空，至今仍然闪耀着灿烂的光芒。这是我们取之不尽，用之不竭的宝藏。法家巨著《韩非子》[1]"外储说·左上"篇讲了一则"郢书燕说"的沟通故事：

郢人有遗燕相国书者，夜书，火不明，因谓持烛者曰"举烛"而误书举烛。举烛，非书意也。燕相国受书而说之，曰："举烛者，尚明也；尚明也者，举贤而任之。"燕相白王，王大悦，国以治。治则治矣，非书意也。

这则带有幽默色彩的寓言故事提示我们：要注意沟通中可能出现的问题。本篇结合现代沟通管理理论，借鉴我国古代经典菁华，探讨沟通的智慧和艺术。第一章《沟通的基本功能和方式》介绍沟通的功能、作用和常用方式。第二章《沟通的基本过程和模式》介绍沟通的过程和常见的沟通模式及现代组织的沟通渠道。第三章《沟通的基本原则和技能》阐述沟通的基本原则，有效沟通需要的基本能力和技能。第四章《剖析可能问题，消除沟通障碍》分析可能存在的问题和障碍，阐述如何提高沟通的有效性。第五章《借鉴古人智慧，熟谙沟通艺术》撷取精彩沟通故事，结合古代沟通理论，剖析成功案例。

第一章　沟通的基本功能和方式

沟通是人类的基本需要和技能，伴随人类从蛮荒走向文明。

人类对航海技术的掌握和探索新世界的好奇，把沟通范围扩大到各大洲。十五世纪初，明帝国派遣郑和下西洋，与沿途国家和人民进行和平沟通，带去了中华物质文明和精神文明。数十年后欧洲探险家麦哲伦和哥伦布，用武力架起了血腥的沟通桥梁！把西方的细菌、枪炮和灾难带到了美洲大陆。[2]

印刷机的发明加速了知识和信息的传播；以蒸汽机为代表的第一次工业革命加快了沟通步伐；宗教传播和为商品寻求市场的冲动，把人类沟通的深度和广度推向了新的水平。人类开始相信他们可以预知甚至选择命运，对自然和生命的敬畏开始淡漠，人类历史上最为血腥的时代也就开始了。[3]

现代通讯技术再一次更新了沟通渠道和速度，把人类社会的沟通推向了新的高峰。今天，人们已经完全离不开沟通。有效沟通成为实现社会、组织、团队良善治理的关键途径。

然而，沟通过程中往往会出现信息传递失误和解读偏差。尤其是我们生活的大数据时代，信息增长速度远远超过处理能力。人们很难从海量信息中分辨有用信号和干扰噪声，以对自己有利的方式解读信息，而这很可能会偏离信息的本意。

实际上，沟通中错误解读信息是一个古老问题。导言引述的"郢书燕说"

故事就是典型案例。韩非之后1800多年，英国剧作家莎士比亚在《裘力斯·凯撒》[4] 第一幕第三场中借用剧中人物西塞罗之口写下了西方版"郢书燕说"：

> 人们可以照着自己的意思解释一切事物的原因，实际却和这些事物本身的目的完全相反。

沟通不良导致人与人之间产生矛盾和争执，组织与成员不能协调目标而影响有效运作，政府与民众因利益诉求不同而出现恶性群体事件，国家之间产生严重对立甚至发生战争。

沟通是现代管理的核心。成功的管理者一定是有效的沟通者。美国通用电气公司前首席执行官韦尔奇曾说："企业管理的秘诀是'沟通，沟通，再沟通'！"对于今天大多数以知识型员工为主的组织机构而言，有效沟通是组织和团队凝心聚力、激发创新精神、创造最佳绩效的关键活动和有力工具。

本章首先介绍沟通的三种基本功能：人际沟通功能，组织沟通功能，危机沟通功能；其次，介绍沟通的主要作用：工具式沟通，需求型沟通；然后，介绍常用的沟通方式：口头沟通，书面沟通，道具沟通（包括艺术品沟通）。

□　沟通基本功能，协调社会关系

根据沟通的实施主体，通常把沟通分为人际沟通和组织沟通。鉴于危机处理过程中的沟通具有特殊规律和要求，可以将其单独分类，称为"危机沟通"。

■　人际沟通，维持和谐关系

人际沟通是指个人之间进行的信息和情感交流过程。

沟通是人与人之间相互交往联系以维持和谐社会关系的基本形式。沟通可以实现互通信息、交流思想、增进感情、愉悦身心、启发潜能、健全人格等目的。

我国古人深谙人际沟通之道。第一部诗歌总集《诗经》中很多篇章描述青年男女之间的爱情沟通。《毛诗大序》[5]中提到：

> 诗者，志之所之也。在心为志，发言为诗。情动于中，而行于言。言之不足，故嗟叹之。嗟叹之不足，故咏歌之。

"关雎"就描绘了爱情沟通使热恋中人辗转无眠的画面：

> 关关雎鸠，在河之洲；窈窕淑女，君子好逑。
> 参差荇菜，左右流之；窈窕淑女，寤寐求之。
> 求之不得，寤寐思服；悠哉悠哉，辗转反侧。
> 参差荇菜，左右采之；窈窕淑女，琴瑟友之。
> 参差荇菜，左右芼之；窈窕淑女，钟鼓乐之。

美国作家安妮·默洛·林德伯格（Anne Morrow Lindbergh）认为："良好的沟通交流就像黑咖啡一样，它会令人兴奋得难以入眠。"安妮很可能熟读过《诗经》之"关雎"。

人际沟通涉及个人生活的方方面面。其功能概括如下。

☆ **生理健康需求**

人类社会的形成使其个体成员具有区别于其他动物的天然属性——社会性。对于大多数人来说，如果长时间不能进行人际沟通，就会影响心理健康，进而影响生理健康。

西方有关孤儿院和收养中心的研究发现：人类的交流，特别是身体的接触，对婴儿的存活以及发育和成长具有特殊的重要性。研究结果也证明：社会性接触和交流能让成人保持身体的健康，缺乏沟通的孤独者很难长寿。

良好的人际沟通能让人类的心理和身体更加健康。

☆ **人际关系的需求**

人类有许多人际关系方面的需求：儿童需要玩伴，青少年渴望爱情，成年人需要社交，老年人需要关爱。有了高兴的事情要与朋友共享，有了悲伤则要向知己倾诉。人类个体都需要人际关系，人际沟通是建立并维持人际关系的重要手段。

美满的家庭生活和丰富的社会生活是个人幸福指标，维持美满家庭生活和社会生活需要持续的良好沟通和交流。

人际关系也是管理者取得成功不可或缺的因素。德鲁克在《卓有成效的管理者》[6] 一书中提出：

> 管理者如果自以为很有管理天赋，通常就不会有良好的人际关系。管理者在工作及与他人的交往中能够聚焦于付出和贡献，往往会有良好的人际关系。良好的人际关系会使管理者的工作富有成效。这应该是"良好的人际关系"的真谛。

成功的管理者能够与他人进行良好的沟通与合作，在成就他人的过程中也成就了自己。正所谓："送人玫瑰，手留余香。"

良好的人际关系离不开有效的沟通。

☆ **自我认同的需求**

个体在寻找自己在社会中的位置时，需要对自我进行描述和归类。我是谁？我有哪些特征？我有什么能力？提出、陈述并回答上述问题的过程，就是一个人形成自我认同的过程。

自我认同是在与他人沟通及对比中形成的。如果人们认为某人具有某种特质，这种特质就会成为其自我认知的一部分。如果某人被大家认为聪明，那此人就会努力表现得比周围的人更加聪慧一些，并自认为理所当然；如果某人被大家认为诚实，那此人就会努力表现得更加诚实，从内心深处约束自己偶然冒出来的不诚实想法和行为，并自认为本来如此。

随着人的年龄增长，阅历增加，社会工作环境的变化，自我认同感也会不断变化和发展。《庄子》[7]"寓言"篇提到：

> 孔子行年六十而六十化。始时所是，卒而非之。未知今之所谓是之非五十九非也。

智如孔子，其自我认同也随着年龄和阅历而不断变化。

人际沟通在自我认同过程中扮演着重要的角色。

☆ **心灵成长的需求**

人类社会属性的一个显著特征是，拥有精神世界，也就是心灵状态，包括：价值观，道德观，是非观，信念（信仰）。

心灵状态是自我认同的重要组成部分。只有人才会去探求生活目的和人生的意义，才会把心灵愉悦作为生活快乐的重要源泉。人们总是会寻找机会来提升心灵的力量。人际交流为人们提供了向他人表达和分享自己心灵观点的重要途径。

☆ **实用性的需求**

人际沟通能够满足人们日常生活中的实用性需求，包括短期需求和长期需求两方面内容。短期需求诸如：衣、食、住、行等日常生活中琐碎但实用的事情；长期需求诸如：寻找下一份工作，谋求职业晋升。

人际沟通是满足衣食住行需求、追寻职业成功的前提和基础，能够使人们的日常生活更加便利。

■ **组织沟通，实施有效管理**

组织沟通是指组织内或组织间的信息传递与交流过程。组织的管理过程也就是沟通过程。沟通是组织制订计划、执行反馈、达到目标必不可少的手段。在组织行为学范畴内，沟通有四种功能：控制、激励、情绪表达、信息传递[8]。

☆ **控制**

沟通是协调组织或团队成为一个整体的凝聚剂。如同人类的神经系统，对外界刺激作出反应，把信息发送到各个部位，协调各部分行动。通常用以下沟通方式控制员工行为：

◇ 一、组织中的权力等级；

◇ 二、组织的政策法规；

◇ 三、员工行为准则；

◇ 四、岗位指导原则。

非正式沟通也对员工的行为有着控制作用。美国哈佛大学心理学教授梅奥领导的"霍桑实验"表明，工作环境中的人际关系对个人行为有着控制作用。某位员工的绩效明显优于多数员工时，同事会通过非正式沟通来影响和控制其行为。

☆ **激励**

沟通是管理者激励下属、实现领导职能的基本途径。激励依据的以下基础，均需要管理者与员工之间的良好沟通。

首先，明确要求员工做什么。组织通常会以正式的沟通渠道（岗位说明书，或者直接主管分配任务）告诉员工。

其次，明确员工如何做。组织会以书面沟通形式告知员工如何做，或者由其直接主管（或指派有经验的员工）告诉其如何做；对于创新性工作，组织通常会提出一些原则性指导，由承担者自己决定如何做；过程中需要大量沟通协调。

最后，对工作效果进行反馈。衡量一项工作是否达到预期目标，需要提出组织和员工都认同的标准，这个标准通常就是该项工作的目标。工作目标的制定及实现过程应该是沟通和反馈过程，要按照达成一致的目标对工作效果进行测量。如果达到或者超过了目标，就需要及时激励和强化，激发员工进一步提高；如果没有达到目标，就需要向其反馈，提出改进要求。

☆　**情绪表达**

员工常常通过非正式渠道表达自己工作中的感受：可能是满足感，也可能是失落感，或者对组织的某项管理措施不满。

组织应该允许这种沟通形式的存在，给员工提供一个释放压力的情感表达机制，满足员工作为一个社会人的需要。否则，员工的不满情绪长时期得不到表达和宣泄，必然会出现消极怠工现象，甚至会导致员工离职率大幅上升。

☆　**信息传递**

组织的决策需要足够的信息。信息是决策的基础。组织内的沟通，为决策者提供所需信息，使决策者能够评估各种选择方案并确定最优选择。没有沟通就不可能有正确的决策。

沟通也是组织与外部环境之间建立联系的桥梁。

对于组织、群体和团队，沟通的作用在于使每个成员都能够做到在适当时候将适当的信息用适当的方法传递给适当的人，从而形成一个健全的、迅速的、有效的信息传递系统。

■　危机沟通，控制负面影响

危机沟通是指：以解决危机为目的，与各利益相关方进行信息、思想及情感交流的沟通过程。危机沟通可以降低危机对个人或组织的冲击，转危为机。

危机具有突发性、紧迫性、信息匮乏、情绪失控、舆论关注等特性。组织为了避免危机的发生、减轻危机导致的不利影响、尽快从危机中恢复正常状态，需要进行特殊的沟通。

危机沟通是处理已发生或潜在危机的有效途径。鉴于危机的特性，危机沟通需要特殊对待并事先做好沟通准备。

☆　**避免危机的发生**

通过有效沟通，在组织中加强危机教育，促使组织中各级管理人员树立危机意识，并采取切实可行的危机监控手段，预防危机的发生。沟通过程中要特别强调危机预防的重要性。

☆ 化解已经出现的危机

在危机处理准备阶段，通过利益相关方之间充分有效的沟通，成立危机处理小组，针对可能出现的危机制定沟通预案，进行必要的演练，并与媒体保持良好的沟通关系。

在危机确认和处理阶段，组织应与相关方保持良好沟通。有效沟通将能够保证第一时间界定问题性质，并启动相应的危机管理程序；快速建立与组织内外各利益相关方的危机沟通，保持沟通渠道畅通，快速提供全部信息，主导信息发布。

☆ 进行总结和评估

解除危机状态后，通过有效沟通，认真总结经验教训，评估危机处理效果。真正从危机中学习，并为将来可能出现的危机制定预防措施。

总结沟通中务必要避免传递"默默无闻避免危机不被奖励，轰轰烈烈解决危机成为英雄"的信息。如果危机沟通中传递出上述信息，那将是后续一系列危机的开始！

现实社会中，我们不断地看到把危机和灾难转化为对英雄的表彰，而不是责任追究和惩罚，于是危机和灾难继续发生！

□ 沟通主要作用，工具或者需求

个人或组织沟通通常可以分为工具式沟通和需求型沟通。

■ 工具沟通，得意而忘言

工具式沟通是指把沟通活动作为实现特定目标的工具。沟通主要是传递信息，传送者也会将自己的知识、经验、意见和要求告诉接收者，以便影响信息接收者的感知和态度。

沟通本身不是目标，而是组织及个人实现目的或意图需要借助的工具。

如果没有实现组织意图或个人目标，沟通就是无效的，无论沟通行为本身是多么成功！不能把工具当成目标。

《庄子》"外物"篇用了两个比喻对此进行阐述：

> 荃者所以在鱼，得鱼而忘荃；蹄者所以在兔，得兔而忘蹄；言者所以在意，得意而忘言。

竹笱用来捕鱼，捕到鱼后就可以忘掉鱼笱；兔网用来捕捉兔子，捕到兔子后就可以忘掉兔网；言语用来传递语意，领会了语意就可以忘掉言语。

我国春秋战国时期，诸侯国都很重视沟通，视沟通为谋取邦国利益的有效工具，专门设置"行人"官职。《春秋左氏传》[9]记载了春秋时期诸侯国之间众多出使与会盟等邦交沟通故事。

公元前614年冬天，鲁文公和季文子君臣一行风尘仆仆从鲁国赴往晋国，准备重申鲁国和晋国的同盟关系。

晋国当时是霸主，鲁国与晋国关系很好，而卫国和郑国与晋国有过节。卫成公专门等候在鲁君臣赴晋国必经之地"沓"与他们会面，请鲁文公帮助卫国与晋国媾和。鲁国君臣回国时，郑穆公又特意邀请他们绕道郑国，在"棐"地与其会面，目的也是请鲁文公帮助郑国与晋国媾和。由于晋、鲁、卫、郑都是周天子同姓之国，鲁文公都促成了和议。在鲁国帮助郑国与晋国媾和的过程中，还发生了一段用《诗经》沟通的插曲。

> 郑伯与公宴于棐，子家赋鸿雁。季文子曰："寡君未免于此。"文子赋四月。子家赋载驰之四章。文子赋采薇之四章。郑伯拜。公答拜。

郑国的子家唱了《诗经》"鸿雁"的首章："鸿雁于飞，肃肃其羽。之子于征，劬劳于野。爰及矜人，哀此鳏寡。"意思是说：我们郑国以前得罪过当今霸主，现在终日惶惶不安，鲁君您怜惜我们，再辛苦到晋国跑一趟，帮助我们与晋国媾和吧。

但鲁国君臣这一趟出差，从去年冬天出来，现在已是暮春了，所有人都不想再折腾了。季文子就推辞说："我们国君未能免于这种情况！"还唱了《诗经》"四月"的首章："四月维夏，六月徂署。先祖匪人，胡宁忍予？"意思就是说，我们出来已经很久了，先祖还等着我们回去祭祀呢。

郑国子家见目的未达到，又唱了《诗经》"载驰"的第四章："我行其野，芃芃其麦。控于大邦，谁因谁极？大夫君子，无我有尤。百尔所思，不如我所之。"

郑国如此执着地恳求，又都是周天子的同姓之国，季文子没有办法，就唱了《诗经》"采薇"的第四章："彼尔维何？维常之华。彼路斯何？君子之车。戎车既驾，四牡业业。岂敢定居？一月三捷。"算是答应了郑国的请求。

于是，郑君拜谢，鲁君答拜。

郑国君臣为了邦国利益，充分利用这次沟通机会，坚持不懈地与鲁国君臣沟通，请求帮忙，直至达到目的。而鲁国君臣虽然不情愿，但最终还是助人为乐，帮助郑国与晋国媾和。

现实生活中，每个人都有自己的祖国，多数人都隶属于某个组织。个人代表国家出使外国、代表组织参加会谈或谈判等沟通活动，应牢记国家或组织的意图。这些沟通活动，只不过是为实现国家或组织意图而借助的工具。

我国某位驻外大使，卸任后到处演讲，大谈其与任所国政要们是如何进行"高雅"的社交活动，却不提如何维护国家利益。事实上，也正是在该大使派驻期内，其任所国经常两面三刀、口蜜腹剑，需要从我国获取商业利益时就好话说尽，一旦利益到手就翻脸，背后给我们使绊子、捅刀子。这位曾经的大使也许表现得很有教养，但他有一件事没有搞懂：外交沟通只是实现国家利益的工具，而不应该只是陶醉于个人的优雅社交活动。他难道不知道《庄子》"荃者所以在鱼"的教诲？

☆ **需求沟通，沟通即需求**

所谓需求型沟通，是指为了满足个人需求而进行的沟通，甚至沟通本身就是需求之一。这些需求包括：表达感情，消除内心的紧张，增进友谊，求得对方的同情、支持、谅解，从而确立和改善与对方的人际关系，以满足个人精神上的需要。

《诗经》中有大量优美篇章，记载那个时代青年男女大胆、热烈、欢快、惆怅的爱情交往，这些沟通都是他们生活的一部分，是发自内心的需求。其中，"溱洧"就是描述郑国青年男女在莺飞草长的阳春三月郊游嬉戏、自由恋爱的沟通情景：

> 溱与洧，方涣涣兮。士与女，方秉蕳兮。女曰：观乎？士曰：既且。且往观乎！洧之外，洵吁且乐。维士与女，伊其相谑，赠之以勺药。
>
> 溱与洧，浏其清矣。士与女，殷其盈矣。女曰：观乎？士曰：既且。且往观乎！洧之外，洵吁且乐。维士与女，伊其将谑，赠之以勺药。

现代生活社会化程度越来越高，需求型沟通已经成为社会中每个人不可或缺的部分。购物、餐饮、旅游，生活中几乎每一件事都需要沟通。

□ 常用沟通方式，语言文字道具

人际沟通常用方式有：口头沟通，书面沟通，非言语沟通。非言语沟通往往需要借助于道具，人体也可以作道具。

口头沟通和书面沟通都是以语言文字为信息载体的沟通方式，统称为言语沟通。我国古人特别重视与人交往中语言的使用。孔夫子说："志有之，言以足志，文以足言。不言，谁知其志？""不知言，无以知人也。"[10] 有时候，特殊的文字和数字也会承载其字面以外的信息。

言语沟通之外的其他沟通方式，称为非言语沟通或道具沟通，包括：语气语调、特殊形体、艺术品等作为信息载体。

沟通的基本方式不难掌握，但要把沟通提升到智慧和艺术境界，自古以来都不是一件易事。孔夫子在《周易》[11]"系辞上传"中提出了"书不尽言，言不尽意"，杨雄在《法言》[12]"问神"中感叹："言不能达其心，书不能达其言，难矣哉！"

管理者首先应该熟练掌握和应用沟通的基本方式，借助于良好沟通完成管理工作、达成组织绩效；更应该不断提升沟通水平，实现更高目标。

■ 口头沟通，掌握说话艺术

语言的出现使人类在原始竞争中脱颖而出，成为我们这个星球的主宰。人类的思维过程离不开语言，交往和沟通需要借助于语言。语言最原始和本能的表现方式就是"说话"。人际沟通中，最常用的信息传递方式就是"说话"，即口头沟通。

口头沟通的优点在于信息面对面快速传递，可以实现快速反馈。其缺点是，沟通者只有很少时间用于思考和组织语言。即时反馈，既要正确，还须得体，对沟通者的素养要求较高。

优秀的口头沟通，要用话语打动人心，既是高超的艺术，更是深邃的智慧。

☆ 善言——天花乱坠

优秀的管理者一定是良好的沟通者，而良好的沟通首先就要善于说话。

语言是人类的思维工具和思想交流媒介。语言之影响力，不仅在于言辞准确、明晰和动听，更在于承载的思想和智慧。诺贝尔和平奖获得者特蕾莎修女曾经说过："金玉良言可能简短而通俗，但它们却会余音绕梁，在人们心中久久不绝。"

《论语》"宪问"篇记述孔子称赞蘧伯玉的使者会说话：

> 蘧伯玉使人于孔子。孔子与之坐而问焉，曰："夫子何为？"对曰："夫子欲寡其过而未能也。"使者出。子曰："使乎！使乎！"

卫国大夫蘧伯玉派私人使者拜访孔子。孔子问使者："（蘧伯玉）他老人家平日里干些什么？"使者回答："他老人家想减少自己的过错，但一直还没有做到。"使者辞行之后，孔子连声称赞："这才是好使者呀！"

通常用成语"天花乱坠"来形容善于说话。这个成语故事出自南朝梁武帝时期：云光法师讲诵《涅槃经》，绘声绘色，感动了上天，香花从天空中纷纷落下。这个成语，现在却用于形容徒有华丽辞藻而与事实不符。

生活在一千五百年后的我们，无缘见识云光法师的精彩演讲引起天花乱坠，却有幸能够读到与云光法师同时代刘勰的不朽名著《文心雕龙》[13]。刘勰在"论说"篇中对我国历史上优秀口头沟通者进行了简要概括：

> 说之善者：伊尹以论味隆殷，太公以辨钓兴周，及烛武行而纾郑，端木出而存鲁：亦其美也。暨战国争雄，辨士云涌；从横参谋，长短角势；转丸骋其巧辞，飞钳伏其精术。一人之辨，重于九鼎之宝；三寸之舌，强于百万之师。六印磊落以佩，五都隐赈而封。

上述这段话，论及我国历史上几位具有高超口头沟通能力的名人。第一位，商朝开国功臣伊尹。他通过讨论烹饪艺术向商汤阐述治国理政的道理，辅佐商汤建立了商王朝。第二位，周朝开国功臣姜太公。以辩论直钩钓鱼的方式吸引周文王注意，辅佐周文王、周武王父子建立了周王朝。第三位，春秋时期郑国的烛之武。我们在中学语文课本里学过"烛之武退秦师"：在秦晋联军包围郑国都城的危险情况下，烛之武缒城而出，说服秦穆公退出秦晋联盟，并帮助郑国守城。第四位，春秋时期孔子的得意门生端木赐（子贡）。在鲁国面临齐国大兵压境的危亡之际，他出使齐、吴、越、晋诸国，以其高超的口头沟通引起当时的列国战争，保存了鲁国；我们将在第五章详细介绍。第五位，战国时期平原君的门客毛遂。自荐随平原君出使楚国，凭借三寸之舌，说动楚国出兵助赵。第六位，战国苏秦。游说六国合纵抗秦，身配六国相印。第七位，苏秦的学弟张仪。凭借谲诈的智慧和高超的口头沟通能力，瓦解六国合纵，说服韩、魏与秦连横；几次欺骗楚国，被秦惠王分封了五个城邑。

上述例子中，无论是辅佐明君建功立业，救国舒难追求和平，还是谋取一国一己之私利，都离不开高超的沟通能力，可见我们必须掌握"说话"的艺术。

☆　慎言——三缄其口

优秀的沟通者，不仅能善言，更要懂得慎言，尤其是对自己不熟悉的场景及事务，多说不如多听。俗语所云"言多必失。"

孔子虽然强调讲话的艺术，但反对巧言令色的佞人，认为"巧言令色，鲜矣仁"，沟通中"辞达而已矣"。

据《孔丛子》[14]"嘉言"篇记载：

> 宰我问："君子尚辞乎？"孔子曰："君子以理为尚，博而不要，非所察也；繁辞富说，非所听也。唯知者不失理。"

形容一个人慎言，通常用成语"三缄其口"。这个成语出自《孔子家语》[15]"观周"篇记述的一则小故事：

> 孔子观周，遂入太祖后稷之庙。庙堂右阶之前，有金人焉。三缄其口，而铭其背曰："古之慎言人也，戒之哉！无多言，多言多败；无多事，多事多患……诚能慎之，福之根也。口是何伤，祸之门也……戒之哉！"

《春秋左氏传》"襄公二十二年"记载，鲁国御叔一语不当招致赋税加倍：

> 二十二年春，臧武仲如晋。雨，过御叔。御叔在其邑，将饮酒，曰："焉用圣人！我将饮酒，而己雨行，何以圣为？"穆叔闻之曰："不可使也，而傲使人，国之蠹也。"令倍其赋。

生活在现代社会的人们，更应该特别慎重自己的言语。现代化的通讯手段，会把你的言语以每秒三十万公里的速度在网络虚拟空间里传播。如果不经仔细斟酌，不合适的言语将会导致无法挽回的影响。这是名副其实的"一言既出，驷马难追"。

☆ **时然后言**

口头沟通中，要特别注意说话场景，把握言语选择和说话时机。同样的言语，在不同的时机说出，其效果大相径庭！

《论语》"宪问"篇记述孔子评价一位卫国人的沟通艺术：

> 子问公叔文子于公明贾曰："信乎，夫子不言，不笑，不取乎？"
> 公明贾对曰："以告者过也。夫子时然后言，人不厌其言；乐然后笑，
> 人不厌其笑；义然后取，人不厌其取。"子曰："其然，岂其然乎？"

什么叫"时然后言"？时机把握好了，就能做到"人不厌其言"。以至于孔子连声称赞：真这样吗？真能做到这样吗？这就是说话的艺术！如何把握讲话的时机？《论语》"卫灵公"篇中记述了孔子提出的原则：

> 子曰："可与言而不与之言，失人；不可与言而与之言，失言。
> 知者不失人，亦不失言。"

沟通过程中，要注意观察，理解沟通对象的有关情况，合理推测其思想和心理活动，以此来决定自己的言语。

无论是生活中还是工作中，我们每个人都应当养成使用准确、优雅语言的习惯，提高生活品位、纯化思想境界、陶冶修养情操，实现个人的精神升华并赢得社会的尊重；同时，努力提高对情景和时机的认知能力，掌握说话的艺术，融洽与他人的关系，助力自己的职业生涯取得更大的成功。

■ 书面沟通，组织凝练文字

书面沟通是运用书面文字符号进行的沟通，包括：书信，传真，备忘录，图画，电子邮件，以及其他任何传递书面文字或符号的手段。组织内部的书面沟通，还包括文件、通知、布告、正式发行的期刊等。

☆ 仓颉造字，鬼哭粟飞

尽管口头沟通方便快捷，但话语说出即逝，不能及远，更不能留存。先哲的智慧、前人的经验，只能口耳相传，靠有限的记忆来传承。

为了克服"话语"在空间和时间上的限制，人类发明了文字，随之出现了书面沟通。文字的出现使人类克服了话语在空间和时间上的局限，思维结果跨越了时空。文字记录作为书面化的语言，使前人的智慧、经验和教训得以更方便地在更大范围内传承，加快了文明成果的积累和发展速度。

华夏民族的先哲们给我们留下了世界上最优美、最完备的文字系统，从半坡遗址的陶文，到殷墟的甲骨文、商周青铜器铭文、春秋石鼓文、籀书、篆书、隶书、楷书……五千年来一脉相承。受过文字教育的人们，稍加训练，就能够不太困难地识别出那些刻在甲骨上、铭在青铜器上、雕在石鼓上的数千年前人们的思维、语言与活动记录。这在世界上众多的文字系统中是唯一的。

相传，汉字是黄帝时期的史官仓颉创造的。由于汉字泄露了"天机"，将使人类的智慧和能力飞跃到与神灵匹敌的水平，于是，"仓颉作书，而天雨粟，鬼夜哭"（《淮南子》[16]"本经训"）。这只不过是一个夸张的传说而已。清人陈澧在《东塾读书记》中对文字的出现及其作用的阐述，更接近于事情的真相：

> 声不能传于异地，留于异时，于是乎书之为文字。文字者，所以为意与声之迹也。

我们的文字系统，早在三千多年前就已基本成熟，形成了构字方法"六书"理论（《说文解字》[17]）：指事，象形，形声，会意，转注，假借。周王朝要求贵族子弟八岁进入官办"小学",开始学习六艺。其中,第五门技艺就是"六书"(《周礼》[18])。

☆ **属文练字,适情达意**

文字突破了沟通在空间和时间上的局限,成为最佳的沟通工具。正是凭借华夏民族独有的语言文字系统,我们今天仍然能够阅读上古奇书《周易》《尚书》《山海经》,能够合着节拍吟唱三千年前人们创作的优美诗歌;通过前人留下的文字,我们知道两千八百年前有一位叫姬满的周天子,曾经乘着八匹骏马拉的豪华"旅游专列",到昆仑山之巅与西王母共度了一段诗酒唱和、旖旎温馨的时光(《穆天子传》);翻开《春秋左氏传》,回放两千五百年前宏大的战争场面、一幕幕历史悲喜剧。

以汉语汉字为载体的我国古典文学,具有独特的思想和艺术特征:雄浑华丽的汉赋,自由奔放的魏晋文章,汪洋恣肆的唐诗,优雅隽永的宋词……成为我国古典文化的核心,也是全人类的艺术瑰宝!作为中国人,拥有祖先留下的取之不尽、用之不竭的语言文字宝藏,实乃我辈之幸运和自豪!我们应该怀着感恩之心,倍加珍惜!

书面沟通需要很强的文字组织和凝练能力。文章乃集字而成,欲求文之顺畅优美,必求字之适情达意。关于文字的组织凝练,刘勰在《文心雕龙》"练字"篇中进行了详细阐述,有志于提高文章造诣的读者,可以详加研读。

文字组织得好,书面沟通就会有很强的说服力。我国历史上有无数脍炙人口的书面沟通范例:李斯的《谏逐客书》,秦王嬴政看后当即下令追回李斯,取消"逐客令";三国诸葛亮的《出师表》,直至今日仍然感人肺腑;唐朝骆宾王的《讨武曌檄》,被讨伐的对象看后反而责怪宰相没能重用这样的人才。

一个人如何使用语言,首先反映其驾驭语言文字的能力和水平,更折射出其生活品位、思想境界与修养情操!同样描述青年男女之情爱,《剪灯馀话》[19]"贾云华还魂记"中书生魏鹏写给心上人的是"鲛绡原自出龙宫,长在佳人玉手中;留待洞房花烛夜,海棠枝上拭新红";而《红楼梦》[20]里的薛蟠大少爷嘴里吐出的却是"女儿乐,一根XX往里戳"!其品位和修养直如云泥之别!

☆　**文明密码，心领神会**

语言文字的组织，存在独特的文明"密码"。通过文明"密码"，文字可以蕴含字面信息以外的更为丰富的"信息"。我们要善于"解码"信息以外的"信息"。在此，与读者诸君一起欣赏一则汉语"文明密码"小故事。

唐代学子们参加科举考试前大多要"行卷"：把自己的诗文呈给名流们，期望得到赏识或推荐。某次科举考试，韩愈的大弟子张籍为主考官之一。张籍曾任过"水部员外郎"，擅长文学又乐于奖掖后进。有位叫朱庆馀的学子，考前写了一首诗《近试上张水部》[21]"行卷"给张籍：

> 洞房昨夜停红烛，待晓堂前拜舅姑；妆罢低声问夫婿，画眉深浅入时无。

此诗采用比喻手法，以新嫁娘自喻，天明就要见公婆了（马上要参加科举考试），化完妆后低声问新郎官，我的打扮是否符合时尚？借以向张籍探询，自己的才华是否能够进士及第。

张籍对朱庆馀的探问心领神会，对其才华更是赞赏有加，但作为主考官，不能直接给朱庆馀明确的答复，更没有如前几年我国某著名大学负责招生的官员："拿钱来，保证录取。"张籍给朱庆馀回了一首诗《酬朱庆馀》：

> 越女新妆出镜心，自知明艳更沉吟；齐纨未足时人贵，一曲菱歌敌万金。

朱庆馀是越州（今浙江省绍兴市）人，越州自古多美女，相传西施就生长在其境内镜湖。张籍诗中，把朱庆馀比作越州镜湖中刚妆扮好的采菱姑娘，虽然知道自己长得明艳照人，但也未免爱美过分而尚自沉吟。那些身着齐地出产的名贵丝绸的姑娘们并未引起人们的关注，反而是这位采菱姑娘美妙的歌喉受到了人们的赞赏。张籍用诗暗示朱庆馀不必为考试担心。

朱庆馀的探询诗构思巧，张籍的应答诗蕴意妙！两人谁也没有提科举考试，但需要沟通的信息全部传达并被准确理解。他们的这种行为，按照现代的观念有"作弊"之嫌。但如此优雅而有品位的"作弊"，读来却是赏心悦目！

朱庆馀和张籍以诗沟通，是用中华文明的特殊密码对信息进行编码与解码。没有掌握中华文化密码的外国人，很可能会把这两首诗看成热恋中的青年男女的爱情诗。即便真的把上述两首诗当作爱情诗，不也是很美妙、很优雅吗？

■ 道具沟通，善用言外信息

人无法只靠说话来沟通，多数情况下要靠整个人来沟通。除了言语之外，还经常借助其他方式来传递信息、交流情感，如距离、手势、动作、体态、眼神、表情等；特殊场合还常用艺术品进行沟通。这些统称为非言语沟通，或道具沟通。很多情况下，非言语沟通会超越言语沟通，成为主要形式。

研究表明，沟通过程中非语言感觉占"总印象"55%，声音占38%，而言语本身只占7%。非言语沟通中情感表达比言语沟通更强烈，如领导者以身作则的示范行为，都是极有效的沟通。

华夏先祖们深谙非言语沟通之妙。历史上有众多著名的非言语沟通故事。

☆ 颖考叔"食舍肉"

《春秋左氏传》"隐公元年"记述了颖谷封人颖考叔与郑庄公之间的沟通故事：

> "郑伯克段于鄢。"……遂寘姜氏于城颍，而誓之曰："不及黄泉，无相见也！"既而悔之。颖考叔为颖谷封人，闻之，有献于公。公赐之食。食舍肉。公问之，对曰："小人有母，皆尝小人之食矣；未尝君之羹，请以遗之。"公曰："尔有母遗，繄我独无！"颖考叔曰："敢问何谓也？"公语之故，且告之悔。对曰："君何患焉？若阙地及泉，隧而相见，其谁曰不然？"公从之。公入而赋："大隧之中，

其乐也融融。"姜出而赋："大隧之外，其乐也泄泄。"遂为母子如初。

郑庄公姬寤生有个弟弟姬段，被封在京地。姬段自小受老娘宠爱，总想着偷袭国都，抢夺君位。老娘姜氏偏爱小儿子，答应帮助打开城门。老谋深算的姬寤生收拾完姬段之后，余怒未消，把老娘赶到"城颍"那个地方，并撂下狠话："不及黄泉，无相见也！"——死后到地下见吧。不久就后悔了，毕竟那是自己的亲娘！但作为一国之君，话说出了就不好改口。

颍考叔当时是颍的地方官，听说这件事之后，就找个机会给国君献贡品，借机调和郑庄公母子的关系。

故事中的关键沟通环节是"食舍肉"。正是这个奇怪的非言语信息，引起了郑庄公的好奇。颍考叔以自己为榜样，促使矛盾尖锐的郑庄公母子和好如初。

☆ **魏犨跳跃以免死**

《春秋左氏传》"僖公二十八年"记述了另外一则非言语沟通故事。晋国公子姬重耳在外流亡十九年，在秦穆公的帮助下回国做了国君，史称晋文公。即位第五年，展开了称霸诸侯的系列行动，首先攻打依附楚国的曹国。

三月丙午，入曹，数之以其不用僖负羁，而乘轩者三百人也，且曰献状。令无入僖负羁之宫，而免其族，报施也。魏犨、颠颉怒，曰："劳之不图，报于何有？"爇僖负羁氏。魏犨伤于胸。公欲杀之，而爱其材。使问，且视之。病，将杀之。魏犨束胸见使者，曰："以君之灵，不有宁也！"距跃三百，曲踊三百。乃舍之。杀颠颉以徇于师，立舟之侨以为戎右。

晋军攻入曹国都城后，魏犨和颠颉违抗军令，烧了僖负羁家。晋文公听说魏犨受了伤，就派人来观察。如果伤的太重，不能继续作战，就杀了他，作为违抗军令的惩罚。

这个故事里，有个关键的非言语沟通环节：魏犨"距跃三百，曲踊三百"。魏犨跟随重耳流亡了十九年，很了解其为人，用"距跃三百，曲踊三百"的非言语沟通，给晋文公传递信息：我魏犨没事，还能为国君效力。

机智的魏犨用非言语沟通救了自己的性命。而"同案犯"颠颉，缺乏沟通的智慧，成了晋文公严肃军纪的牺牲品。

晋文公同罪不同罚，孔子评价其"谲而不正"。

☆ **廉颇老矣，尚能饭否？**

南宋爱国词人辛弃疾平生抱负不得施展，在《永遇乐·京口北固亭怀古》[22]中愤懑地呐喊："凭谁问，廉颇老矣，尚能饭否？"词中借用了《史记》[23]"廉颇蔺相如列传"中非言语沟通故事：

> 赵以数困于秦兵，赵王思复得廉颇，廉颇亦思复用于赵。赵王使使者视廉颇尚可用否。廉颇之仇郭开多与使者金，令毁之。赵使者既见廉颇，廉颇为之一饭斗米，肉十斤，被甲上马，以示尚可用。赵使还报王曰："廉将军虽老，尚善饭，然与臣坐，顷之三遗矢矣。"赵王以为老，遂不召。

廉颇的非言语沟通行为准确地传递出"尚可用"的信息。只可惜时运不济，其仇人郭开收买使者，篡改了沟通内容。

这个故事启示我们：不仅要把工作干好，更要处理好与上级和组织的沟通，维持良好的人际关系。在和组织的沟通过程中，如果出现一个郭开式的人物，你的能力和绩效就不可能被组织认可，所有的努力都是白费！

☆ **艺术品沟通**

经典美学理论认为，艺术品大多蕴含若干个层次的意义：表面上的意义，隐喻意义，象征意义。艺术品作为特殊场合的沟通载体，具有悠久的历史。《史记》中著名的"鸿门宴"故事，就是把艺术品作为沟通载体的经典案例。

秦朝末年，各路起义军共起反秦。刘邦先入咸阳，灭了秦王朝，准备把其他势力拒之关外，自己闭关称王。刘邦集团的内奸曹无伤，将此事密报项

羽。项羽很愤怒，与谋士范增商量好要灭掉刘邦。项羽集团的项伯连夜通知
张良。经过一番运作，项羽动摇了除掉刘邦的决心，摆了鸿门宴这个大舞
台。于是便发生了范增与项羽之间用艺术品"玉玦"进行的沟通：

> 范增数目项王，举所佩玉玦以示之者三，项王默然不应。

"玦"者，决也。范增屡次向项羽展示玉玦，示意其下决心杀掉刘邦。但
此时项羽已经改了主意，默然不应。

利用艺术品进行沟通，需要深厚文化背景和较高领悟力。

《吕氏春秋》[24]"恃君览·观表"篇记载了卫国大夫右宰谷臣（《春秋左
氏传》里的右宰谷）与鲁国大夫郈成子沟通以托付后事的故事：

> 郈成子为鲁聘於晋。过卫，右宰谷臣止而觞之。陈乐而不乐，
> 酒酣而送之以璧。顾反，过而弗辞。其仆曰："向者，右宰谷臣之觞
> 吾子也甚欢，今侯渫过而弗辞？"郈成子曰："夫止而觞我，与我欢
> 也。陈乐而不乐，告我忧也。酒酣而送我以璧，寄之我也。若由是
> 观之，卫其有乱乎？"倍卫三十里，闻宁喜之难作，右宰谷臣死之。
> 还车而临，三举而归。至，使人迎其妻子，隔宅而异之，分禄而食
> 之。其子长而反其璧。孔子闻之，曰："夫智可以微谋，仁可以托财
> 者，其郈成子之谓乎！"

鲁国和卫国是姬姓兄弟之国，同受周文化影响，沟通中深层次的文化底蕴，
可以不言而喻。郈成子从这次沟通中解读出来的信息是：设宴招待我，是因为与
我关系交好；陈设了乐队而没有乐色，是告诉其内心的忧虑；送我玉璧，是
要把家里的后事寄托给我，到鲁国来避难。由此看来，恐怕卫国要有大乱了？

现代社会中，把艺术品作为沟通载体的情景，经常出现在谍战影片中：
用一盆鲜花或者其他艺术品传递某种特殊的信息。

第二章　沟通的基本过程和模式

现代管理中，信息是计划和决策的基础，是组织和控制的依据，是管理系统各层次相互沟通、形成网络的纽带。

沟通的基本过程就是信息的传播、接收和反馈过程。沟通模式与信息的传递相关。根据信息传递过程中是否存在反馈以及信息传递和反馈的路径，沟通模式可以概括为三种：单向沟通，双向沟通，网络式沟通。

组织中常用的沟通渠道——正式沟通和非正式沟通，也随着信息传递技术的发展而不断融汇最新技术成果。

□　沟通基本过程，传送特定信息

沟通的基本过程涉及信息的传播、接收和反馈。

■　信息及其传递过程

信息与其他物质资料不同，复制与传播本身不会损耗。传播状态几乎没有时间界限和空间约束：现代通信技术实现瞬时传播，数千年前的遗存知识仍然可以作为信息传递给我们。

信息传递过程涉及三个基本要素：谁是发送者（Who），传递什么（What），传递给谁（to Whom）。

信息传送时，还必须进行编码和解码。所谓编码，就是发送者按照约定规则把信息转化为易于传递的形式；所谓解码，就是接收者按照编码规则把信息转译回来。这样，信息就完成了传递[25]。上述过程构成了一个完整的沟通过程。

■ 信息传递模型

实际上，沟通过程中信息传递是一个极其复杂的过程。为了便于描述，很多学者试图建立"模型"来概括与界定。

任何模型都不能完全反映实际过程本身，而是对实际过程运行机制及内在联系的抽象简化和模拟。信息传递模型也是一样，只是用来向人们提供信息传递过程的理论性简化。

现代传播学、信息论、控制论等学科发展过程中，研究者提出了一系列信息传递模型。我们在此介绍两个经典模型。

☆ 拉斯维尔"5W"模型

美国传播学奠基者拉斯维尔1948发表的《传播在社会中的结构与功能》[26]，最早总结了传播的基本过程。他认为描述传播行为应回答以下五个问题：谁？说了什么？通过什么渠道？对谁？产生什么效果？（Who，says What，in Which channel，to Whom，with What effect？）并由此提出了"5W"传播模型。

这个模型的抽象表达如图2-1所示。

图2-1：拉斯维尔信息传递模型

拉斯维尔明确提出了信息传递的五个关键要素，还论述了大众传播的三种基本功能：监视环境、协调社会和传承文化。拉斯韦尔的"5W"模型为大众传播研究提供了一个基础。

☆　**香农—韦弗模型**

信息论创始人香农和他的同事韦弗1949年发表了《通信的数学原理》[27]，提出了信息传输的基本数学模型，标志信息论正式诞生。传播领域学者借用这一原理并将其抽象为信息传递过程模型，称为"香农—韦弗模型"，如图2-2所示。

拉斯维尔"5W"模型和香农—韦弗信息传递模型为信息传递过程提供了一定的理论依据。但是，这两个模型只描述了信息传递的单向过程。单向信息传递只是信息传递的一种形式，实际上还存在其他信息传递形式。

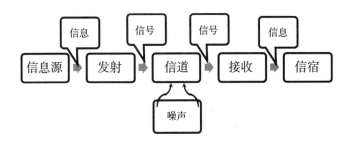

图2-2：香农—韦弗信息传递模型

■　沟通过程模型

在组织行为学范畴内，被普遍认同和接受的是香农—韦弗信息传递模型。对该模型进行适当调整，加入反馈过程，就形成了沟通过程的基本模型，如图2-3所示。

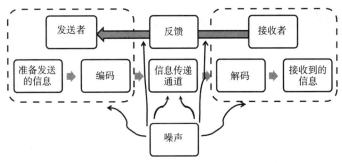

图2-3：沟通过程基本模型

这个模型用于显示信息如何在发送者和接收者之间传递，包括八个要素：发送者，编码，信息，通道，解码，接收者，噪声，反馈；涉及三个主体、两个对象和三个过程。

三个主体是：信息发送者，信息传递通道，信息接收者。

两个对象是：信息，噪声。信息是事物存在的状态和发展变化过程中呈现出来的特征和内容。噪声是导致信息失真的因素，包括干扰信息传输的因素（距离，技术，背景信息等）、沟通障碍（知觉问题，信息超载，语义问题，文化差异等）。

沟通过程中，很多因素可能导致信息失真，接收者解码以后得到的信息很少与发送者的原本意图完全一致。前述"郢书燕说"寓言故事，就是沟通过程中"噪声"导致信息传递失真的案例。发送者在信息中引入"举烛"噪声。接收者没有对信息进行分析和反馈确认，而是将"举烛"也当作信号，按照自己的主观意愿解释信息，并作为国策执行。虽然导致燕国大治，但毕竟和信息发送者及信息本身毫无关系。

三个过程是：编码过程，解码过程，反馈过程。编码是指信息发送者把要传输的信息编辑成一定的符号，如语言、图形、文字、动作等等；编码把思想或想法转化为他人能理解的语言。解码就是把信息还原成有意义的思想或想法。大多数沟通不是信息单向传递，而是双向的、互动的、循环反馈的过程。反馈用来确定信息传递是否成功以及传递的信息是否被正确理解。

□ 三种沟通模式，单向双向网状

根据信息传递过程中是否存在反馈以及传递反馈路径，沟通模式可以概括为三种：单向沟通，双向沟通，网状沟通。

■ 单向沟通，信息定向传递

单向沟通是指没有反馈过程的沟通模式。根据信息流向，单向沟通又可以分为播送式（推式）沟通和获取式（拉式）沟通。通常情况下，单向沟通的速度快、秩序好。

☆ **播送式沟通**

播送式沟通是指信息拥有者主动、单方面把信息发送给预期的特定接收者。诸如：政府的政令及新闻稿的播发，法院判决公告，公安系统的通缉令等；组织的决策公告，规章制度的宣贯，岗位说明书，工作要求等；个人的信件、报告、电子邮件、传真、留言条、语音邮件等。

我国古代统治阶级特别擅长利用这种播送式沟通模式实现其目的。统治者的政治逻辑中，只有他们才有权力发布信息，"国人"（都城里的平民）只能被动地接受，都城以外的"野人"甚至没有资格接收信息。

商周时期利用甲骨文、青铜器铭文向国人发布信息。有些甲骨和青铜器留存到今天，几千年来一直在向后人播送信息。

据《春秋左氏传》记载，鲁昭公六年三月，郑国将刑书铸造在青铜鼎上，向国人传播。由于青铜鼎是贵重器物，能够见到的人毕竟不多，不利于刑法条文传播。于是，郑国邓析又在35年后将刑法条文书写到竹简上，称为《竹刑》，以便更多人能够了解。鲁昭公二十九年，晋国使用周天子赏赐的铁，铸造了一个刑鼎，将范宣子所著的刑书铸在铁鼎上，向国人传播。

上述事例中，信息播送者的目的是将其精心组织的信息尽可能传播给预期的接收者，根本不关心信息接收者的反馈。

还有一类播送式沟通，故意散布不真实信息以达到目的。《春秋左氏传》"宣公四年"记载，楚国若敖氏作乱，楚庄王在平乱中处境不利，于是就散布不实信息，消除己方士兵的恐惧：

> 秋七月戊戌，楚子与若敖氏战于皋浒。伯棼射王，汰辀，及鼓跗，著于丁宁。又射，汰辀，以贯笠毂。师惧，退。王使巡师曰："吾先君文王克息，获三矢焉，伯棼窃其二，尽于是矣。"鼓而进之，遂灭若敖氏。

若敖家族中的伯棼是个神箭手，对王族士兵产生了极大心理震慑！楚庄王派人在军队中宣言："楚国的先君文王攻克息国时，缴获了三支神箭。伯棼偷去了其中两支，刚才已经用完了！"士兵们听后就消除了恐惧，一鼓作气消灭了若敖氏。

《韩非子》"外储说左上"也记载了一个类似案例：

> 越伐吴，乃先宣言曰："我闻吴王筑如皇之台，掘渊泉之池，罢苦百姓，煎靡财货，以尽民力，余来为民诛之。"

这种信息播送方式后来形成了一种特殊的文体"檄"。刘勰《文心雕龙》"檄移"篇对这种文体进行了概括：

> 凡檄之大体，或述此休明，或叙彼苛虐。指天时，审人事，算强弱，角权势，标蓍龟于前验，悬鞶鉴于已然，虽本国信，实参兵诈。谲诡以驰旨，炜晔以腾说。

檄文之目的，要么宣扬己方之正大光明，要么揭露对方之严苛暴虐，只追求目的，而不考虑信息的真实性。历史上脍炙人口的著名檄文包括：陈琳为袁绍所撰《讨曹氏檄》，骆宾王为徐敬业起兵反对武则天所撰《讨武曌檄》。

现代组织机构可以使用多种工具来发布信息，包括：

◇ 纸质文件、新闻发布系统和共享电子数据库等。
◇ 电子通信工具，如电子邮件、传真、视频会议、网站等。
◇ 其他电子工具，如管理软件、门户以及协同工作等。

在播送式沟通中，有效的信息发布必须考虑技术条件和个人技能。包括：

发送—接收模型，媒介的选择，写作风格，会议管理技术，演示技术等。

播送式沟通的优点是：简单，便捷，高效，信息播送者可以选择信息内容、播送途径、播送时间等；缺点是：这种方法能确保信息发布，但不能确保信息到达目标受众，更无法保证受众接受或理解的信息是准确的。

☆ **获取式沟通**

获取式沟通是指沟通一方主动搜集信息的沟通模式。通常在信息量很大、来源多样化以及受众多的情况下使用。信息接收者可以主动获取信息，也可以被动接收信息。信息技术的发展，给获取式沟通带来了极大便利。现在，网络检索信息几乎可以忽略过程时间。

我国古代统治阶级为了维持其统治秩序，很重视获取民间信息。西周时期专门设置官员到民间采风，《诗经》"国风"大多数来自于这个渠道。春秋时期郑国设立"乡校"，成为国人议论时政的场所。有人建议取缔，但执政大臣子产坚持把乡校作为国家收集民意的一个渠道，并依此改善国家的施政措施。

> 郑人游于乡校，以论执政。然明谓子产曰："毁乡校何如？"子产曰："何为？夫人朝夕退而游焉，以议执政之善否。其所善者，吾则行之；其所恶者，吾则改之，是吾师也。若之何毁之？我闻忠善以损怨，不闻作威以防怨。岂不遽止？然犹防川。大决所犯，伤人必多，吾不克救也。不如小决使道，不如吾闻而药之也。"

西汉时设置"乐府"，其职能之一是收集民间的信息。封建时代设置"谏官"，目的也是要获取对维持统治有用的信息。

战争史上的谍报工作，大多数是获取式收集信息。

2013年发生的"斯诺登事件"，揭开了现代国际关系史上最大的信息收集丑闻。美国仰仗其掌握的信息技术，以非法的手段获取其他国家信息，甚至包括其盟国领导人的个人隐私。

并不是所有情况都适宜主动获取信息。特殊情况下，只能被动地接受信息，从中解析对自己有用的信息。这种方式得到的信息，由于是对方不经意间流露出来的，往往真实程度更高，常用于管控个人的政治风险。《韩非子》"说林上"篇讲了一则齐国隰斯弥伐树的故事：

> 隰斯弥见田成子，田成子与登台四望，三面皆畅，南望隰子家之树蔽之。田成子亦不言。隰子归，使人伐之；斧离数创，隰子止之。其相室曰："何变之数也？"隰子曰："古者有谚曰'知渊中之鱼者不祥。'夫田子将有大事，而我示之知微，我必危矣。不伐树，未有罪也；知人之所不言，其罪大矣。"

隰斯弥在与田成子的沟通中，获取了对方的心理信息，但却以"装傻"的方式隐藏了自己的信息。

获取式沟通的优点是，信息接收者能够根据自己的意图主动选择信息。获取式沟通的效果受信息渠道约束，还受信息收集者主观倾向影响，涉及对信息真伪的甄别以及信息接收者的自我屏蔽，容易导致选择性"失聪"。

☆ **反间**

有一种单向沟通叫"反间"，向敌方特殊对象传递特殊信息，离间对方关系，造成对自己有利的态势。"反间"在关键时刻往往发挥力挽狂澜的作用。

《韩非子》"内储说下"篇记载了吴国在攻打楚国前，利用反间，使楚国更换军队统帅，为赢得胜利减少了障碍：

> 吴攻荆，子胥使人宣言于荆曰："子期用，将击之。子常用，将去之。"荆人闻之，因用子常而退子期也。吴人击之，遂胜之。

楚国朝廷听信了传言，果真罢黜了能干的子期，任用贪贿不得人心的子常为令尹。于是，吴国就进攻并战胜了楚国。

秦国在统一六国的过程中数次使用反间，并屡屡得手。秦赵"长平之战"期间，秦国传播反间信息，赵国用"纸上谈兵"的赵括替换了"老成持重"的廉颇，导致全军覆没。

战国末期，魏国公子魏无忌是山东六国仅存的既有政治号召力、又有军事才能的杰出人物，在秦国席卷天下之势已成的时候，仍然能够打得秦国名将蒙骜逃回函谷关、龟缩关内不敢出来。这位杰出人物最终也被秦国的反间害死。

秦朝灭亡后，楚汉相争。刘邦用陈平"反间"计，离间项羽及其谋士范增，为最终消灭项羽集团创造了条件。

明朝末年，袁崇焕在宁远、锦州一带实施"修坚城、用重炮"的战略，用火炮把后金酋长努尔哈赤轰成重伤而死，又多次挫败后金骑兵。后金新任酋长皇太极使用反间计，故意把"袁崇焕与后金勾结"的虚假信息传递给明朝崇祯皇帝。刚愎自用的崇祯杀了袁崇焕，最终导致清军入关、明朝灭亡。

反间这种沟通方式，已经被人类应用了几千年，在现代军事斗争、商业竞争、外交事务中仍然被广泛应用。

■ 双向沟通，信息实时反馈

双向沟通是指参与沟通的双方互为信息发送者和信息接收者并进行即时反馈的沟通模式。双向沟通对沟通内容的理解比单向沟通准确，但沟通过程不易控制，沟通节奏不易把握。

☆ 共同认知是良好沟通的基础

双向沟通要想取得好效果，沟通双方应有一定的信任基础。《论语》"子张"篇中子夏的观点至今仍很有借鉴意义：

> 子夏曰："君子信而后劳其民；未信，则以为厉己也。信而后谏，未信，则以为谤己也。"

管理者要给下属安排工作，必须先取得信任，否则下属会以为你在折腾人家；下属给上司提建议，也必须首先得到信任，否则上司会以为你在毁谤他。

美国管理学家德鲁克认为：管理中的沟通，是以共同的理解和共同的语言为先决条件的[28]。参与沟通的双方，对沟通的内容要有一定的共同认知基础，才能达成默契。否则，就如广东俗语"鸡同鸭讲"，是无法有效沟通的。

据《春秋左氏传》"宣公三年"记载，公元前606年，楚庄王在周天子王城洛阳郊外与王孙满进行了一场"问鼎"沟通：

> 楚子伐陆浑之戎，遂至于雒，观兵于周疆。定王使王孙满劳楚子。楚子问鼎之大小、轻重焉。对曰："在德不在鼎。昔夏之方有德也，远方图物，贡金九牧，铸鼎象物，百物而为之备，使民知神、奸。故民入川泽、山林，不逢不若。螭魅罔两，莫能逢之。用能协于上下，以承天休。桀有昏德，鼎迁于商，载祀六百。商纣暴虐，鼎迁于周。德之休明，虽小，重也。其奸回昏乱，虽大，轻也。天祚明德，有所厎止。成王定鼎于郏鄏，卜世三十，卜年七百，天所命也。周德虽衰，天命未改。鼎之轻重，未可问也。"

楚国立国几百年来，一直被中原诸侯国视为华夏文明圈子以外的"蛮夷"。楚国几代君主下决心学习中原礼乐文明，努力融入华夏文明圈。楚庄王兵临周天子城下，"问鼎之大小轻重"，显然传递出欲取而代之的信息。王孙满也是一位沟通高手，避开"形而下"的鼎，畅论"形而上"的德。楚庄王听了王孙满精彩的演讲后黯然退师，正是因为他认同王孙满阐述的价值观和文化伦理：楚国之德尚不足以"迁鼎"。

当今世界，发达国家和发展中国家在众多事项上没有共同价值观、缺乏共同语言，不能进行有效沟通。这里略举两例。

第一，关于人权论战。西方发达国家依仗其政治军事霸权，向全球推行其所谓的"普适价值观",宣扬"人权高于主权"。发展中国家则根据自己的实际情况,首先追求生存权和发展权,在维护国家主权的前提下改善人权。联合国人权会议各说各话。价值观差异影响有效沟通,甚至导致冲突。

第二,关于气候变化应对措施。发达国家只强调要降低温室气体排放,而不考虑其历史排放责任。发展中国家有权利要求更多的能源增量,以改善生活质量。二十多年来,世界各国无法就实质性减排措施达成一致。

☆ **沟通的媒介**

双向沟通需要借助于一定的沟通媒介。

现代商务酒店通常都会设置茶间或咖啡间,国际会议通常都安排茶歇,就是为双向沟通提供便利的场所和媒介。

我国古代诸侯国之间的邦交和贵族之间的交往,最常借助于《诗经》进行沟通。《春秋左氏传》记载了国君、贵族会见时很多"赋诗"达意的情景。但唱诗之人所要表达的意思,有时候已经不完全是《诗经》的本意,所谓"赋诗断章,余取所求焉"。于是就有了"断章取义"的成语。

鲁僖公二十三年,晋国公子重耳流亡到秦国,与秦穆公演绎了一段赋诗沟通的佳话:

> 他日,公享之。子犯曰:"吾不如衰之文也,请使衰从。"公子赋沔水。公赋六月。赵衰曰:"重耳拜赐!"公子降,拜,稽首,公降一级而辞焉。衰曰:"君称所以佐天子者命重耳,重耳敢不拜?"

初看这一段记载,会有点莫名其妙。详细了解上述沟通过程中言语包含的丰富信息,就会被古人的优雅和智慧所折服!

公元前637年的某一天,秦穆公设"享礼"隆重招待重耳。狐偃(子犯)推荐文化素养好的赵衰陪同。仪式上,重耳吟唱《诗经》"沔水"的首章:"沔彼流水,朝宗于海。鴥彼飞隼,载飞载止。嗟我兄弟,邦人诸友。莫肯念乱,谁无父母?"意思是,自己永远不忘秦国的恩惠,就像沔水朝宗于海一样。

秦穆公吟唱《诗经》"六月"的第二章："比物四骊，闲之维则。维此六月，既成我服。我服既成，于三十里。王于出征，以佐天子。"该诗原意是歌颂西周大臣尹吉甫辅佐周宣王征伐戎狄建功立业。

穆公唱罢，赵衰就让重耳拜谢，并说："秦君以'将来能够辅佐天子'的重任期许重耳，重耳哪敢不拜谢呢？"

公元前624年，鲁文公到晋国与晋襄公会盟，双方赋诗表达感情：

> 公如晋，及晋侯盟。晋侯飨公，赋菁菁者莪。庄叔以公降、拜，曰："小国受命于大国，敢不慎仪？君贶之以大礼，何乐如之？抑小国之乐，大国之惠也。"晋侯降，辞。登，成拜。公赋嘉乐。

晋侯用"飨"礼招待鲁文公，并吟唱《诗经》"菁菁者莪"：

> 菁菁者莪，在彼中阿；既见君子，乐且有仪。菁菁者莪，在彼中沚；既见君子，我心则喜。菁菁者莪，在彼中陵；既见君子，锡我百朋。泛泛杨舟，载沉载浮；既见君子，我心则休。

鲁国君臣得到霸主国如此厚待，很高兴地离开座位行"降拜"礼，晋襄公也离开座位行辞让之礼。仪式完成后，鲁文公高兴地吟唱《诗经》"嘉乐"的首章，表达对晋国的感激之情：

> 嘉乐君子，显显令德。宜民宜人，受禄于天。保右命之，自天申之。

这种高雅而复杂的沟通形式，也只有国君和贵族们熟悉和使用，"国人"和"野人"们是没有资格接受这种贵族教育的。

可用的沟通媒介与技术发展状况密切相关。当今社会，人际沟通中最重要的沟通媒介就是无线通信，人们通过移动终端：手机电话、短信和微信，似乎是把一切沟通问题都解决了。组织沟通中，视频会议、电子邮件也成为经常使用的沟通媒介。

☆ **特殊的双向沟通：隐语（隐喻）**

在某些特殊场景中，沟通双方不能或不愿意用言语的本意进行沟通，于是就给沟通言语附加了言语以外的丰富信息。这种沟通方式需要具有较高的文学素养和较宽的知识范围。

谍战片导演百用不厌的场景，就是地下工作者以隐语传递信息。小说家更是善用此道。《倚天屠龙记》[29]就有如下桥段：

> 胡青牛顿了一顿，道："我开张救命的药方给你，用当归、远志、生地、独活、防风五味药，二更时以穿山甲为引，急服。"

古人善用"隐语"说理，双方都明白隐语传递的真实信息。刘勰在《文心雕龙》"谐隐"篇对"隐语"进行了简要概括：

> 隐者，隐也。遁辞以隐意，谲譬以指事也。

《论语》"子罕"篇有一段子贡与孔子对话，用的就是隐语：

> 子贡曰："有美玉于斯，韫椟而藏诸？求善贾而沽诸？"子曰："沽之哉！沽之哉！我待贾者也。"

子贡很想知道孔子对于从政的看法，又不便于直白相问，于是就与老师讨论美玉的用途。子贡问的是美玉，隐喻的是人才。所以孔子回答说：卖掉它！卖掉它！我就在等待好买家哩。通过这段对话，子贡明白了老师积极入世的主张。

我们熟知的成语"一鸣惊人"，出自《史记》"楚世家"记载的一段隐语故事：

> 庄王即位三年，不出号令，日夜为乐。令国中曰："有敢谏者死
> 无赦！"武（伍）举入谏。庄王左抱郑姬，右抱越女，坐钟鼓之间。
> 武举曰："愿有进隐。"曰："有鸟在于阜，三年不飞不鸣。是何鸟
> 也？"庄王曰："三年不飞，飞将冲天；三年不鸣，鸣将惊人！举退
> 矣。吾知之矣。"

楚庄王和大臣伍举的口头沟通，一个字也没有涉及楚国的政治，但双方
的意图已经完全沟通明白。

隐语不仅用于进谏，还可以救命。《春秋左氏传》"宣公十二年"记载了
楚国攻灭萧国的过程中，楚国大夫申叔展用隐语智救老朋友萧国大夫还无社
的故事：

> 还无社与司马卯言，号申叔展。叔展曰："有麦曲乎？"曰：
> "无。""有山鞠穷乎？"曰："无。""河鱼腹疾奈何？"曰："目于眢井
> 而拯之。""若为茅绖，哭井则已。"明日，萧溃。申叔视其井，则茅
> 绖存焉，号而出之。

这段隐语涉及两种中草药和一种动物。两种中草药是"麦曲"和"山鞠
穷"，可以御湿防寒。还无社对药性不理解，申叔展就再次用"河鱼腹疾"提
醒还无社。据说"河鱼腹疾"是指风湿病，可能还无社有这个毛病，这才明
白了老朋友是暗示自己逃命的方法，于是就说："你到干井里去找吧。"

■ 网状沟通，信息多维互动

网状沟通是指多人互动沟通模式，可以形成沟通网络。通常有五种模
式：链式，环式，轮式，Y式和全通道。

☆ **链式沟通**

链式沟通中，组织中的信息传递严格遵循正式命令链，按组织权力结构中高低层次逐级传递。如图2-4左图所示。

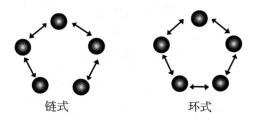

链式　　　　　　　　环式

图2-4：链式沟通与环式沟通

西汉韩婴所撰《韩诗外传》[30]"卷五"记述：西周初期周公摄政时，天下太平，南方少数民族"越裳氏"通过多种语言九次翻译来向周公献上一只白色野鸡。

> 有越裳氏重九译而至，献白雉于周公。曰："道路悠远，山川幽深。恐使人之未达也，故重译而来。"

这显然是一个长链条的链式沟通！如图2-5所示。

图2-5：链式沟通示例

链式沟通的优点是：信息传递速度快，适用于规模庞大、实行分层授权控制的组织中信息传递及沟通。缺点是：沟通链条长，每一个环节都有可能引入噪声，导致信息失真。

☆ **环式沟通**

为了克服链式沟通容易导致信息失真的缺点，可以将链式沟通的两端连接起来，形成环式沟通。如图2-4右图所示。

环式沟通可以看成是链式沟通的一个封闭控制结构，环上的每个人之间依次互相联络和沟通。

现代社会中，环式沟通是一种行之有效的措施。组织的高层管理者希望提高员工满意度、维持高昂士气，经常亲自与最底层员工定期沟通，使链式沟通闭合起来，形成反馈机制。

☆ **轮式沟通**

在扁平化组织结构中，部门主管人员分别与下属联系，是信息的汇集点和传递中心。如果下属员工之间没有沟通联系。这种沟通方式通常称为轮式沟通。如图2-6左图所示。

图2-6：轮式沟通与Y式沟通

轮式沟通的优点是：在一定范围内沟通快速、有效，是加强控制、提高效率的有效方法和沟通模式。

《春秋左氏传》"宣公九年"记载了陈国一位年轻貌美的寡妇夏姬与国君陈灵公及两位大臣"轮式沟通"引发的命案：

陈灵公与孔宁、仪行父通于夏姬，皆衷其衵服，以戏于朝。泄冶谏曰："公卿宣淫，民无效焉，且闻不令。君其纳之！"公曰："吾能改矣。"公告二子。二子请杀之，公弗禁，遂杀泄冶。

陈灵公与其大臣孔宁、仪行父均与夏姬通奸，每人都得到了夏姬赠送的内衣。在三个男人互相沟通之前，是夏姬与他们的轮式沟通。如图2-7所示。

☆ **Y式沟通**

轮式沟通中，如果某人还负责一个独立团队并由其本人负责沟通，沟通形式就扩展为Y式沟通。如图2-6右图所示。

Y式沟通类似于轮式沟通，又不同于轮式沟通。Y式沟通除了主管人员这个核心之外，还有一位处于中间环节的管理者。

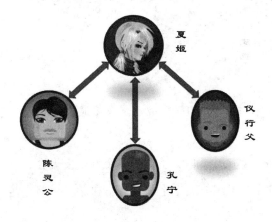

图2-7：夏姬与陈灵公、孔宁、仪行父的轮式沟通

☆ **全通道式沟通**

全通道式沟通是一个开放式的信息沟通系统，成员之间都有一定的联系，彼此十分了解。如图2-8所示。

全通道式

图2-8：全通道式沟通

前述"陈灵公与孔宁、仪行父通于夏姬"的案例，本来是一个女人与三个男人的轮式沟通。后来陈灵公与孔宁、仪行父都穿着夏姬赠送的内衣，并在朝堂上互相开玩笑，就变成了四个人的全通道沟通。如图2-9所示。

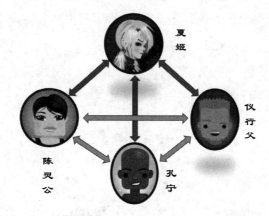

图2-9：陈灵公、孔宁、仪行父及夏姬的全通道式沟通

现实生活中全通道沟通的例子有：多个好朋友聚会，大学或研究机构的自由学术研讨会，组织的民主生活会等。微信"群聊"也属于这种沟通方式等。

全通道沟通适合民主气氛浓厚、合作精神很强的团队和组织，特别适用于创新型团队。由于沟通渠道很多，成员的平均满意程度高且差异小，所以士气高昂，合作气氛浓厚。

全通道沟通的缺点：沟通渠道太多，易造成混乱，影响效率。不适用于规模庞大，组织机构复杂的成熟型组织。

□ **组织沟通渠道，融汇最新技术**

组织的沟通渠道通常有正式沟通和非正式沟通。随着科技进步，沟通渠道也不断融汇最新技术成果。目前，电脑网络辅助沟通和通过知识管理的沟通也已经纳入组织沟通渠道。

■ 正式沟通

正式沟通是指通过组织明文规定的渠道进行的与组织业务相关的信息传递和交流活动。上级的决策或命令逐级向下传达，下级的情况逐级向上报告等，严格遵循组织的正式权力结构。组织内部正式沟通主要有以下几种：

◇ 一、发布指示。

◇ 二、会议制度。

◇ 三、个别交谈。

正式沟通的优点是保持信息的权威性，约束力较强，比较严肃，易于保密，沟通效果较好。缺点是信息沿着组织权力结构层层传递，速度较慢；信息必须得到权力结构每一垂直环节的确认，存在被迟滞的可能性，效率不高。

■ 非正式沟通

非正式沟通以社会关系为基础，不受组织的监督，自由选择沟通渠道，诸如朋友聚会以及所谓小道消息（Grapevine）。

组织需要非正式沟通以补充正式沟通的不足，维持正常和有效运转。虽然非正式沟通不是组织的法定沟通途径，但并不意味着信息来源不重要。组织中的员工从小道消息获取的信息，准确性高达75%到95%。[31]

非正式沟通的优点是内容不受限制，能够提供正式沟通中难以获得的信息；几乎不受技术手段和管理规章约束，沟通方便易行；方式灵活，即时性强。其缺点是信息的真实性和可靠性无法保证，会被人利用来歪曲事实。

无论管理者是否喜欢，组织中的非正式沟通是一个客观存在。管理者对非正式沟通应有客观的认识和正确的态度。如何正确处理非正式沟通，避免给组织带来负面影响和损失，古人给我们留下了很多智慧，这里略举一二。

《国语》[32]"周语上"记载的"周厉王止谤",就是历史上处理小道消息不当而导致失败的著名案例:

> 厉王虐,国人谤王,召公告王曰:"民不堪命矣!"王怒,得卫巫,使监谤者,以告,则杀之。国人莫敢言,道路以目。王喜,告召公曰:"吾能弭谤矣,乃不敢言。"召公曰:"是障之也,防民之口,甚于防川。川壅而溃,伤人必多。民亦如之。是故为川者决之使导,为民者宣之使言……夫民虑之于心而宣之于口,成而行之,胡可壅也!若壅其口,其与能几何?"王弗听。于是国人莫敢出言,三年乃流王于彘。

周厉王的暴虐,引起国人不满,于是小道消息流行。周厉王采取的是"堵"的方法,"防民之口,甚于防川"。结果是"川壅而溃",国人起义。周厉王逃亡到彘,再也没能重返王位。

历史上不乏成功处理小道消息的案例。《春秋左氏传》"僖公二十四年"记载了晋文公任用仇人竖头须平息小道消息:

> 初,晋侯之竖头须,守藏者也。其出也,窃藏以逃,尽用以求纳之。及入,求见。公辞焉以沐。谓仆人曰:"沐则心覆,心覆则图反,宜吾不得见也。居者为社稷之守,行者为羁绁之仆,其亦可也,何必罪居者?国君而仇匹夫,惧者其众矣。"仆人以告,公遽见之。

重耳出逃时,负责看守库藏的仆人竖头须卷起库藏跑了。重耳回来做了国君,竖头须又来求见。晋文公不想见这个家伙,推辞说正在洗头。竖头须对守门人说:"人洗头的时候心是颠倒的,考虑问题也就反了,所以他不见我。作为国君而记恨匹夫,难怪国内害怕他报复的人那么多。"仆人向晋文公转告了竖头须的话,晋文公赶快出来接见他。那些担心的人看到新国君连竖头须这样的人都不记恨，关于国君小心眼的传言很快消失了。

既然组织不能也不应该彻底消除非正式沟通小道消息，管理层就应该限定小道消息的范围和影响，尽可能弱化其消极后果。组织可以采取以下措施弱化小道消息[33]：

◇　一、正式公布重大决策的事件安排。

◇　二、公开解释引起人们质疑或觉得隐秘的决策和行为。

◇　三、对已有的决策和未来的计划，在强调其积极方面的同时，也应说明其负面影响。

◇　四、公开讨论某些事情的最差可能性，明确预期。

在组织沟通中，管理者要正确处理正式沟通与非正式沟通的关系。合理利用非正式沟通的正向功能，弥补正式沟通之不足，而不是用非正式沟通取代正式沟通。

■　网络技术辅助沟通

电子技术和信息技术的快速发展，极大地改变了组织中的沟通渠道，形成了网络技术辅助沟通局面。这些辅助技术手段有：网络协同工作平台、图文传真机、移动电话、视频会议以及电子邮件、语音信箱、微信等即时通讯措施。

网络辅助沟通从根本上改变了信息在即时输出和即时回收方面的能力。电脑普及前，信息靠人工处理。与机器相比，人是一种不靠谱的"工具"，信息在沟通过程中往往受个人看法、印象、偏见等影响，导致沟通信息的丢失或失真。

网络辅助沟通使得绝大多数信息不需要经过人工处理。员工之间的信息传递更便捷，打破了工作与非工作界限，推进组织管理模式出现创新，如：一些组织开始接受灵活安排上班时间的模式。

电脑代替人脑固然给我们带来了很多便利，但也使得沟通信息变成"纯信息"，丢失了沟通过程中的很多信息。从组织管理和控制的角度考虑，沟通便利淡化了组织内部的界线，弱化了组织的权力结构。同时，网络虚拟空间导致部分人患上了精神分裂症：在虚拟空间中失去了"社会人"应有的矜持和自我约束；语言文字出现了粗俗的"网络体"！国外学者研究也表明，通过网络辅助沟通，人们更难控制自己的情绪。

■　知识管理

知识管理被认为是一个特殊的沟通途径。知识管理是组织安排和分配集体知识与智慧的过程，这个过程确保正确的信息在正确的时间传递给正确的人。

组织的核心竞争力已经不仅仅取决于有形的资本或资产多少，而在于其拥有的智力资源以及对这些智力资源的有效应用。智力资源不同于有形的或者财务资本，不容易获取和掌控。

知识管理从确认组织最重要的知识开始，将具有重要价值的组织流程沉淀下来，充分利用信息技术，使组织中最需要信息的人能够很方便地得到其所要的信息。拥有良好知识管理系统的组织，将会极大地降低重复性工作，提高运行效率。

目前，众多组织已经认识到知识管理的重要性和迫切性。美国和欧洲80%以上的组织声称他们已经是知识管理型组织，或者正在考虑应用某种形式的知识管理系统。

知识管理的实施，必须有一个前提：组织的文化支持信息共享。如果组织缺乏共享知识的文化，掌握特殊知识的员工认为知识共享对其本人的职业和工作是一种威胁或削弱自己的竞争力时，就不愿意与别人共享其特有的资源和能力，知识管理也就无从谈起。

第三章 沟通的基本原则和技能

随着社会的发展和技术的进步，人们的沟通愿望和沟通需要也逐步上升。沟通范围越来越广，沟通内容越来越多。

在经济全球化程度日益加深、组织成员多样化的今天，沟通已经成为重要的管理措施。统计表明，管理者约有75％的工作时间用于沟通，高层经理更是高达80％。遗憾的是，约有70％的商务沟通是无效沟通。

要想达到良好的沟通效果，参与沟通的人必须遵循一定的原则，更需要掌握和熟练运用沟通技能。沟通原则用于保证我们正确地沟通，而沟通技能则是帮助我们提高沟通效率。

只有在管理实践中持续学习，加强自身修养，提高素质和能力，才能进行有效沟通、胜任管理职责，实现组织目标。

本章分别对沟通原则和沟通技能予以阐述。

□ 遵守基本原则，确保正确沟通

沟通的基本原则包括：真实性原则，准确性原则，完整性原则，及时性原则，策略性原则等。

■ 真实性原则

有效沟通要确保信息的真实性。如果沟通过程传递的信息缺乏真实性，即使沟通效率很高、沟通过程很完美，也是无效果且无意义的。组织的任何活动都需要消耗或占用一定的资源、付出一定的代价，包括人力资源、渠道资源和财务成本。缺乏真实性的无效沟通，实际上是在浪费组织的资源。

即便个人之间的人际沟通，缺乏真实性也是对个人的时间和机会成本的浪费，会给个人带来负面效应。

《春秋左氏传》"隐公五年"记述了宋国使者与鲁国沟通过程中，因为没讲真话而未能达到沟通目的。

> "宋人取邾田。邾人告于郑曰："请君释憾于宋，敝邑为道。"郑人以王师会之，伐宋，入其郭，以报东门之役。宋人使来告命。公闻其入郭也，将救之，问于使者曰："师何及？"对曰："未及国。"公怒，乃止。辞使者曰："君命寡人同恤社稷之难，今问诸使者，曰'师未及国'，非寡人之所敢知也。""

宋国人侵夺了邾国的田地，邾国就请求郑国帮忙。公元前718年，郑国与邾国一起打着周天子的旗号攻打宋国，已经到了国都近郊。宋国派使者赴鲁国求救。国都被围不是什么光彩事，宋国使者就没说实话。鲁隐公对此很生气：既然郑国军队还没有到宋国国都，那我们还有什么必要出兵相救呢？

唐朝诗人孟浩然，本想"以诗干禄"，却因用诗不当，被唐玄宗认为"信息不真实"，断送了做官希望。据五代王定保所撰《唐摭言》[34]"卷十一"所载：

> 襄阳诗人孟浩然，开元中颇为王右丞所知。句有"微云淡河汉，疏雨滴梧桐"者，右丞吟咏之，常击节不已。维待诏金銮殿，一旦，召之商较风雅，忽遇上幸维所，浩然错愕伏床下，维不敢

隐，因之奏闻。上欣然曰："朕素闻其人。"因得诏见。上曰："卿将得诗来耶？"浩然奏曰："臣偶不赍所业。"上即命吟。浩然奉诏，拜舞念诗曰："北阙休上书，南山归卧庐；不才明主弃，多病故人疏。"上闻之怃然，曰："朕未曾弃人，自是卿不求进，奈何反有此作！"因命放归南山。终身不仕。

孟浩然的朋友王维，创造机会让他见到了唐玄宗。玄宗让孟浩然吟诗。孟浩然慌不择言，顺口吟出："北阙休上书，南山归卧庐；不才明主弃，多病故人疏。"玄宗皇帝很不高兴地说："我并没有弃用人才，是你自己不求上进，却来作诗诬赖我。"

唐玄宗的话也不是全无依据。玄宗曾下令征召社会上未做官的"贤人"，宰相李林甫报告"野无遗贤"：人才都在朝廷。

我们且不去考证谁的信息真实，反正皇帝的话就是真理。孟浩然吟诗惹皇帝不高兴，不仅痛惜时机，还落得终身不仕。

真实性原则不适用于特殊意图的沟通，譬如：军事或政治对手之间的竞争，用诱导信息迷惑对方；敌对国家之间的谍报战，用虚假情报欺骗对方；商业对手之间的竞争，散布不实信息误导对方；不良商家用虚假广告欺骗消费者。

■ 准确性原则

有效沟通要确保信息的准确性。不准确的沟通信息，轻者造成人与人之间的误解，重则造成重大损失。

有一则民国传闻：1930年"中原大战"期间，冯玉祥要把一支军队调到河南南部"泌阳"县阻击蒋军，抄报员大意写成了"沁阳"县，冯的这支军队收到电报就开到了河南北部沁阳县。沁阳与泌阳南北相隔数百里！沟通中一个小错误，成为导致冯阎联军失败、蒋介石集团取胜的关键因素之一。

生活中因为信息不准确造成的失误比比皆是。国际上一家军火公司开发了一款新的反舰导弹，为了增强推销效果，就请客户见证海上打靶试验。使用客户提供的参数试射打靶。该客户提供的射程参数是150km，但其误用小数点（.）充当逗点（,），提供的射程信息成了150.000m，而导弹控制软件默认国际单位制。沟通过程中，这一信息没有被军火公司的技术人员解码，导弹控制软件接收的射程参数信息是150m。导弹发射后瞬间掉头向发射船飞来，差点船毁人亡！

20世纪90年代末，美国NASA发射了一颗火星观察卫星，但这颗卫星绕火星运行不久就掉入火星大气层烧毁了。调查结果揭示的错误原因很原始，高中生都应极力避免！卫星制造商采用英制单位制，而小动量变轨火箭制造商采用国际单位制；调控卫星轨道的NASA控制部门没有准确解读上述信息，想当然地认为卫星和火箭提供的数据都是国际单位制，每次调整卫星姿态时，计算出来小动量变轨火箭的冲量，都是实际需要的4.448倍（1英镑力=4.448牛顿），最终导致卫星坠毁。

要实现沟通的准确性，信息发送者首先要确保经其编码的信息是准确的；信息接收者有责任采取正确的解码技术，将信息准确地翻译出来；还必须对信息进行反馈和确认。

十二世纪初，蒙古族在大草原崛起的时候，还没有形成自己的文字。成吉思汗传达军令时，要求传令兵听完命令后再重复一遍，确认无误后才允许其出发。

■ 完整性原则

沟通的完整性原则包括三层含义：第一，沟通信息完整性；第二，沟通过程完整性；第三，沟通环节完整性。

信息完整性是指沟通过程中传递的信息内容要完整。张艺谋2014年推出的大片《归来》，故事的设局就是利用不完整的信息：男主人公陆焉识写给妻子冯婉喻的信中说"5号到家"，而没有写哪个月。部分失忆的冯婉喻就月复一月、年复一年地由丈夫陆焉识陪伴着到车站等待她心中"5号到家的丈夫"。

沟通过程完整性是指信息传递过程应是完整的。必须由适当主体发出，通过适当渠道，传送给适当接收者。要特别强调沟通反馈，如果缺乏反馈，就会出现"郢书燕说"情况。

沟通环节完整性，主要是指组织中的沟通要遵循固有的权力结构。通常情况下，上级管理者不能越级直接发布命令进行管理，下属也不能越过直接上级向更高层管理者汇报。否则，可能会使组织的管理系统混乱。依据组织结构设计的沟通环节受阻或被打乱，就会影响组织的正常运行。20世纪40年代末国共内战期间，国民党军队指挥官经常抱怨：老头子（蒋介石）又擅自把某支军队调走了。指挥系统的沟通环节混乱，也是国民党军队失败的原因之一。

明智且成功的领导者，一定会维持组织内部沟通环节的完整性，确保其权力体系结构的稳定性。大型组织不是由一个人指挥千军万马，而是依靠一套特定的机制来传递责任。

■ 及时性原则

沟通的及时性是指沟通过程及信息传递的时效性。信息及时传递，可以使组织最新的政策、计划目标、人员变更等尽快得到下级主管和员工的理解和支持，也使上级能及时掌握下属的思想、情感和态度，预防出现较大的波动。

组织的奖励措施也要及时兑现。不能及时传递的奖励信息，其激励作用将大大消减。问题的处理也要及时，否则，就会通过非正式渠道快速传播，负面影响随时间呈几何级数放大。管理者要及时了解情况，把矛盾化解在萌芽状态。《史记》"留侯世家"记载了刘邦及时与功臣沟通平息隐患的故事：

> 上在雒阳南宫，从复道望见诸将往往相与坐沙中语。上曰："此何语？"留侯曰："陛下不知乎？此谋反耳。"上曰："天下属安定，何故反乎？"留侯曰："陛下起布衣，以此属取天下，今陛下为天子，而所封皆萧、曹故人所亲爱，而所诛者皆生平所仇怨。今军吏计

功，以天下不足遍封，此属畏陛下不能尽封，恐又见疑平生过失及
诛，故即相聚谋反耳。"上乃忧曰："为之奈何？"留侯曰："上平生所
憎，群臣所共知，谁最甚者？"上曰："雍齿与我故，数尝窘辱我。我
欲杀之，为其功多，故不忍。"留侯曰："今急先封雍齿以示群臣，群
臣见雍齿封，则人人自坚矣。"於是上乃置酒，封雍齿为什方侯，而
急趣丞相、御史定功行封。群臣罢酒，皆喜曰："雍齿尚为侯，我属
无患矣。"

跟刘邦有过节的雍齿得到封赏之后，其他人心里都踏实了，一场酝酿中
的风暴化解于无形。

■ 策略性原则

为了达成良好的沟通效果，要善于运用沟通策略。

孔子的学生子贡就深谙沟通策略。《论语》"述而"篇记载了子贡与孔子
之间一段很策略性的沟通。

冉有曰："夫子为卫君乎？"子贡曰："诺；吾将问之。"入，
曰："伯夷、叔齐何人也？"曰："古之贤人也。"曰："怨乎？"曰：
"求仁而得仁，又何怨。"出，曰："夫子不为也。"

这段沟通的背景是卫灵公的太子姬蒯聩得罪了后妈南子，流亡在外；卫
灵公去世后，本该由蒯聩回来继位，蒯聩的儿子姬辄却在南子的支持下抢了
君位。这位南子夫人，就是《论语》"雍也"篇"子见南子，子路不说。夫子
矢之曰：'予所否者，天厌之！天厌之！'"的那位美夫人。

冉有想知道孔子对此事的看法，又不好直接去问，只好由子贡去问。子
贡并没有直接问此事，而是问伯夷和叔齐是什么样的人。两兄弟是商朝末年
孤竹国国君的儿子，互相推让国君继承权，都跑到国外去了。孔子说，那是

古代的贤人。子贡继续问：他们后来怨悔吗？孔子回答：他们求仁而得仁，又有什么可怨悔呢？子贡告诉冉有，夫子不赞成姬辄与父亲争位。

唐代诗人中，不乏借诗寓事，进行策略性沟通之高手。第一章提到的张籍，就曾用乐府诗《节妇吟·寄东平李司空师道》[21]与节度使李师道沟通，以轻松诙谐的诗句谈论政治话题。

君知妾有夫，赠妾双明珠。感君缠绵意，系在红罗襦。妾家高楼连苑起，良人执戟明光里。知君用心如日月，事夫誓拟同生死。还君明珠双泪垂，何不相逢未嫁时。

"安史之乱"后，地方军事集团形成藩镇割据局面。部分藩镇节度使相当嚣张，甚至派人到京城长安，刺杀主张打击藩镇的官员。唐宪宗元和十年六月三日，宰相武元衡在上朝的路上被刺身亡，御史中丞裴度被刺重伤。

节度使们为了笼络人才，装点门面，还极力拉拢在中央政府任职的官员和社会名人，部分官场失意的人就倒向了藩镇。

张籍主张维护朝廷统一，反对藩镇割据，不为藩镇的引诱所动。此诗用比兴手法：表面上，是一位有夫之妇经过激烈的思想斗争，拒绝第三者插足；实质上，是诗人借男女爱情委婉地表明自己的政治态度。张籍极具政治智慧，选择了这种轻松幽默的方法，拒绝了李师道，既坚持了自己的政治立场，又不会造成对方的尴尬，招来杀身之祸。

实际生活中，我们面对不同的沟通对象或不同的情形，应该采取不同的沟通策略，才能达到良好沟通之目的。

□ 培养多种能力，提升沟通效率

在经济全球化、劳动者知识化和生产组织信息化的新一轮工业革命浪潮中，组织和团队不得不面对日益复杂和不确定的外部环境。越来越多的管理要素及越来越复杂的非线性关联，增加管理者的认知难度，降低预测未来的可能性，考验着管理者的能力。实施有效管理遇到了前所未有的新挑战。

代表组织实施大规模的沟通活动，首先需要具备一定的组织管理能力，包括：团队管理，决策管理，谈判管理，冲突管理，公关管理；还必须具有对情景的认知能力，包括：对客观情景的认知，自我认知，时机的认知和把握，政治文化的认知。管理者必须撰写各种报告，通过报告将特定的信息有效地传递给阅读者，因此还必须具备一定的写作能力。

■ 管理能力，领导沟通团队

☆ 团队管理

实施大规模的沟通活动，需要构建一个团队并对其进行管理。目前，团队已经成为大多数组织内部工作开展的主要方式。统计表明，《财富》500强企业中，约有80%的企业内部，超过一半的员工以团队方式组织工作[35]。因此，团队管理能力成为一项重要的管理技能。团队管理通常涉及两方面内容：

一是任务管理。包括：建立目标，制订计划，定义角色，考核绩效等。

二是过程管理。包括：加强沟通，实施激励，进行领导，过程控制等。

关于团队管理的详细论述见第一篇：《"师克在和"与团队管理》。我们这里不再赘述。

☆ 决策管理

在组织沟通过程中，管理者会面临很多问题，需要实施有效决策。关于决策，德鲁克在其《管理的实践》（*The Practice of Management*）[36] 一书中提出：管理就是决策的过程。管理者无论做什么，都需要通过决策来完成。决策可能是例行工作，也可能影响组织的未来。

影响决策的主要因素有：相关信息，时间限制，信任程度，人员素质等。良好决策需要有效管理。

☆ 谈判管理

谈判是一种特殊的沟通形式。管理工作中很多领域都离不开谈判。以下做法有助于谈判成功：

　　◇　分析己方面临形势。如果可能，还要分析谈判对手面临的形势。尽可能多掌握信息，做到"知己知彼"。

　　◇　区分己方的底线和期望，也要分析对方的底线和期望。尽量使结果趋向己方期望，而不要触及对方底线。

　　◇　认真地倾听，清晰地表达。确保充分掌握并理解对方传递的信息，也尽量使对方了解己方传递的信息。

　　◇　更多地关注利益和问题，而不是所持的立场。谈判时要解决问题、实现各自的利益的，而不是互相阐述立场。

　　◇　多索取，少承诺。"漫天要价，就地还钱"。但是，要把握度。否则，对方拒绝继续谈判，就什么也得不到！

　　◇　为了确保己方最关注方面的利益，需要在次要方面做出让步。要让对方觉得你是在拿有价值的东西交换。

谈判一定要保证"双赢"，双方都感觉达到了自己的目的。不要让对方觉得被占便宜，那样你可能会失去一个合作伙伴。

☆　**冲突管理**

冲突是指人们由于观念和利益的差异而产生的对立状态。

沟通过程中，沟通双方或多方由于观念和利益的差异以及沟通者个人认知、价值观、方法、目标等方面的差异，难以避免会产生抵触情绪和对立状态，严重情况下就会发生冲突。

处理冲突的能力是管理者沟通水平高低的重要表现。调查表明，中高层管理者平均有20%左右的时间用于处理冲突问题。要正确对待沟通中的冲突并妥善地解决，防止破坏性影响。

☆　**公关管理**

现代社会中，媒体已经成为个人（政治人物）日常生活和各类组织经营活动中不可缺少或无法摆脱的一个组成部分。在日常生活中，注意与媒体保持良好的关系，树立积极与公众合作的形象，至少要避免出现消极的评价。

在与媒体沟通的过程中，无论是个人或是组织，道德比利益更重要！诚实比善辩更能取信于人！只有保持一个诚实的正面道德形象，才能取信于人，确保更长远、更持久的利益。

第一，要在日常生活中做好充分准备，与媒体保持良好的关系，不能等到发生危机时才想到媒体。

第二，要善于沟通和倾听，能够灵活应对各种复杂情况，在外界压力下能保持冷静。

第三，要诚实并富有同情心，善于运用非语言技能与人交流，要尊重公众的真实感受。

■ 认知能力，把握沟通情景

人类有一种区别于其他动物的深层认知能力，对于特定的情境会给出不同的解释。面对同一种情景，不同人会依据自己以往的经验、自我想象力产生不同的认知；同一个人在不同时间面对同一种情景，也会因此时此地的心境而产生不同认知。

深层认知能力是一种很重要的沟通技能，能够帮助人们辨别沟通情境，防止错误判断或不当反应。

情景认知包括：对客观情景的认知，自我认知，对时机的认知与把握，对政治文化的认知。

☆ 对客观情景的认知

沟通中，要准确判断与对方的关系现状，选择合适的相互联系状态。这种状态通常是一个由浅入深逐渐接近的过程。

◇ 初始阶段。以前从没有接触过，也不理解对方的情况。

◇ 注意阶段。一方或双方感觉到对方的吸引力（个人或商业活动），开始注意对方，并向对方传递信息。

◇ 接触阶段。如果一方或双方顺利接收到对方传递的信息并引起共鸣，双方就会开始直接对话，接触就发生了。

◇ 深入阶段。随着沟通的进一步深入，双方的感情开始加深，各种交往就会顺理成章地发生。

沟通过程中，情景认知不准确、分寸把握不好，就会导致出现尴尬。正如《论语》"里仁"篇所述："子游曰：'事君数，斯辱矣；朋友数，斯疏矣。'"侍奉君主过于烦琐，就会招致羞辱；对待朋友过于烦琐，就会被疏远。

我们在讲"网状沟通"时引述的陈国大臣洩冶，就是没有准确认知国君陈灵公和大臣孔宁、仪行父都是无耻之徒这个客观情景：不仅三人与同一女人通奸，还在朝堂上公然宣淫。洩冶不能把握分寸，强行劝谏，招致杀身之祸。

《春秋左氏传》"成公十七年"记述了发生在齐国的一个类似故事。齐国的大臣鲍牵，不能准确认知情景、把握处事分寸，胡乱干涉国君家庭的私生活，招来灾祸，导致双脚被砍掉。

> 齐庆克通于声孟子，与妇人蒙衣乘辇而入于闳。鲍牵见之，以告国武子。武子召庆克而谓之。庆克久不出，而告夫人曰："国子谪我。"夫人怒。国子相灵公以会，高、鲍处守。及还，将至，闭门而索客。孟子诉之曰："高、鲍将不纳君，而立公子角，国子知之。"秋七月壬寅，刖鲍牵而逐高无咎……仲尼曰："鲍庄子之知不如葵，葵犹能卫其足。"

后来孔子以讥讽的口气评价这件事说："鲍庄子的智慧还不如葵菜呢，葵菜犹能保住自己的脚。"葵菜类似于苋菜，一般情况下只掐掉上部食用，而让根部继续发芽生长。

☆ **自我认知**

自我认知能力强的人，在社会生活中比较注意自己的言行举止，并努力让自己的行为与实际情境相适应。这种人通常会成为具有良好沟通能力的人，因为他们不仅能够清楚地认知自己的行为以及这种行为可能会对他人带来的影响，而且能够准确地理解他人的情绪和一些社会性行为。

自我认知能力差的人往往放任自己的行为，也不在乎这种行为对他人的影响。生活中这种情况并不少见，聚会中如果你仔细留意就会发现有人总是意图主导谈话，根本没有意识到自己说话的声音。这种人最易招致大家的厌烦。

《韩诗外传》"卷六"记载了三个历史人物案例，可资管理者对比借鉴。第一个案例是春秋五霸之一的楚庄王。

> 昔者楚庄王谋事而当，居有忧色。申公巫臣问曰："王何为有忧也？"庄王曰："吾闻诸侯之德，能自取师者王，能自取友者霸，而与居不若其身者亡。以寡人之不肖也，诸大夫之论莫有及于寡人，是以忧也。"庄王之德宜君人，威服诸侯，日犹恐惧，思索贤佐，此其先生者也。

楚庄王有清醒的自我认知，能够任用贤人，成就霸业。

第二个案例是能够从失败中汲取教训的宋昭公。

> 昔者宋昭公出亡，谓其御曰："吾知所以亡矣。"御者曰："何哉？"昭公曰："吾被服而立，侍御者数十人，无不曰：吾君丽者也。吾发言动事，朝臣数百人，无不曰：吾君圣者也。吾外内不见吾过失，是以亡也。"于是改操易行，安义行道，不出二年而美闻于宋，宋人迎而复之，谥为昭。

宋昭公被一帮佞人包围，听到的都是溢美之词，没有清醒的自我认知。

直到被迫逃亡，才幡然悔悟，改操易行。最终又被宋国人民接纳，返国继续做国君。

第三个案例是至死不悟的虢君。

> 昔郭君出郭，谓其御者曰："吾渴欲饮。"御者进清酒。曰："吾饥欲食。"御者进干脯梁糗。曰："何备也！"御者曰："臣储之。"曰："奚储之？"御者曰："为君之出亡而道饥渴也。"曰："子知吾且亡乎？"御者曰："然。"曰："何不以谏也？"御者曰："君喜道谀而恶至言。臣欲进谏，恐先郭亡，是以不谏也。"郭君作色而怒曰："吾所以亡者，诚何哉？"御转其辞曰："君之所以亡者，太贤。"曰："夫贤者所以不为存而亡者，何也？"御曰："天下无贤而独贤，是以亡也。"郭君喜，伏轼而笑，曰："嗟乎！失贤人如此苦乎？"于是身倦力解，枕御膝而卧，御自易以槁，疏行而去。身死中野，为虎狼所食。

这里的郭君，就是被晋国"假途灭虢"灭掉的虢国国君。故事中，御者是个非常忠诚的人，主人流亡，提前做好准备并跟着一起流亡，途中还不忘劝谏。然而，虢君仍然没有对情景、对自我的正确认知，还要迁怒于人。御者终于对其主人有了更准确的认知，无可奈何，只好脚底抹油、跑路走人。四体不勤、五谷不分的虢君只好在野地里被虎狼吃掉。

无数事实证明，人们对自我的认知，往往比对客观情景的认知更难。如果能够准确认知客观情景（包括他人），又能够做到自我认知，那就不仅仅能够做好有效沟通，而且能够成为智者了。正如《道德经》所讲："知人者智，自知者明。"

☆ **对时机的认知和把握**

相同的言语在不同的场景、时机，具有完全不同的效果。

《论语》"季氏"篇记述了孔子对沟通时机的总结：

> 孔子曰："侍于君子有三愆：言未及之而言谓之躁，言及之而不言谓之隐，未见颜色而言谓之瞽。"

陪领导说话易犯三种过失：没轮到就先说，叫急躁；该说不说，叫隐瞒；不看对方脸色便贸然开口，叫没眼色。

《战国策》[37] "宋卫策"讲了一个"卫人迎新妇"的故事，就是一个典型的沟通时机把握不对的案例：

> 卫人迎新妇，妇上车，问："骖马，谁马也?"御曰："借之。"新妇谓仆曰："拊骖，无笞服。"车至门，扶，教送母曰："灭灶，将失火。"入室见臼，曰："徙之牖下，妨往来者。"主人笑之。此三言者，皆要言也，然而不免为笑者，蚤晚之时失也。

卫国新媳妇出嫁过程中安排了三件事，招来了人们的嘲笑。第一件，告诉仆人，赶车时抽打借别人家的两匹骖马，不要打自家的两匹服马。第二件，车到婆家门口时，告诫送她的保姆说：回去把灶火灭了，不然会失火。第三件，到婆家屋里，看见房里摆着一个石臼，让人移到窗户下，以免妨碍人来往。

新妇说的三件事，都是很重要的事情，然而免不了被别人笑话，是因为这些话不是处于成亲过程中的新媳妇应该说的。说话的早晚时机把握不对。

沟通过程中对时机的把握是一种能力，更是一种艺术。生活中，我们是否有过"卫人新妇"的尴尬情况？如果有，那就要好好琢磨"夫子时然后言，人不厌其言"的真谛了！

☆ **对政治与文化的认知**

在经济全球化程度日益加深的今天，很多企业的经营活动已置身于国际大环境中。多功能、多技能、跨部门、跨组织的团队工作模式迅速在全球传播。组织和团队成员以及沟通中涉及的其他人员，往往拥有不同的文化背景和行为规范。管理者必须加强自身修养、提高认知能力、尽可能正确地认知政治环境及文化差异，把握沟通方向，实现组织目标。

沟通过程中的政治问题是无法避免的，管理者应尽可能正确地认知政治环境。充分理解并巧妙地运用政治因素，有助于达成沟通目的，实现组织利益。如果忽略或触碰敏感的政治问题，必将会使沟通陷入困境，最终损害组织的利益。

沟通过程中，不可避免地面临文化的多样性，跨文化沟通成为日益流行的沟通方式，然而不同文化的领导模式差异甚大：英国通常将明确的规则隐藏于模糊的文字中；德国管理者会让团队成员发表见解，但仍然保持对决策的控制；美国人习惯于直言不讳；日本人通常在决策前就通过艰巨的工作达成一致。文化差异可能给沟通带来冲突和压力。跨文化沟通只能是适应、妥协与融合。能够认知、理解并利用文化差异，沟通过程中就更有可能互相信任、达成共识。

■ 写作能力，驾驭书面沟通

管理者很多情况下需要通过书面形式与他人进行沟通：撰写向上级主管汇报的书面报告；撰写申请项目、资源的书面申请书；撰写总结报告及成果汇报；撰写不同场合的讲话稿。写作能力对于有效沟通的重要性就更加彰显。

☆ 掌握写作规律

书面语言的写作表达，应当遵循人类社会形成的共同的表达技巧和规律。从主题、结构、材料、语言、修辞等角度来精心选择沟通内容和沟通形式。针对沟通对象和目的选择材料，做到言之有物；主题要鲜明、突出，做到言之有理；厘清思路，形成合乎逻辑的表达结构，做到言之有序；语言表达要准确、简明，做到言简意赅；修辞要达意、文雅，给人以语言的美感享受。用书面语言沟通思想、传递信息，不仅要准确无误、明白晓畅，还应力求生动形象、妥切鲜明，给人以深刻印象。

有意愿进一步提高写作水平的读者，建议精读《文心雕龙》。该书综罗我国历史上各种文体并进行深入剖析，阐释了写作的基本原则，提出了许多真知灼见，对后世写作影响深远。

关于文章与政治的关系，刘勰在"徵圣"篇中提出"政化贵文""事迹贵文""修身贵文"，特别强调作品的社会功能。

关于写作内容与形式的关系，刘勰认为内容决定形式，形式服从内容，要做到二者的有机统一，并在"情采"篇中用比喻的手法来阐述其观点：

> 夫水性虚而沦漪结，木体实而花萼振，文附质也。虎豹无文，则鞟同犬羊；犀兕有皮，而色资丹漆，质待文也。

如何写好一篇文章？刘勰认为，立文之本源，意境为先，修辞其次。他在"情采"篇提出：

> 铅黛所以饰容，而盼倩生于淑姿；文采所以饰言，而辩丽本于情性。故情者文之经，辞者理之纬；经正而后纬成，理定而后辞畅：此立文之本源也。

刘勰还特别重视写作规律和技巧，总结了大量谋篇布局、遣词造句方面的规律，从不同角度论述文章主题思想与行文修辞的关系。他在"总术"篇中提出，写文章就如同下围棋：

> 是以执术驭篇，似善弈之穷数；弃术任心，如博塞之邀遇……若夫善弈之文，则术有恒数，按部整伍，以待情会，因时顺机，动不失正。数逢其极，机入其巧，则义味腾跃而生，辞气丛杂而至。视之则锦绘，听之则丝簧，味之则甘腴，佩之则芬芳，断章之功，于斯盛矣。

刘勰总结的写作规律，今天仍然值得我们学习。

☆　**熟练各类公文**

管理者以沟通为目的之写作，体裁以各类组织内部的公文为主。这里所指的公文，是指组织内部各类文字性材料，包括工作报告、申请书、讲话稿等，属于应用文范畴。其写作内容不是为了孤芳自赏，而是为了方便阅读者理解。

为了写好各类公文，应注意培养以下几方面综合素质：

◇　第一，政策理论水平。管理活动应符合国家政策和组织规章制度。管理者应具备较高的政策理论水平，对组织的愿景、战略、规章制度能够准确理解和解读。

◇　第二，专业基础知识。首先，要熟悉所在组织从事的主要业务知识。其次，要掌握和写作相关的基础知识。

◇　第三，综合思维能力。要有一定的宽度，视野要开阔；要有一定的深度，见解要独到；要有一定的广度，考虑要周全；要足够的缜密，事理合逻辑。

◇　第四，语言表达能力。既包括书面表达的能力，也包括口头表达的能力。

不同种类的公文写作要求不同。书面报告的写作，做到内容完备、条理清晰、重点突出、语言顺畅即可。难度较大的是各类讲话稿的写作，要根据具体情境而定。首先要搞清楚：讲给谁？讲什么？怎么讲？然后才能确定讲话稿风格：是抒情散文？是激动人心的动员讲话？还是稳妥的报告？

一位优秀作者，可以用文字创造出生动的故事场景，使读者沉浸于故事情节中。同样，沟通者也可以用生动的文字将自己要表达的内容传递给信息接收者。

☆ **精通演示文稿**

现代商务及学术沟通中，微软公司开发的幻灯片演示文稿程序（Power-Point—PPT）已经成为最常用的工具。

如何准备一个好的PPT，以期达到在有限的时间内使听众接受更多信息之目的？这里提供一些参考建议。

第一步，研究沟通对象。首先，要研究听众的职业背景和知识背景，他们希望了解什么？在你准备介绍的领域，他们已经具有哪些知识？其次，要研究听众的国家背景和文化背景，他们的母语是什么？语言习惯是什么？要针对多数听众的水平和习惯准备PPT的内容和表达方式。

第二步，精心组织PPT。通常安排四个部分：

◇ 第一部分，开场白。要抓住听众的兴趣。

◇ 第二部分，演示文稿简要介绍。要言简意赅，为主体内容埋下伏笔。

◇ 第三部分，主体内容。顺序安排要符合事物内在规律和发展逻辑；根据内容选择表达方式，善于利用图片、图表、动画等生动有趣的表达形式。

◇ 第四部分，总结。概括演示文稿主要内容；可以在此给听众留出想象空间，提出拓展性问题，留下悬念，以供进一步沟通和交流。

第三步，要多演练。首先，熟悉每一张幻灯片的内容，记下全部内容。然后，凝练要点。最终的演示文稿，每张幻灯片只列出要点，通常不要超过五点。不要用文字充满幻灯片，不仅演讲者念起来费劲，也容易分散听众的注意力。通过反复演练，要做到：看到要点，就能熟练介绍你准备的主要内容。

第四步，预设情景并准备应对方案。尽可能考虑演讲过程中可能遇到的情景，并准备应对方案。要对自己的演讲及其内容有充分的自信，只有自信才能使他人相信。

事物总是一分为二的。一个好的PPT，一方面，要点精炼，重点突出，可以增强沟通效果；另一方面，可能由于过度简化而导致关键细节丢失。在某些特殊沟通中，细节将起关键性作用。具体分析见下一章"哥伦比亚号"航天飞机失事案例。

□ 掌握主要技能，增强沟通效果

很多关于沟通的书籍讲"技巧"。然而，技巧只是"术"，仅靠技巧难以实现良好沟通。我们要学习的是沟通的"道"——能力或"技能"。通过学习，应该使这种能力融入个人特质，成为人格魅力的有机组成部分，形成管理能力的"大道"。

如何衡量沟通的技能？卡耐基曾经说过："沟通的最高境界是，说要说到别人很愿意听，听要听到别人很愿意说！"

沟通所需技能主要涉及人际关系技能。有些是学习型技能，可以通过不断学习和持续实践而获得。有些则与个人的性格和悟性有关，需要人们从更深层次思考、理解和感悟。

■ 以诚相待，建立沟通基础

中国移动有一句经典的广告语："沟通从心开始"。

良好的人际沟通是彼此之间感情和心灵的交流。只有从内心深处愿意交流，才会实现良好沟通。只有合作双方愿意共事，才会有达成共识、开展合作的基础，才能实现合作双赢。

人际沟通首先强调以诚待人。只有以诚相待，才能建立信任，形成长期友好的人际关系。沟通应是双赢的，不能怀着"零和"目的，更不能以"谲诈"的心态与人交往！

取信于民，是古代统治者建立起统治秩序的基石。我国传统文化特别重视诚信，认为"信"比生死之事还要大。《论语》"子贡问政"篇记载孔子提出"自古皆有死，民无信不立。"联想到当今社会的现状：因为诚信的缺失，个人生活、社会交往、经济运行、国家治理付出了太多的代价！两千五百年前的哲人智语仍然适合今天的社会。

孔子认为自己不是"生而知之者"，他的智慧是对历史经验的总结和思考。《春秋左氏传》"庄公八年"记载，齐僖公因为"无信"惹来杀身之祸。

> 齐侯使连称、管至父戍葵丘，瓜时而往，曰："及瓜而代。"期戍，公问不至。请代，弗许。故谋作乱。

齐僖公派遣连称、管至父两人带军队到葵丘去戍守，去的时候正值新瓜刚熟，就顺口说："到明年瓜熟的时候派人代替你们。"约定的戍守期满了，齐僖公却不守信用。连称、管至父就联合觊觎国君宝座的公孙无知，杀了齐僖公。

"诚信"在我国古代价值体系中占有特别重要的位置。以诚信为基础的社会中，一旦沟通中欺骗行为暴露，长远的损失远大于一次欺骗所得。现实生活中，你如果发现有人故意欺骗自己，从此失去对此人的信任。

■ 换位思考，以同心持同理

换位思考是指以对方的观点和视野来考虑问题，认同对方的问题和处境，理解对方的想法和感受。

《列子》[38]"说符"篇有一则人与狗换位思考的滑稽故事：

> 杨朱之弟曰布，衣素衣而出。天雨，解素衣，衣缁衣而反。其狗不知，迎而吠之。杨布怒，将扑之。杨朱曰："子无扑矣！子亦犹是也。向者使汝狗白而往，黑而来，岂能无怪哉！"

如果不能换位思考，就会在心理上事先假定别人都像自己一样思考、顺着自己的逻辑行事，将会在沟通中遇到麻烦，进而影响组织的利益。孔子提倡"己所不欲，勿施于人"。刘向在《说苑》[39]"奉使"篇讲了一则邦国交往换位思考的严肃故事：

> 越使诸发执一枝梅遗梁王。梁王之臣曰韩子，顾谓左右曰："恶有以一枝梅乃遗列国之君者乎？请为二三子惭之。"出谓诸发曰："大王有命，客冠，则以礼见；不冠，则否。"诸发曰："彼越亦天子之封也。不得冀、兖之州，乃处海垂之际，屏外蕃以为居。而蛟龙又与我争焉，是以剪发文身，烂然成章，以像龙子者，将避水神也。今大国其命，冠则见以礼，不冠则否。假令大国之使，时过弊邑，弊邑之君，亦有命矣，曰：'客必剪发文身，然后见之。'于大国何如？意而安之，愿假冠以见；意如不安，愿无变国俗。"梁王闻之，披衣出以见诸发。令逐韩子。诗云："维君子使，媚于天子。"若此之谓也。

梁国的韩子要求越国使者诸发穿戴中原衣冠去见梁王，诸发就请他换位思考：梁国使者出使越国，是否要"断发文身"？

梁国韩子的霸道作风，几千年后被白皮肤的徒子徒孙们继承。当今国际社会，少数国家依仗其军事霸权，将其本国价值观强行在国际社会推广；如不接受，就被冠以"专制""独裁""无赖国家""邪恶轴心"的恶名，直至诉诸武力，大有一千年前"十字军东征"之势！这些文化积淀浅薄的国家，从来不知道或不屑于换位思考。设若有一天，极端势力也要到美洲、欧洲强行推销他们的文化和价值观，这些国家又情何以堪？

同理心是人际交往的基础，也是进行有效沟通的基石。具有良好沟通能力的人总是考虑对方的观点和立场，能够感同身受。具备同理心就容易获得他人的信任，这种信任是对人格、价值观、态度的信任。有了这种信任，即使遇到了问题也会努力寻求解决办法，使得双方的合作顺利成功。

关于同理心，《吕氏春秋》"慎大览·报更"篇有如下论述：

> 故善说者，陈其势，立其方，见人之急也，若自在危厄之中，岂用强力哉？强力则鄙矣！

善于沟通的人，陈述清楚形势，树立观点，见到别人有急难，就像自己处于危险困厄之中，哪用得着一味强力灌输呢？强力灌输就很不高明了！

现代社会中有些官员，对上卑躬曲膝、阿谀奉承；对下颐指气使、呼来喝去；凭借自己手中掌握的那点权力，心中算计的唯有一己之私利。什么换位思考，什么同理同心，根本不在他们的考虑范围。这样的人，已经不是沟通方法和技能问题，而是个人修养和品德出了问题。

■ 积极倾听，辅以有效设问

沟通之目的是为了达成双方都能接受的共识。为了达成共识，需要充分了解对方立场，倾听就是一个很好的途径。

语言表达的是心理思维的结果。在心理思维和语言之间，存在必然的联系和规律。掌握语言规律，就可以从倾听中了解很多信息。西汉杨雄在其《法言》"问神"卷提出：

> 言，心声也；书，心画也。声画形，君子小人见矣！声画者，君子小人之所以动情乎！

《周易》"系辞下传"阐述了语言与心理活动联系之规律，可资借鉴：

> 将叛者其辞惭，中心疑者其辞枝，吉人之辞寡，躁人之辞多，诬善之人其辞游，失其守者其辞屈。

将要背叛的人，其言辞必然惭愧不安；内心疑惑的人，其言辞一定散乱没有主题；吉善的人，其言辞少而得当；焦躁的人，其言辞多而繁杂；诬陷善良者的人，其言辞必然游移虚漫；疏失职守的人，其言辞必然亏屈不明。

鲁襄公二十七年（公元前546），晋国上卿赵武（就是"赵氏孤儿"故事中的那位孤儿）从宋国回晋国途经郑国，郑国国君在垂陇用"享礼"招待他。过程中，赵武积极倾听郑国七位大夫所唱《诗经》，了解其品德修养信息。

> 郑伯享赵孟于垂陇，子展、伯有、子西、子产、子大叔、二子石从。赵孟曰："七子从君，以宠武也。请皆赋，以卒君贶，武亦以观七子之志。"子展赋草虫。赵孟曰："善哉，民之主也！抑武也，不足以当之。"伯有赋鹑之奔奔。赵孟曰："床笫之言不逾阈，况在野乎？非使人之所得闻也。"子西赋黍苗之四章。赵孟曰："寡君在，武何能焉？"子产赋隰桑。赵孟曰："武请受其卒章。"子大叔赋野有蔓草，赵孟曰："吾子之惠也。"印段赋蟋蟀。赵孟曰："善哉，保家之主也！吾有望矣。"公孙段赋桑扈。赵孟曰："'匪交匪敖'，福将焉往？若保是言也，欲辞福禄，得乎？"

沟通过程中，有效倾听要注意以下细节：

◇ 表示自己对交谈很感兴趣，切忌表现冷淡或不耐烦。

◇ 要有耐心，不要打断别人的谈话。

◇ 要注意控制自己的情绪。沟通过程中不要争论。

◇ 适时提出问题，以示自己充分聆听并希望继续了解。

◇ 尽可能排除干扰。不要一边听人讲话，一边干别的事情。

◇ 站在对方立场上考虑问题，表现出认可与同情。

有效设问，是按照自己的意图引导对方陈述立场和观点。不仅能够了解对方的立场，还能够接收更丰富的信息内涵。《论语》"子罕"篇记述孔子的观点，给了我们最好解释：

> 子曰："吾有知乎哉？无知也。有鄙夫问于我，空空如也。我叩
> 其两端而竭焉。"

有位干粗活的人向孔子请教，孔子对其事也不懂。但根据对方的问题，从正反两方面追问原委，然后把道理告诉对方。

现代法官审理案子的过程有点符合孔夫子讲的道理：让原告和被告各自陈述，法官从两边的辩论中求取事实的真相。

我国先秦典籍中，对于沟通过程研究最深的当属《鬼谷子》[40]。其中"反应术"篇提出了如何倾听以察言辩词，并在合适的时机设问，洞悉对方的意图。

> 人言者，动也；己默者，静也。因其言，听其辞。言有不合
> 者，反而求之，其应必出。

发言方处于动的状态，倾听方处于静的状态。根据对方所说，了解其表达的意思。如果对方所说的话有不合理的地方，就可以反过来探求，对方必然会有应对之辞。

■ 研究对象，采取针对措施

沟通是一门情景艺术。沟通效果不仅取决于沟通者本人的能力和水平，还需要了解沟通对象并把握沟通情景。

沟通是一种感知。人们只能感知到自己能够感知的事物，比如：人类的听觉范围大约在 20～2000 Hz 之间。这个范围之外的声波客观上存在，但人类（特异功能者除外）无法感知。早在 2000 多年前，苏格拉底就提出：人们只能用接收者的语言或术语与之沟通。信息发送者在组织信息时，首先要考虑的

就是沟通对象是否能够感知并接受。

我国古代先哲们很重视研究沟通对象，并针对不同的沟通对象实施不同的沟通对策。春秋战国时期，诸侯国的"行人"主要职责就是处理邦国之间的沟通，维护本国的利益。行人要详细了解沟通对象国的具体情况以及大臣们的地位、经历、能力、学问、嗜好、性格。郑国行人公孙挥（子羽）就是其中的佼佼者，我们在第一篇"子产的执政团队"中对其已作介绍。

《鬼谷子》对沟通对象进行了系统研究和概括，提出：

> 故与智者言，依于博；与博者言，依于辨；与辨者言，依于要；与贵者言，依于势；与富者言，依于高豪；与贫者言，依于利；与贱者言，依于谦；与勇者言，依于敢；与愚者言，依于锐。此其术也，而人常反之。

与智者交谈，就要凭借见闻广博；与渊博者交谈，要凭借逻辑思辨；与善辩者交谈，要凭借简明扼要；与地位尊崇者交谈，要有高屋建瓴之势；与富者交谈，要展现高雅潇洒；与穷者交谈，要示之以利；与地位卑贱者交谈，要态度谦恭；与勇者交谈，要更加坚决果断；与愚钝者交谈，要以锐意进取为原则。这些都是与人谈话的原则，不少人却常常背道而驰。

☆ **人际沟通对象的选择**

沟通对象的选择以沟通目的为依据。比如，家长要为孩子联系学校，沟通对象一定是负责学校招生的人员，或者是学校领导。这个时候联系科目教师没有多大帮助。但如果孩子某一学科成绩不理想，希望了解原因并找出针对性办法，最佳的沟通对象一定是该科目的任课教师。

朋友聚会，沟通对象一定是谈得来的朋友。表达高兴或伤感情绪，沟通对象一定选择知心朋友。如果选择一般同事作为沟通对象，交浅言深，有可能被认为"幼稚"或"神经"。

沟通对象选择不当，或对沟通对象不了解，很难达到沟通目的。高明如子贡，其沟通艺术也"有时而穷"。《吕氏春秋》"孝行览·必己"篇记载了子贡与乡村野人沟通失败的故事：

> 孔子行道而息，马逸，食人之稼，野人取其马。子贡请往说之，毕辞，野人不听。有鄙人始事孔子者曰："请往说之。"因谓野人曰："子耕于东海至于西海，吾马何得不食子之禾？"其野人大说，相谓曰："说亦皆如此之辩也，独如向之人？"解马而与之。

孔子的马脱缰，吃了当地人的庄稼，被人牵走了。子贡去索要，人家没还。一个乡下弟子说："我去试试看。"就对当地人说："你耕种的地方从东海到西海，我的马怎么能不吃你的庄稼呢？"当地人听了很高兴，就把马还了。

子贡到底说了什么，我们无从得知。子贡虽然深谙沟通艺术，但他所熟悉的沟通语言，只适用于上层社会，无法和乡下"野人"有效沟通。

☆　**组织沟通的对象选择**

组织的工作沟通，主要是组织内部沟通和组织外部沟通。内部沟通以协同工作为目的，外部沟通以协调关系为目的。内部沟通对象包括：同事，部门领导，其他部门，上级主管领导等。外部沟通对象通常包括：利益相关方（包括合作伙伴与客户），政府主管部门，行业协会，学术组织，媒体，公众等。

外部沟通需要重视与特殊利益相关方的沟通。这种沟通往往涉及特殊的利益或事务，需要深入研究，认真准备，谨慎从事。外部沟通还要特别重视与媒体的沟通。当组织面临突发性危机事件时，不可避免地会成为媒体追逐的目标，媒体的介入无形中会放大危机的程度。这就需要与媒体保持良好的沟通关系，一旦危机发生，使媒体正确引导社会公众及时了解组织对危机的态度、决策和处理措施，消除社会公众对组织的不利心理反应，恢复对组织的信心。

组织沟通中，沟通对象选择不当，将极大影响沟通效果，甚至导致沟通失败。典型的沟通对象错位现象包括：

◇　应该与上级沟通，却与同事进行沟通。在上级看来，这是在组织中传递小道消息，制造对上级的不满氛围。

◇　应该与同事沟通，却与上级沟通。在同事的心目中，有向上级告黑状的嫌疑。

◇　应该与本部门沟通，却与其他部门沟通。内部事务要在内部解决，即便是好消息，也要第一时间和本部门的同事和领导分享。

◇　应该与直接上级沟通，却越级沟通。从共通的人性视角看，越级沟通是大部分组织中忌讳的沟通方式。但也有例外：上级领导越过你的直接主管找你了解情况；沟通完成后，应立即向直接主管汇报。越级申诉：现代组织大多数都有申诉机制，个人如果受到了直接领导不公正待遇，与其直接沟通无法解决问题，就可以越级申诉。

◇　应该进行内部沟通，却直接进行外部沟通。这种情况，在多数组织中都是要避免的。因为组织的对外沟通，有其目的性和计划性。员工自由地与外部沟通，极有可能打乱组织的整体沟通计划和安排。

☆　**沟通对象的类型："读者型"，还是"听者型"？**

德鲁克认为：大多数人在沟通过程中，要么是"读者型"，要么是"听者型"，极少数人例外。"读者型"主要靠阅读获取信息，只有读了之后才能听得进去；"听者型"主要靠与他人交谈获取信息，从谈话中掌握动态反馈。

信息发送者要针对不同沟通对象采取不同的沟通策略。对于阅读型沟通对象，最好的方法是提前准备充分的资料供其阅读，待其掌握信息后，简要的口头沟通就可以达到目的。对于听者型沟通对象，只有当面向其介绍，对方才能掌握要点，才能达到沟通目的。

第四章　剖析可能问题，消除沟通障碍

沟通不畅影响组织、政权、国家机器运转的现象，并不是现代人的发现。《资治通鉴》[41]"唐纪第四十五"记载，唐朝名相陆贽在《奉天论奏当今所切务状》中就阐述了这种现象：

> 郡国之志不达于朝廷，朝廷之诚不升于轩陛。上泽阙于下布，下情壅于上闻，实事不必知，知事不必实；上下否隔于其际，真伪杂糅于其间，聚怨嚣嚣，腾谤籍籍，欲无疑阻，其可得乎！

今天，人类的组织管理能力有了很大提高，用于沟通的技术也有了长足进展，但沟通的有效性并没有实质性提高。研究表明：管理中有70%的错误是由于沟通不良造成的[42]。

本章围绕沟通过程，对可能的问题和障碍进行分析探讨。

□　研究沟通要素，剖析可能问题

管理者在实施沟通之前，必须考虑五个关键要素：

◇　一是沟通目的。不同目的决定不同的沟通对象和内容。

◇　二是沟通对象。针对沟通对象，确定沟通方式。

◇　三是沟通内容。根据沟通目的，确定沟通内容。

◇　四是沟通方式。口头沟通？书面沟通？会议沟通？

◇　五是时间安排。己方的时间安排，对方的时间安排。

沟通过程可能存在着各种各样的问题，这些问题绝大多数与上述五个关键因素相关。

■　信息传递过程可能存在的问题

第二章介绍了信息传递的基本过程。整个过程的每个环节都可能存在问题。信息编码与解码不当，传递渠道选择不当，会使信息失真；信息发送者和接收者的知识水平、感知技能和个人偏见，在一定程度上影响对信息的准确理解。

☆　信息发送者可能存在的问题

一是沟通目的不明，导致信息内容不确定。

二是沟通对象选择不当，造成沟通对象错位。

三是准备不充分，没有沟通计划，没有问题处理预案。

四是表达不当，导致信息理解错误。

五是不注意沟通反馈。

☆　信息内容可能存在的问题

一是信息准确度较低。语义含糊不清：信息虽然传递到了，但接收者却无法理解；表达有歧义：汉语中字词往往有多种含义，如果觉得有歧义，宁愿多用些言辞陈述清楚。

北方某高校新学期开学，一位广东同学在食堂买包子。服务员与其沟通半天也没搞清楚"四"个还是"十"个，情急之下脱口而出："ten or four?"故事本意是表明服务员素质高，但从沟通的角度看，明显是由于信息不准确导致沟通不畅。

二是信息冗余量过大。会给接收者造成负担，导致沟通失败。信息量不是越大越好，"过犹不及"，要把握好度。

三是信息共享不够。如果没有信息的共享和理解，即使完成了信息传递，也不能算是进行了沟通。

☆ **沟通渠道可能存在的问题**

一是沟通渠道选择不当。通常表现如下：

◇ 应该通过正式渠道进行沟通，却选择非正式渠道，导致谣言满天飞，破坏沟通的严肃性。

◇ 应该采用书面沟通，却选择口头沟通。重要事情选择口头沟通，不能引起接收者重视，很有可能会误事。

◇ 应该采用会议沟通形式，却选择一对一沟通，降低了事情的严肃性。

◇ 应该进行一对一沟通，却选择会议沟通，人为地使得事情复杂化，还不必要地占用他人时间。

二是几种渠道互相冲突。有时口头传达的精神与文件不符，导致员工无所适从，甚至造成矛盾。

三是沟通渠道过长。中间环节多，可能引入过多噪声。

☆ **信息接收者可能的问题**

一是信息解码不当，导致信息模糊或失真。

信息接收者有时会按照自己的主观意愿，对信息进行"过滤"和"添加"。《吕氏春秋》"慎行论·察传"篇提出，要对接收到的信息详细核查，并专门举例说明：

夫得言不可以不察。数传而白为黑，黑为白。故狗似玃，玃似母猴，母猴似人。人之与狗则远矣！此愚者之所以大过也。闻而审，则为福矣；闻而不审，不若无闻矣……宋之丁氏，家无井而出溉汲，常一人居外。及其家穿井，告人曰："吾穿井得一人。"有闻而传之者曰："丁氏穿井得一人。"国人道之，闻之於宋君。宋君令人问之於丁氏，丁氏对曰："得一人之使，非得一人於井中也。"

《吕氏春秋》还就如何考证信息真伪提出了建议：根据事物本身的规律和人情事故的常理来推断，就可以得到真实情况。

辞多类非而是，多类是而非。是非之经，不可不分，此圣人之所慎也。然则何以慎？缘物之情及人之情以为所闻，则得之矣。

二是知觉偏差，导致对信息理解的偏差。

三是心理障碍，导致信息的阻隔或中断。

四是思想观念上的差异，导致对信息的理解不同。

■ 人际沟通可能存在的问题

良好的人际沟通是事业成功的关键。研究表明，成功因素中，人际关系约占40%，能力约占40%，专业知识仅占20%。

人际沟通一般是双向沟通，往往相互影响。人际沟通过程中，沟通双方使用的非言语沟通因素及符号系统包含的实际意义，只有沟通的参与方才能理解。常见的人际沟通问题有：

☆ 心理问题

一是沟通恐惧。有些人不愿意在人前讲话，与他人交往时表现出某种程度的焦虑状态，严重者甚至会出现沟通恐惧症。

二是追求完美。有些人沟通中追求完美，**过分关注自**己留给对方的形象，从而出现紧张和焦虑情绪。

三是固步自封。有些人缺乏正确的自我认知，过高估计自己的能力，一切从自身利益出发，不顾及他人的利益与感受。

☆ **技能问题**

一是缺乏人际沟通技能。不掌握沟通技能，不能清楚地表达；缺乏情景认知能力，不注意基本礼仪和原则。

二是不懂人际交往艺术。带着理想色彩衡量现实中的人际关系，缺乏处理问题的技能，不会委婉地表达不同意见。

不同意见是为了尽快找到解决问题的最好方案。善于表达不同意见，是人际沟通中一项重要技能。富兰克林在自传[43]中提出了运用"有建设性的不同意见"处理复杂问题的建议：

> 当我在推动任何可能引起争论的事情时，我总是以最温和的方式表达自己的观点，从来不使用绝对确定或不容怀疑的字眼，而代之以下说法：据我了解，事情是这样的；如果我没犯错，我想事情该是这样；我猜想事情是不是这样；就我看来，事情是不是该如此？像这样用温和的方法表达我的不同意，多年来使我可以顺利推动许多棘手问题的解决。

☆ **异性沟通问题**

异性沟通问题，自人类社会产生以来就一直存在。

男人与女人之间的沟通一直是令人棘手的问题，有些人总会觉得与异性交往要比与同性交往困难。这种情况不仅仅是个人的心理感受，实际上有其组织行为学方面的客观依据。[44]男性和女性在沟通目的和方式上存在较大差异。对于大多数男性来说，沟通是保护独立性和维护自己在社会或组织格局中等级地位的主要手段。对于大多数女性来说，交谈则是寻求亲密关系的谈判。这样，不同性别间的沟通就容易出现问题。

如何处理异性沟通问题，到目前为止尚没有较好的答案。

■ 组织沟通可能存在的问题

沟通是现代组织机构管理工作的基础。组织内部沟通不畅，可能导致员工凝聚力下降、核心人才流失、组织绩效降低；对外沟通不畅，可能导致组织形象不佳、组织利益受损等。

管理者应高度重视组织沟通中存在的问题，将问题解决在萌芽阶段，以免对组织造成较大的影响，甚至酿成危机。

☆ "两情不通"与"九弊不去"

组织内部的沟通问题，我国唐朝陆贽在1200多年前就进行了详细阐述。《资治通鉴》记载，唐德宗建中四年平定朱泚、李怀光叛乱之后，陆贽上书详细分析了朝廷与地方沟通中存在的"两情不通"和"九弊不去"问题：

> 为下者莫不愿忠，为上者莫不求理。然而下每苦上之不理，上每苦下之不忠。若是者何？两情不通故也。下之情莫不愿达于上，上之情莫不求知于下，然而下恒苦上之难达，上恒苦下之难知。若是者何？九弊不去故也。

君臣沟通中的九种弊端，君主占了六种，臣下占了三种。

> 所谓九弊者，上有其六而下有其三：好胜人，耻闻过，骋辩给，眩聪明，厉威严，恣强愎，此六者，君上之弊也；谄谀，顾望，畏愞，此三者，臣下之弊也。

君主好胜人，必然愿意听巧言献媚之辞；君主耻闻过，必然忌讳直言劝谏。如此一来，下面的谄媚阿谀之徒便会顺承旨意，忠诚真实的话便难以听到了。

君主口才好，必然喜欢用言语折服臣下；君主炫耀聪明，必然主观臆测，以诈谋来猜度臣下。如此一来，下面的瞻前顾后之辈便自然会见机行事，恳言直谏的言辞便难以说尽了。

君主厉行威严，必然不能抑制自己的情志而谦虚地待人接物；君主刚愎自用，必然不能承认自己的过失而接受人们的规劝。如此一来，下面的畏葸怯懦之流便要逃避罪责，于是真情合理的言论便难以申说了。

陆贽在1200多年前剖析的上下级之间的沟通问题，对现代组织机构面临的沟通问题仍然具有很强的针对性。

☆　**组织内部沟通存在的问题**

一是管理者与员工的沟通不畅。管理者与员工的沟通，反映出组织的价值观和经营哲学。沟通不畅，抑制员工的主动性和创造性，影响组织绩效。如果不能与员工顺畅沟通并以真情感动他们，又如何能够感动"上帝"（顾客）呢？

二是部门之间沟通不畅。主要表现为：

◇　组织的治理结构不合理，部门责权划分不清，管理界面模糊，缺乏沟通，遇到问题相互扯皮。

◇　不同部门管理理念不同，影响部门间的有效沟通。有些部门强调计划性，工作安排井然有序；有些部门则习惯于打遭遇战，脚踩西瓜皮，滑向哪里是哪里。

◇　没有协作文化，不能以组织利益为重，工作相互推诿。

◇　不恰当的激励政策，不能平衡贡献和利益，引起争端。

要处理好部门之间的关系，做好沟通协调，必须树立全局观念，把组织整体利益置于部门利益之上。

三是没有形成决策沟通机制。制定重大政策时，事前不沟通，事后不解释。员工抵制情绪大，影响工作效率。

四是缺乏绩效评估的沟通反馈。获得奖励的员工不知道自己的优势所在，无从"发扬光大"；受到惩罚的员工对自己的不足一无所知，谈不上"有则改之"。

☆ **组织外部沟通存在的问题**

组织是构成社会的有机单元，与社会中其他组织及个人存在着千丝万缕的联系。加强与外部的沟通交流，妥善地处理与各方的关系，是提升组织社会形象的关键。

组织外部沟通存在的问题主要表现为：

一是被动沟通，缺乏激情。某些组织为了获得较高的"顾客满意度"，片面强调为顾客服务，要求员工对顾客无条件服从。容易导致员工内心沮丧、士气低落，甚至将顾客作为宣泄对象；也会给顾客以虚伪、应付的印象。

二是强调专业，曲高和寡。某些组织具有较强的专业性（如：化工，核能），对环境及社会的影响会引起广泛关注。与公众沟通时，不能把专业术语转化为沟通对象能够理解的语言，引起沟通对象进一步的疑惑，不利于组织的事业发展。

三是抬高自己，贬低他人。组织进行公关宣传和产品服务推介，难免涉及与竞争对手的比较。有些组织在突出自己时，习惯于找出对手的不足，甚至不择手段诋毁对方。这种"抬高自己，贬低他人"的行为往往事与愿违。

四是轻视事故，酿成危机。组织面临着程度不同的各类风险。风险事件随时都有可能发生，不以人的客观意志为转移。与媒体、社会公众保持良好的沟通交流，及时将事件发生的真相、处理情况传达给公众，能够很好地化解负面事件对组织的不良影响。一些组织轻视事故沟通，最终酿成危机。20世纪70年代，可口可乐和百事可乐在印度市场被指控杀虫剂含量超标，两家公司对比"不屑一顾"，事件愈演愈烈，最终花费巨资才得以平息事件。

□ 尊重文化政治，避免沟通问题

在经济全球化日益加深的今天，跨国公司及合资企业成为经济发展新常态。跨国公司及合资企业的经营管理必然涉及不同文化之间的交流与协调，也就是所谓的跨文化沟通。

■ 跨文化沟通问题

跨文化沟通是指具有不同文化背景的人之间的沟通行为。

国际化发展要求管理者必须具有跨文化沟通能力：了解不同文化，接受与自己不同的价值观和行为规范，与不同文化背景的人进行有效交流。管理者必须对文化差异有着深刻的理解，才能有效地驾驭跨文化沟通，促进组织目标的实现。

关于跨文化沟通能力，博雷提出"情感—认知—行为"三维度模型[45]，从三个方面进行概括：

◇ 一、跨文化敏感性（Cross-Cultural Sensitivity）。主要关注环境、人和情境的个体情感或感受的变化。

◇ 二、跨文化沟通意识（Cognitive Approach）。通过理解母文化与其他文化异同来改变个体对环境的认知。

◇ 三、跨文化机敏性（Behavioral Approach）。主要在跨文化互动中让人们完成工作目标、达到沟通目的。

上述理论具有一定的参考价值。

☆ **影响跨文化沟通的因素**

人们习惯于用自己熟悉的文化评价和解释遇到的现象，在跨文化沟通中往往会造成沟通障碍。影响跨文化沟通的因素主要是语言差异和非言语差异。

第一，语言差异。涉及三个方面：

◇ 一是国家间的语言差异。不同国家使用不同的语言，最好的翻译也难准确完整地传递语言的真正涵义。

◇ 二是地域间的语言差异。不同地区存在不同的发音和语义，形成多种方言；同一字词语义不同。

◇ 三是颜色和数字解读差异。特殊的颜色和数字在不同文化中意义不同：日本人忌绿色，印度人喜欢绿色；"3"在非洲被视为不吉利，"6"在英文中象征魔鬼；中国粤港等地忌讳用"4"，闽台地区则视"4"为吉数。

《哈弗商业评论》2012年6月刊载了一篇文章：*Why "I'm sorry" doesn't always translate*[46]，重点比较了美国人和日本人对语义的不同理解，认为没有一种文化能够完全理解另一种文化的意味或期望。文章举例，2010年丰田Prius车型加速器故障报告广泛传播后，大多数美国人对丰田总裁丰田章男"热情洋溢"的道歉无动于衷。（日本人的所谓"道歉"包含的诚意极少甚至完全没有。）而在2001年一艘美国潜艇在夏威夷外海与一艘日本渔船相撞并导致其沉没后，部分日本人对美国潜艇指挥官没有立刻道歉感到愤怒。文章还认为，对"I'm sorry"真实含义及适用场合的混淆不限于日本和美国。事实上，每种文化都有自己的规则。道歉在印度通常远远少于在日本。

上述研究认为：核心问题是对罪责的不同认知。美国人把"apology"视为承认自己的错误，而日本人把"道歉"看作渴望修复关系，并没有必然隐含的罪责。（日本政府就是用这种毫无诚意的所谓"道歉"，应付其在侵华战争中犯下的反人类罪行！）

第二，非语言差异。包括非语言信息及信仰习俗差异。

非语言信息是一个民族长期形成的共同习惯。中国人常用握手和微笑表示友好和礼貌，阿拉伯人见到别人朝自己微笑会感到莫名其妙；中国人和英美人习惯用点头表示赞许和肯定，印度和希腊人点头的意思刚好相反。由于非语言信息在不同文化中的高情境性，跨文化沟通中最容易产生误解。

信仰和习俗的差异。日本人忌讳荷花、狐狸和獾；俄罗斯人认为黄色蔷薇花意味着绝交和不吉利。

☆ **跨文化沟通应遵循的原则**

不同文化之间的沟通天然存在障碍。了解、认同并尊重文化差异，才能有效地进行跨文化沟通。通常应遵循如下原则：

第一，尊重原则。不同文化背景的人有着自己的风俗习惯、思维方式和宗教信仰。尊重是有效地进行跨文化沟通的基础。

第二，平等原则。文化没有优劣之分，跨文化沟通要克服文化优越感或自卑感，应当在平等的基础上进行。

西方媒体有一个怪现象，凡是针对西方白种人国家的暴力，都是恐怖袭击；而中国、俄罗斯等国家遭受的恐怖袭击，则是"持不同政见者"的抗争。2015 年 11 月 13 日，法国巴黎发生爆炸事件。当中国人对法国表示同情时，法国记者却发文章指责中国政府"企图把巴黎的袭击和新疆打击暴力的活动联系在一起"。声称新疆发生的恐怖袭击案和巴黎的袭击"没有丝毫共同之处"。这种"双重标准"引起华人社会的普遍反感。

这些祖上在世界各地烧杀抢掠了几百年的白种人，至今没有学会平等对待其他民族、宗教和文化，仍然以各种借口用现代化武器随意轰炸别人的家园。

第三，属地原则。在跨文化沟通中，在不违背原则的情况下，可以有选择地迎合属地文化，也就是"入乡随俗"。属地文化的选择能使对方产生亲切感，利于建立友谊与合作关系。

跨文化沟通，必须对他人的情感非常敏感，否则就会冒犯他人。《淮南子》"齐俗训"篇提出，只要能够入乡随俗，尊重当地人的风俗习惯，就可以走遍天下不受困：

> 是故入其国者从其俗，入其家者避其讳；不犯禁而入，不忤逆而进，虽之夷狄徒倮之国，结轨乎远方之外，而无所困矣。

第四，适度原则。适度原则是跨文化沟通中一项极其重要的原则。在跨文化沟通的过程中要做到既不完全固守，又不完全放弃本土文化，力求在本土文化和对方文化之间找到平衡点。要掌握好"度"，"过"或"不及"都会造成障碍。

■ 沉默所表达的问题

沟通过程中，沉默不等于没有传递信息。沉默可以是一种有效的沟通形式：有时候表示认同，有时候表示不接受，要根据具体的情景进行分析和判断。

☆ 沉默表示不认同

《春秋左氏传》"襄公四年"讲了鲁国使臣叔孙豹出使晋国沉默以对的故事：

> 穆叔如晋，报知武子之聘也。晋侯享之，金奏肆夏之三，不拜。工歌文王之三，又不拜。歌鹿鸣之三，三拜。

叔孙豹作为小国使臣，在霸主晋国为其举行的"享礼"上，钟鼓演奏"肆夏"韶乐之三后，竟然没有按照规矩行答拜礼！歌唱《诗经》"文王"之三后，仍然保持沉默。但歌唱《诗经》"鹿鸣"之三时，却三次行答拜礼。

叔孙豹传递的是什么特殊信息呢？晋国君臣很纳闷。

享礼之后，晋国派外交人员询问原因。作为礼仪之邦的使节，叔孙豹道出了其沉默包含的信息，顺便给"暴发户"晋国上了一堂关于"礼"的文化课：

"肆夏""樊遏""渠"之乐，是天子用于招待诸侯的，使臣不敢听到；"文王""大明""绵"之乐，是国君相会时用的，使臣不敢参与，我以为是乐师自己在练习。"鹿鸣"是贵国国君嘉奖我国国君的，我怎敢不拜谢？"四牡"是晋君慰劳使臣的，我就更应该拜谢了；"皇皇者华"是国君教导使臣："一定要向忠信的人咨询。"我听说：向善人访求询问为"咨"，咨于亲人为"询"，咨询礼仪为"度"，咨询事情为"诹"，咨询困难为"谋"。我得到五善，哪敢不再三拜谢？

从叔孙豹的回答中，我们可以看出，他的前两次沉默，传递出的信息是晋国"非礼"。叔孙豹虽然不认同晋国的"非礼"，但在外交场合也不能公然反对，所以只好选择沉默。

☆ 沉默表示警告

还有比"不认同"更严重的沉默。《春秋左氏传》"襄公二十二年"记载：

> 楚观起有宠于令尹子南，未益禄而有马数十乘。楚人患之，王将讨焉……王遂杀子南于朝，轘观起于四竟……复使薳子冯为令尹，公子齮为司马，屈建为莫敖。有宠于薳子者八人，皆无禄而多马。他日朝，与申叔豫言，弗应而退。从之，入于人中。又从之，遂归。退朝，见之，曰："子三困我于朝，吾惧，不敢不见。吾过，子姑告我，何疾我也？"对曰："吾不免是惧，何敢告子？"曰："何故？"对曰："昔观起有宠于子南，子南得罪，观起车裂，何故不惧？"自御而归，不能当道。至，谓八人者曰："吾见申叔，夫子所谓生死而肉骨也。知我者如夫子则可；不然，请止。"辞八人者，而后王安之。

令尹子南可能是楚国的一只贪腐大"老虎"。他的宠臣观起，没有增加俸禄却有马车数十乘（相当于几十辆豪华轿车）——巨额财产来历不明。楚康王反腐败，杀了子南并在朝堂上示众，杀了观起并将尸体拉到楚国四境示众。薳子冯再次被任命为令尹。新令尹的八个宠臣，却是"无禄而多马"——腐败行为更为严重！一次朝会，薳子冯要和申叔豫说话，申叔豫不回应，连续躲了三次，最后干脆回家了。申叔豫的沉默，传递的信息让新令尹薳子冯心中不安，退朝之后专门去向申叔豫请教。申叔豫就讲了子南和观起的前车之鉴。薳子冯听后心生恐惧，自己驾车回家，由于"心不在马"，马车都走不了直道了！薳子冯打发八个宠臣走人，楚康王才对其放心。

如果蒍子冯没有从申叔豫的沉默中解读出特殊的信息，那他的下场很快就会和前任令尹一样。

申叔豫和蒍子冯的时代已经过去2500多年了。当今的大小"老虎"们，难道一点都不会从历史中汲取教训？即便没有申叔豫的先知先觉，总该有蒍子冯的后知后觉吧？事实是，大小"老虎"们如饕餮般侵吞国家财产、人民财富，最终只落得身败名裂、家族覆灭。真是利令智昏、丧心病狂！

现代社会中，管理者必须高度重视沉默传递的信息。如果一个管理者征求属下意见时，大家都保持沉默，那将比对管理者提出反对意见更为严重。反对意见，只是对管理者意见或措施的不认可，而沉默，则可能是彻底否定其人！

■ 政治正确性问题

政治正确性涉及宗教、政党、伦理、价值观以及民众习俗等众多内容。政治正确性不仅反映个人的道德修养，在某些文化氛围中，甚至会引起法律纠纷。政治正确性就像高压线，偶尔的触碰，便会遇到强烈的反应。

☆ 回避禁忌

我国古人对沟通中的禁忌，很早就有明确的认识和清晰的阐述。关于禁忌，《淮南子》"说山训"篇提出了"四不宜"：

> 祭之日而言狗生，取妇夕而言衰麻，置酒之日而言上冢，渡江、河而言阳侯之波。皆所不宜。

庄严肃穆的祭祀场合，不宜用脏话骂人；娶妇的吉庆日子，不宜谈论丧葬；置办酒席的高兴日子，不宜谈论扫墓之事；渡江河时，不宜在船上讨论阳侯翻起的波浪到底有多大。

☆ 避免触碰底线

春秋时期，有一条绝对不能触碰的政治"高压线"：那就是"僭越"。《春秋左氏传》"僖公二十五年"记载，晋文公平定周王室内乱之后，朝觐周天子时"请隧"，遭到了周天子的拒绝。

> 戊午，晋侯朝王。王飨醴，命之宥。请隧，弗许，曰："王章也。未有代德，而有二王，亦叔父之所恶也。"与之阳樊、温、原、欑茅之田。

刚当上国君的晋文公不懂礼仪，请求死后用"隧"的规格下葬，周天子不允许，并说："这是天子的规格。还没有取代周室的德行而有两个天子，这也是叔父所不喜欢的。"周天子宁可多赏赐晋国土地，也绝不允许在礼仪上有所僭越。

孔子对春秋时期礼崩乐坏、诸侯僭越深恶痛绝。鲁国季氏僭用天子礼乐"八佾"，孔子谈起此事就大声疾呼：

> 八佾舞于庭，是可忍也，孰不可忍也？

诸侯国之间交往的另外两条高压线是：通过邻国要"假道"（也就是"借路"），他国国君去世要"问丧"（相当于今天的"唁电"）。发生在鲁僖公三十三年（公元前627年）的秦晋"崤之战"，就是因为秦国触碰了晋国"假道"和"问丧"两条高压线。鲁僖公三十二年冬十二月，晋文公重耳去世，秦国没有派人吊唁。在前年九月，秦晋联合围攻郑国，秦穆公却被烛之武游说，不仅违背与晋国的盟约，还帮助郑国守城。三十三年春二月，秦国军队不假道而通过晋国地盘去偷袭郑国。夏四月辛巳这天，晋国军队联合姜姓戎人，在崤山全歼了秦军。

现代社会跨文化沟通中，同样存在高压线。沟通过程中，尤其是跨文化沟通中，必须对他人的情感非常敏感，否则就会冒犯他人。

□ 分析影响因素，认知沟通障碍

有很多因素会成为沟通障碍，影响沟通的有效性。

■ 信息过滤障碍

信息过滤是指信息发送者对发送的信息进行选择性处理，以使信息接收者认为该信息对其有利。

信息过滤包含两种情况：一是信息的选择性通过；二是信息的选择性放大。这些情况通常发生在上行沟通中，较低级管理者对信息进行过滤，选择性通过或放大有利信息，以使传送到其上级的信息是其上级喜欢的。

信息过滤程度主要受组织的文化特质影响。在一个正直、诚实的文化氛围中，信息过滤的程度就比较轻微。反之，信息过滤的程度就比较严重。

另一个主要影响因素是组织的结构。组织结构的层级越多，信息被过滤的机会就越多。有些过滤是主观的，更多的信息过滤则是客观需要。低级管理人员为了提高信息传递效率，不得不对信息进行过滤以压缩信息量。

过滤造成信息失真，轻则会影响组织的决策质量和活动效果，重则会影响组织的正常运转，甚至导致组织的覆灭。

☆ 信息过滤导致了秦帝国的覆灭

历史上，信息过滤直接导致了秦王朝的灭亡。始皇帝去世后，赵高通过信息过滤，一步步毁灭了这个大一统王朝。

首先，赵高篡改了秦始皇的遗诏，逼死了皇位的继承人公子扶苏及其支持者名将蒙恬，扶植傀儡胡亥为二世皇帝。

其次，赵高通过"指鹿为马"营造"顺我者昌，逆我者亡"的局势，使大臣们不敢讲真话，过滤了大臣的信息。

再次，过滤掉帝国东部上报的反秦起义军信息，使中央政府不能根据实际情况进行军事部署，前方将士作战立功不能得到奖励，失败则必然面临惩罚。以章邯为首的秦军将领走投无路，只好投降了项羽。

最后，赵高干脆把秦二世也直接"过滤"掉了！

☆ 信息过滤导致了"哥伦比亚号"失事

2003年1月16日，"哥伦比亚"号航天飞机发射升空。在完成了16天飞行任务后，于2月1日重返地球的过程中发生解体燃烧，7名航天员魂断蓝天。

航天飞机发射后不久，监控发现燃料箱外脱落了一个泡沫碎块。项目承包商美国波音公司对此进行了分析并撰写了相关报告，认为：发射后82秒，三个泡沫材料碎块从外部燃料箱与航天飞机的连接区域脱落，撞击后"似乎出现了瓦解"。该报告于1月27日提交给美国航空航天局（NASA）。NASA在公布这份报告时强调，泡沫碎块撞击不会影响航天飞机安全，飞行控制部门"同意这一结论"。

然而，命运之神并没有如波音公司和NASA所愿。

负责事故调查的独立委员会得出的最主要结论是："哥伦比亚"号机壳上可能出现孔洞，导致超高温气体进入航天飞机，最终酿成事故。根据NASA在1月21日公布的文件，一位工程师曾在电子邮件中警告说，航天飞机外部隔热瓦受损，有可能导致轮舱或起落架舱门出现裂孔。后续调查确认，航天飞机外部燃料箱表面泡沫材料在安装过程中存在缺陷，是事故的祸首。泡沫材料脱落击中航天飞机左翼前缘的增强碳-碳隔热板，当航天飞机返回大气层时，温度高达摄氏1400度的空气进入左机翼，熔化了机翼内部结构，导致了悲剧的发生。

英国作家 Noreena Hertz 在其新书 *Eyes Wide Open: How To Make Smart Decisions In A Confusing World* [47] 中，引述了美国耶鲁大学统计学教授、美国恢复和再投资法案独立咨询小组成员塔夫特对"哥伦比亚号"航天飞机失事原因提出的新观点：造成事故的潜在因素之一，正是工程师们共享信息的方式。幻灯片演示文稿的特殊使用方式，过滤了关键信息，导致人们忽略了风险。

塔夫特分析了工程师们介绍航天飞机左机翼受损情况的PPT，发现了一些具有误导性的信息。其中有一张标题为"飞船失事可能性的测验数据综述"，评估飞船失事的可能性。模拟试验中所用的保温材料是实际的1/640，这一关键信息没有被突出，而是置于容易被人忽略的位置。接收信息的NASA工程师们注意力集中在标题上，几乎没有人注意到模拟比例。

幻灯片演示文稿的特殊表现形式，只能呈现一些经过精简的重点句子和被强调的说明，而过滤掉一些关键细节。

上述观点并非塔夫特独有。美军中央司令部前任司令詹姆斯·马蒂斯将军就曾尖刻地评价："PPT让人变蠢了！"另一位将军也曾告诫："PPT是一个危险程序，它会让人产生错觉，认为自己已经看清形势，似乎一切尽在掌控之中。"

■ 信息解读障碍

☆ 知觉选择，主观解读信息

知觉是指个体为了对所在环境赋予意义而组织和解释其感知的过程。所谓知觉选择，是指个体对于认知对象某些特点的兴趣，会影响其客观认识和正确理解。所谓"情人眼里出西施"。沟通过程中，知觉选择会成为信息传递的障碍。接收者会根据自己的需要、动机、经验、背景等，有选择地接收信息的某些方面，甚至会把自己的兴趣和期望带进信息中。

知觉选择强的个体，惯于主观臆断，按照自己的意向解释信息。《吕氏春秋》"有始览·去尤"篇不仅对此进行了阐述，还讲了两则相关案例故事：

> 世之听者多有所尤，多有所尤则听必悖矣。所以尤者多故，其要必因人所喜与因人所恶。东面望者不见西墙，南向视者不睹北方，意有所在也。
>
> 人有亡鈇者，意其邻之子，视其行步窃鈇也，颜色窃鈇也，言语窃鈇也，动作态度无为而不窃鈇也。掘其谷而得其鈇，他日复见其邻之子，动作态度无似窃鈇者。其邻之子非变也，己则变矣。变也者无他，有所尤也。
>
> 鲁有恶者，其父出而见商咄，反而告其邻曰："商咄不若吾子

矣。"且其子至恶也，商咄至美也。彼以至美不如至恶，尤乎爱也。故知美之恶，知恶之美，然后能知美恶矣。

☆ 信息超载，遗失重要信息

基于人类生物机体的限制，无论多么聪明的个体，处理信息的能力总会有一个限度。所谓信息超载，是指需要处理的信息量超过了处理能力。不仅人类存在信息超载现象，信息处理系统也存在信息超载的现象。

当信息量超过个体能够处理的限度时，个体会筛选、忽略或忘记部分信息，或者推迟处理。无论何种情况，结果造成信息的延误或丢失，降低沟通的及时性和有效性。

信息超载不仅是信息化时代的严重问题，甚至是导致秦朝崩溃的重要因素之一！秦始皇扫灭六国，建立了郡县制大一统的中央集权政府。原来由诸侯国负责的事务全部收归朝廷，数十个郡、上千个县的决策，都由朝廷、甚至始皇帝作出。这种治理结构太过超前，需要处理的信息量，大大超出了当时的技术水平和可支配资源所能提供的处理能力。据《史记》"秦始皇本纪"所载："天下之事无小大皆决于上，上至以衡石量书，日夜有呈，不中呈不得休息。"

当时的文档资料都刻在竹简上，阅读资料是一项"繁重"的工作。秦始皇白天和晚上都要不停地处理文件，用文件重量来规定任务量，处理不完不休息。尽管始皇帝能力超凡，最终还是被信息超载压垮了，在四十九岁盛年去世。继位的二世胡亥，就像一个286芯片，完全不具备处理信息超载的能力。

现代组织也存在信息超载的现象。在创业阶段，事情无论大小皆由最高管理者决策。一方面，集中决策效率较高；另一方面，需要处理的信息量尚在最高管理者能力范围内。随着组织的规模扩张，需要处理的信息量以几何级数增长。最高管理者个人决策的模式，就会存在信息超载的问题。

☆　**个人情绪，影响正确解读**

个体的极端情绪，将是影响信息正确解读的障碍。

个体在快乐时和愤怒时对事物的理解有着巨大差别，作出的决策也不同。处于极端情绪的个体，常常无法客观理性思考，不适于处理信息、进行沟通。《孙子兵法》[48]告诫后人：

> 主不可以怒而兴师，将不可以愠而致战。

据《春秋左氏传》记载，邾国的邾庄公就是因为个人情绪太强烈，不能判断信息真伪，并为此送了命。

> 邾庄公与夷射姑饮酒，私出。阍乞肉焉，夺之杖以敲之。三年春二月辛卯，邾子在门台，临廷。阍以瓶水沃廷。邾子望见之，怒。阍曰："夷射姑旋焉。"命执之，弗得，滋怒。自投于床，废于炉炭，烂，遂卒。先葬以车五乘，殉五人。庄公卞急而好洁，故及是。

鲁定公二年（公元前508年）底，邾庄公与大夫夷射姑一起饮酒。夷射姑中间出来小便，阍者（守门人）以为去取肉脯，就向他讨肉吃。出来小便，何来肉脯？阍者乞脯，于礼不合，夷射姑夺其杖（阍者多受刖刑），以敲其头。

这个阍者很阴险！对夷射姑怀恨在心，制造假象陷害他。

第二年春二月辛卯这天（周以建子之月为正，周历二月，乃夏历十二月），邾庄公立于门台，面向廷院。阍者以瓶灌水，冲洗庭院（正值隆冬，洒水结冰，影响走路）。邾庄公见了十分恼火。阍者撒谎说："夷射姑在此撒尿。"一国大夫，竟然在国君庭院撒尿，成何体统！邾庄公就派人去抓夷射姑，夷射姑得到消息逃跑了。人没抓到，邾庄公就更加愤怒，自己往床上一摞，没躺好，滚下来掉到炭炉上，被火烧伤，不治而死。

这个故事里，问题的关键还在郑庄公，"卞急而好洁"，好洁净而又性子急。因为好洁净，听说夷射姑在此撒尿就发怒；因为性子急，对虚假信息不假思索就相信。最后，可能是一着急导致脑溢血，就这么稀里糊涂被烧死了。

☆ **语言障碍，错误解读信息**

组织中的员工年龄不同，文化背景不同，教育经历不同，对信息的载体语言理解不同。不同部门，专业领域不同，会发展出各自的专业用语或技术用语。如果想当然地认为对方与自己使用相同的词汇及术语，错误解读信息，就会造成沟通障碍。

不同语言之间的沟通，需要通过翻译进行。到目前为止，并不是所有的翻译都能够准确表达其原有的真实含义。

明朝开国功臣、民间传为神奇人物的刘基（刘伯温）所著的寓言故事集《郁离子》[49] 讲了一则"冯妇搏虎"寓言故事，就是语言障碍导致的悲剧：

> 东瓯之人谓火为虎，其称火与虎无别也。其国无陶冶，而覆屋以茅，故多火灾，国人咸苦之。海隅之贾人适晋，闻晋国有冯妇，善搏虎。冯妇所在，则其邑无虎。归，以语东瓯君。东瓯君大喜，以马十驷、玉二毂、文锦十纯，命贾人为行人，求冯妇于晋。
>
> 冯妇至，东瓯君命驾虚左，迎之于国门外，共载而入，馆于国中，为上客。明日，市有火，国人奔告冯妇。冯妇攘臂从国人出，求虎，弗得。火迫于宫肆，国人拥冯妇以趋，火灼而死。于是贾人以妄得罪，而冯妇死弗寤。

冯妇在与东瓯商人的沟通中，如果搞清楚了东瓯之"虎"的含义，明白彼"虎"非晋国之"虎"，就不会应聘去治"虎"，也就不会发生这样的悲剧了。

现实生活中并不缺乏这样的事例：沟通中想当然，用自己能够理解和掌握的方式去解码对方的信息，导致沟通失败。

熟读《毛泽东选集》的人都有体会，毛泽东善于使用人民大众的语言进行沟通。一篇"愚公移山"[50]，把《列子》"汤问"篇中生僻的寓言故事讲得通俗易懂。毛泽东的语言，人民大众听得懂，喜闻乐见，所以才有号召力和感染力。相比之下，蒋介石的语言还在"余""尔""吾人"，未脱酸儒的"巢窠"。人民大众连他的语言都不熟悉，又何谈信仰他的"主义"呢？

■ 组织层级障碍

组织结构，有时候会成为沟通中的严重障碍。在官僚化程度比较高的组织机构中，这种障碍的影响尤其显着。这些障碍体现在以下几个方面：

☆ 地位差别形成沟通障碍

官僚化组织机构中，信息趋向于从地位高者流向地位低者。由于地位的不同形成上位心理与下位心理，导致沟通障碍。

《国语》"晋语五"记载了范武子教训其儿子范文子不要越位议论政事：

> 范文子暮退于朝。武子曰："何暮也？"对曰："有秦客廋辞于朝，大夫莫之能对也，吾知三焉。"武子怒曰："大夫非不能也，让父兄也。尔童子，而三掩人于朝。吾不在晋国，亡无日矣。"击之以杖，折其委笄。

范武子问儿子范文子为什么退朝这么晚。范文子回答说："秦国客人在朝堂上卖弄隐语智慧，大夫们答不出来，我答出了其中三件事。"范武子恼怒地教训儿子："大夫们都在谦让长辈。你一个年轻人，却在朝堂上三次卖弄自己。我不在晋国，你很快要逃亡了。"还用手杖打儿子，把杖头装饰都打折了。

范文子在父亲的教导下，很快就学会了谦让，并以同样的方式要求其儿子范宣子（士匄、范匄）不要越班论事。据《春秋左氏传》"成公十六年"记载：

> 甲午晦，楚晨压晋军而陈。军吏患之。范匄趋进，曰："塞井夷
> 灶，陈于军中，而疏行首。晋、楚唯天所授，何患焉？"文子执戈逐
> 之，曰："国之存亡，天也，童子何知焉？"

春秋时期，诸侯国作战方式主要是车战，必须列好阵势才能展开攻击。晋楚"鄢陵之战"中，楚国军队一大早就压到晋军大营前列阵。晋国军吏很担心没有地方列阵。范匄（当时地位不高）就提出了"塞井平灶，就地列阵"的好主意。范文子拿着戈追逐儿子，说："国家存亡，那是天意，年轻人知道什么？"范匄的主意很高明，晋军也正是这么做的。但是在那个强调尊卑上下的时代，组织结构中是不允许这样越级沟通的。

☆　**其他障碍**

除了地位差别外，可能成为沟通障碍的组织结构因素还有：

◇　信息传递链：信息通过的等级越多，信息失真率越大。
◇　组织规模：规模越大，沟通也相应变得越困难。
◇　组织空间：空间距离越长，沟通的频率越低。

□　拓宽认知视窗，消除沟通障碍

组织行为学认为：个体行为以其对现实的认知为基础，而不是以现实本身。对于个体来说，"世界"是其认知的世界，而不是客观存在的世界。人类个体只接受他能够认知的信息。哲学上将这种现象概括为"认识局限性"。

客观世界透过人的感知系统被接收，经过加工，成为主观认知。我们把这个现象称为人的"认知视窗"。

■　认知视窗，过滤客观世界

影响个人认知视窗的因素包括客观因素和主观因素。

客观因素主要是先天的生理因素和后天养成的性格。包括：智力水平、知识、经验、文化背景。《资治通鉴》"晋纪五"讲了一则关于晋惠帝司马衷的小故事，可以作为注解：

> 帝为人戆騃，尝在华林园闻虾蟆，谓左右曰："此鸣者，为官乎，为私乎？"时天下荒馑，百姓饿死，帝闻之曰："何不食肉糜？"

当时天下闹饥荒，百姓无粮多饿死。晋惠帝虽然天生有点傻，但其心术不坏，颇能推己及人：自己有肉糜吃，老百姓为什么不吃肉糜，而要饿死呢？

性格是一个人经常的行为特征以及因适应环境而产生的惯性行为倾向。性格也受后天经历、教育水平、总结能力、个人悟性的影响。与不同性格的人沟通，应采用不同的方法。

关于主观因素对沟通的影响，《吕氏春秋》"孝行览·遇合"篇有一段精辟阐述，并用音律作比喻：

> 凡能听说者，必达乎论议者也。世主之能识论议者寡，所遇恶得不苟？凡能听音者，必达于五声。人之能知五声者寡，所善恶得不苟？客有以吹籁见越王者，羽角宫徵商不缪，越王不善，为野音而反善之。说之道亦有如此者也。

宾客吹箫，羽、角、宫、徵、商五音都很很准，越王却不认为好；改吹越王喜欢听的当地鄙野之音，越王反而认为很好。沟通的道理与此类似。上述论述的最好注释，就是《吕氏春秋》"仲冬纪·长见"篇所述，魏国执政大臣公叔痤临死之时，与魏惠王之间关于公孙鞅（卫鞅）的沟通。

> 魏公叔痤疾，惠王往问之，曰："公叔之病甚矣，将奈社稷何？"公叔对曰："臣之御庶子鞅，愿王以国听之也。为不能听，勿

使出境。"王不应，出而谓左右曰："岂不悲哉！以公叔之贤，而今谓寡人必以国听鞅，悖也夫！"公叔死，公孙鞅西游秦，秦孝公听之，秦果用强，魏果用弱。非公叔痤之悖也，魏王则悖也。夫悖者之患，因以不悖为悖。

公孙鞅是卫国公族的旁支后代，卫国太小，没有他施展才华的空间，于是就来到了当时的第一强国魏国，做了执政大臣公叔痤的属官"中庶子"。公叔痤深知其才能，临死之前强力推荐给魏惠王。由于魏惠王本人心智水平有限，不"达乎议论"，反而认为是公叔痤临死之前的狂悖之言。魏国因此错失了人才。

■ 视窗不同，成为沟通障碍

不同的环境和阅历，决定了不同的认知和思维视窗。视窗不同的人，缺乏认知世界的共同基础，沟通交流很困难，更难达成共识。《庄子》"秋水篇"对这一问题有精辟的阐述：

> 井蛙不可以语于海者，拘于虚也；夏虫不可以语于冰者，笃于时也；曲士不可以语于道者，束于教也。

拘于虚，笃于时，束于教，是三种不同的视窗限制。

《楚辞》[51]"渔父"篇记载了屈原与渔父之间的沟通故事。渔父试图影响屈原，改变其思维认知和行为方式；然而，屈原的视窗与渔父迥异。渔父只好放弃，"莞尔而笑，鼓枻而去。"

> 屈原既放，游于江潭，行吟泽畔，颜色憔悴，形容枯槁。渔父见而问之曰："子非三闾大夫欤？何故至于斯！"
>
> 屈原曰："举世皆浊我独清，众人皆醉我独醒，是以见放！"

渔父曰："圣人不凝滞于物，而能与世推移。世人皆浊，何不淈其泥而扬其波？众人皆醉，何不餔其糟而歠其醨？何故深思高举，自令放为？"屈原曰："吾闻之：新沐者必弹冠，新浴者必振衣；安能以身之察察，受物之汶汶者乎！宁赴湘流，葬于江鱼之腹中。安能以皓皓之白，而蒙世俗之尘埃乎！"

渔父莞尔而笑，鼓枻而去，乃歌曰："沧浪之水清兮，可以濯吾缨；沧浪之水浊兮，可以濯吾足。"遂去，不复与言。

■ 拓宽视窗，构建沟通共识

作为社会个体，我们可以选择像屈原那样，保持更多的思维认知独立性，但作为管理者，必须跳出这种认识藩篱，站在更高的层次，看待他人的"视窗"局限。这是由管理工作的性质决定的：管理是通过协调和监督他人的活动，有效率和有效果地完成工作。实施管理的核心是人，建立分工协作的团队工作机制和融洽的人际关系是管理者的工作重点。

管理者的"视窗"应该更宽、更广，能够包容其团队成员的"视窗"，才能与其团队进行有效的沟通和交流，分工协作，共同努力，实现团队和组织的绩效目标。

视窗一旦拓宽，你将会发现一个崭新的世界。

管理者还应该具备打破自己固有视窗的能力。只有这样，才能够及时接受新信息、新思想、新创意，才能够推动技术创新、管理创新和商业模式创新。

第五章　借鉴古人智慧，熟谙沟通艺术

　　沟通是一门艺术。我国古典文献有很多关于沟通艺术的论述和案例故事，前面章节多有引述。这些论述和故事蕴含的沟通智慧，穿越千年时空，至今仍然闪耀着灿烂光芒。我们徜徉在古人留下的文化宝库中，可以尽情地撷取经典菁华，借鉴古人智慧；将这些智慧用于实践，熟谙沟通艺术。

　　沟通之情景过于复杂，没有"万应灵药"，只能根据不同的情景灵活把握。想要掌握沟通艺术，还需认真学习，努力领悟，不断实践，在实践中提高。

　　本章选取我国古代典籍中精彩的沟通案例，与读者共享。

□　王道与霸术杂用，行人共说客齐辉

　　两千七百多年前开始的春秋战国五百年里，华夏民族拥有过一段知识爆发、人性张扬、文明魅力四射的辉煌历史。在诸侯争霸、列国逞强的那个时代，沟通成为谋取邦国利益的有效工具。知识和智慧成为"热销资源"。各诸侯国积极招揽人才，以致于策士们"所在国重，所去国轻"。

　　春秋战国时期，各诸侯国都设有"行人"之职，执掌与其他诸侯国之间的结交、会盟等沟通事宜。行人通常由知识渊博且为人机智善辩之人担任，为了邦国利益，想尽办法说动或者压服其他诸侯国。这就必然要求他们具有高超的说话应对和写书面沟通资料的技能。《春秋左氏传》记载了众多以行人

为代表的"国务活动家"，著名人物包括：鲁国的叔孙豹、子贡，郑国的子产、子大叔、公孙辉，晋国的申公巫臣、叔向，齐国的晏婴等。唐朝刘知几在《史通》[52]"言语"篇中概括道：

> "大夫、行人，尤重词命，语微婉而多切，言流靡而不淫，若《春秋》载吕相绝秦，子产献捷，臧孙谏君纳鼎，魏绛对戮杨干是也。"

■ 晏子的沟通智慧：转祸为福，危言获全

齐国晏婴（晏子）就具有高超的沟通智慧，《论语》"公冶长"篇记述了孔子对其评价："晏平仲善与人交，久而敬之。"

司马迁编著《史记》将晏婴与管仲合传，置于列传第二。晏婴辅佐三代君主数十年，推行自己的政治主张。司马迁评述晏婴："其在朝，君语及之，即危言；语不及之，即危行。国有道，即顺命；无道，即衡命。以此三世显名於诸侯。""至其谏说，犯君之颜，此所谓'进思尽忠，退思补过'者哉！"并发出感叹，"假令晏子而在，余虽为之执鞭，所忻慕焉。"

晏子事迹多见于《春秋左氏传》和《晏子春秋》。本节仅引述几则凸显其政治智慧和沟通艺术的案例，与读者诸君共享。

☆ "踊贵屦贱"劝省刑

晏婴善于利用适当的情景向国君进谏。《春秋左氏传》"昭公三年"记载了晏婴抓住时机劝谏齐景公减轻刑罚的故事：

> 初，景公欲更晏子之宅，曰："子之宅近市，湫隘嚣尘，不可以居，请更诸爽垲者。"辞曰："君之先臣容焉，臣不足以嗣之，于臣侈矣。且小人近市，朝夕得所求，小人之利也，敢烦里旅？"公笑曰："子近市，识贵贱乎？"对曰："既利之，敢不识乎？"公曰："何贵？何贱？"于是景公繁于刑，有鬻踊者，故对曰："踊贵，屦

贱。"……景公为是省于刑。君子曰："仁人之言，其利博哉！晏子一言，而齐侯省刑。诗曰'君子如祉，乱庶遄已'，其是之谓乎！"

晏家老宅在街市边上，既拥挤又吵闹，齐景公要给他更换好地方。晏婴推辞了，并且提出了很好的理由，以维护国君的面子：晏家祖先住在这里，我不足以继承家业，住在这里已经奢侈了。这里靠近市场，早晚能得到需要的东西，很便利。

齐景公不相信堂堂国相经常逛市场，就笑着问："你家近于街市，了解街市货物贵贱吗？"当时齐景公滥用刑罚，特别是刖刑，以至于街市上有卖假腿的。晏婴就回答说："假腿贵，鞋子贱。"齐景公听了大受刺激，为此减省刑罚。

选择好的沟通时机，能够获得特殊的沟通效果！

☆ **修德与禳彗的辩证关系**

鲁昭公二十六年（公元前516年），齐国天空出现了彗星。晏婴与齐景公为此进行了一次"修德与禳彗"的政治沟通。

> 齐有彗星，齐侯使禳之。晏子曰："无益也，只取诬焉。天道不諂，不贰其命，若之何禳之？且天之有彗也，以除秽也。君无秽德，又何禳焉？若德之秽，禳之何损？诗曰：'惟此文王，小心翼翼。昭事上帝，聿怀多福。厥德不回，以受方国。'君无违德，方国将至，何患于彗？诗曰：'我无所监，夏后及商。用乱之故，民卒流亡。'若德回乱，民将流亡，祝史之为，无能补也。"公说，乃止。

古人认为彗星会带来灾祸，彗星出现就要祈祷消灾。晏子认为这种行为没有益处，并用朴素的唯物辩证法说服齐景公：上天有彗星，是扫除污秽的；君王没有污秽的德行，就不需要祈祷；如果德行污秽，祈祷也不能减轻！国君没有违德的事，四方的国家将会来朝拜，彗星有什么可怕？如果德行昏乱，百姓将要流亡，祝史之祈祷于事无补。齐景公听了很高兴，就停止了祈祷。（如果坚持祈祷，就是在彰显自己德行污秽了！）

☆ **给国君出选择题**

齐景公好喝酒，史有明载。据《晏子春秋》[53]"内篇谏上"记载，齐景公有一次连着喝了七天。一位叫弦章的大臣看不下去，就劝景公不要再喝酒，并以死相谏，但并没有起到作用。

晏婴轻松一句话，齐景公立马就改正了。

> 景公饮酒，七日七夜不止。弦章谏曰："君欲饮酒七日七夜，章愿君废酒也。不然，章赐死。"晏子入见，公曰："章谏吾曰：'愿君之废酒也。不然，章赐死。'如是而听之，则臣为制也。不听，又爱其死。"晏子曰："幸矣，章遇君也！令章遇桀、纣者，章死久矣。"于是公遂废酒。

齐景公向晏婴抱怨：弦章这样做，让我很难办！如果听他的话吧，那就是国君被臣下约束了；不听他的话吧，又爱惜这个人，担心他真的会去死。晏婴说："弦章遇到您这样的国君真是幸运呀！如果弦章遇到夏桀和殷纣那样的昏君，他早就死了。"于是，齐景公就不再那么喝酒了。

弦章和晏婴，都给齐景公出了道"二选一"的选择题。弦章的选择题是：

◇ 选项一，你不要再喝酒。

◇ 选项二，你再喝，我就死。

晏婴的选择题是：

◇ 选项一，弦章还活着，他遇到的是明君。

◇ 选项二，如果弦章死了，他遇到的就是桀纣那样的昏君。

这种情况下，即使是真的昏君，也不会让弦章死去。因为，那样就证实了自己是桀纣那样的昏君！况且，齐景公还不能算是昏君，还在担心弦章会死。晏婴正是抓住齐景公这种心理，带着渲染的色彩大讲昏君、明君的道义。所以，齐景公就只能按照晏婴选择题的选项一，去选择弦章选择题的选项一了。

☆ **幽默智救养马人**

《晏子春秋》"内篇谏上"记载了晏婴诙谐幽默的一面：

> 景公使圉人养所爱马，暴病死。公怒，令人操刀解养马者。是时晏子侍前，左右执刀而进。晏子止之，而问于公曰："古时尧、舜支解人，从何躯始？"公瞿然曰："支解人从寡人始。"遂不支解。

养马人把齐景公最喜欢的马养死了。齐景公盛怒之下，下令把养马人肢解了。晏子就问齐景公："古时尧、舜支解人，从哪个部位开始？"尧和舜，那是中华文明的圣人，是后世君主们学习的榜样，是不可能肢解人的。晏子轻描淡写地问了一句话，就从暴怒的国君口中救下养马人一条命。

喜怒哀乐，人之常情；慕义向善，亦人之常情。很多事情是否能够成功，不仅在于是非曲直，更在于对人情世故的透彻理解与把握，在"逆人之情"还是"顺人之情"。晏子并没有逆齐景公的暴怒之情，而是诱导其想成为圣贤之君的慕义之情，让其用自己向善之情战胜暴怒之情。

■ 子贡的沟通艺术：依仁游艺，为国解难

孔门弟子端木赐（子贡）深谙沟通艺术，声名闻于诸侯。《论语》将其归为"言语"科中佼佼者。子贡本人对沟通的重要性有精辟的认识："出言陈辞，身之得失，国之安危也。"

这里选择子贡沟通艺术的几个精彩案例，与读者共享。

☆ **善于运用比喻**

《论语》中多处记载子贡善于运用比喻进行沟通。

叔孙武叔语大夫于朝，曰："子贡贤于仲尼。"子服景伯以告子贡。子贡曰："譬之宫墙，赐之墙也及肩，窥见室家之好。夫子之墙数仞，不得其门而入，不见宗庙之美，百官之富。得其门者或寡矣。夫子之云，不亦宜乎！"

子贡用宫墙做比喻："我的墙到肩部，透过墙可以看到里面。老师的墙几丈高，如果没有找到大门走进去，是看不见里面宫室的美好和富足的。能够找到大门进去的人也许不多吧。"子贡既褒扬了老师，又委婉地讽刺了贬低孔子的叔孙武叔。

叔孙武叔毁仲尼。子贡曰："无以为也，仲尼不可毁也。他人之贤者，丘陵也，犹可逾也；仲尼，日月也，无得而逾焉。人虽欲自绝，其何伤于日月乎？多见其不知量也！"

这个叔孙武叔可能对孔子有成见，竟然公开毁谤。这次子贡就不那么客气了，用"丘陵"和"日月"来对比一般的贤人与孔子的差距："有人虽然要自绝于日月，对日月有什么损害呢？最多也就是表示其不自量罢了！"

《荀子》[54]"法行"篇记载了子贡智对南郭惠子的故事：

南郭惠子问于子贡曰："夫子之门，何其杂也？"子贡曰："君子正身以俟，欲来者不距，欲去者不止。且夫良医之门多病人，檃栝之侧多枉木，是以杂也。"

对于南郭惠子挑衅性的问话，子贡并没有反驳，而是用了两个比喻来回答：良医能治病，所以门前有很多等待看病的人；好木匠能矫形，旁边多弯曲的木头。那些外行人却认为他们旁边很杂乱。

☆ **把握心理活动**

子贡之所以能掌握高超的沟通艺术，不仅在善于言辞，还在于对沟通对象的思想、性格、心理及为人处世的原则有深入了解，对沟通情景有准确的认知。

《淮南子》"人间训"篇也讲述了一则故事，反映子贡善于把握对方心理活动而实现沟通目的之高超沟通艺术。

> 昔者，卫君朝于吴，吴王囚之，欲流之于海。说者冠盖相望，而弗能止。鲁君闻之，撤钟鼓之悬，缟素而朝……仲尼曰："若欲免之，则请子贡行。"……至于吴，见太宰嚭。太宰嚭甚悦之，欲荐之于王。子贡曰："子不能行说于王，奈何吾因子也！"太宰嚭曰："子焉知嚭之不能也？"子贡曰："卫君之来也，卫国之半曰：不若朝于晋；其半曰：不若朝于吴。然卫君以为吴可以归骸骨也，故束身以受命。今子受卫君而囚之，又欲流之于海，是赏言朝于晋者，而罚言朝于吴也。且卫君之来也，诸侯皆以为蓍龟。今朝于吴而不利，则皆移心于晋矣。子之欲成霸王之业，不亦难乎！"太宰嚭入复之于王，王报出令于百官曰："比十日，而卫君之礼不具者死。"子贡可谓知所以说矣。

子贡这次出使目的，是要说服吴国释放卫君，最便捷的途径就是面见吴王，直接说服吴王。然而，当吴王的宠臣太宰嚭提出要把他推荐给吴王时，子贡却拒绝了！不仅拒绝了，还使了一个激将法："你自己都不能取得吴王的信任，我干嘛要你引荐呢！"太宰嚭受了刺激，反问子贡："你怎么知道我不能取得吴王的信任？"于是，子贡就趁机将他的说辞兜售给太宰嚭，说辞的表面含义是吴国要想成霸王之业，必须取信于诸侯。沟通完全达到了目的，太宰嚭向吴王复述了子贡的话，吴王就对百官下令：十日之后，见了卫君不行国君之礼的，杀无赦。

古人评价，子贡的游说以仁义道德为依托，实现其沟通目的之策略和形式都是堂堂正正的。这与一百多年后苏秦、张仪等纵横家之流以谲诈取胜的沟通相比，道德境界不在一个层次，水平高下相去甚远！

☆ **樽俎折冲，为国解难**

据《史记》"仲尼弟子列传"记载，子贡为了缓解鲁国面临的危局，出使齐国、吴国、越国、晋国，针对不同的国君、不同的国情和不同的处境，施展了不同的沟通措施。"不出樽俎之间，折冲千里之外。"子贡的一系列沟通，引起了中华文明圈内一场多国战争（相当于今天世界大战），最终保全了鲁国。

第一步，阻止齐国攻鲁。

> 田常欲作乱於齐，惮高、国、鲍、晏，故移其兵欲以伐鲁。孔子闻之，谓门弟子曰："夫鲁，坟墓所处，父母之国，国危如此，二三子何为莫出？"子路请出，孔子止之。子张、子石请行，孔子弗许。子贡请行，孔子许之。

老师的母国有难，学生们纷纷自告奋勇，愿意出使游说。但孔子阻止了其他人的请求，唯独允许子贡出使。

子贡首先到齐国，劝说田常停止伐鲁。

> 至齐，说田常曰："君之伐鲁过矣。夫鲁，难伐之国，其城薄以卑，其地狭以泄，其君愚而不仁，大臣伪而无用，其士民又恶甲兵之事，此不可与战。君不如伐吴。夫吴，城高以厚，地广以深，甲坚以新，士选以饱，重器精兵尽在其中，又使明大夫守之，此易伐也。"

子贡的理由显然有违常理。田常听完，愤然作色："你认为难的，别人认为容易；你认为容易的，别人认为难；你用这一套道理拿我开涮，是什么原因？"

通过激怒田常，子贡实现了吸引其注意力之目的。然后，顺着田常的思维，帮其分析了形势并为其指明了行动方向：

> 子贡曰："臣闻之，忧在内者攻彊，忧在外者攻弱。今君忧在内。吾闻君三封而三不成者，大臣有不听者也。今君破鲁以广齐，战胜以骄主，破国以尊臣，而君之功不与焉，则交日疏於主。是君上骄主心，下恣群臣，求以成大事，难矣。夫上骄则恣，臣骄则争，是君上与主有卻，下与大臣交争也。如此，则君之立於齐危矣。故曰不如伐吴。伐吴不胜，民人外死，大臣内空，是君上无彊臣之敌，下无民人之过，孤主制齐者唯君也。"田常曰："善。虽然，吾兵业已加鲁矣，去而之吴，大臣疑我，柰何？"子贡曰："君按兵无伐，臣请往使吴王，令之救鲁而伐齐，君因以兵迎之。"田常许之，使子贡南见吴王。

伐鲁容易获胜。获胜之后，齐君因战胜而骄傲，高、国、鲍、晏几大家族地位更加显赫，显不出你田常的功劳和地位。因此，不如伐吴，伐吴不胜，民人死在外面，高、国、鲍、晏内部空虚，你田常上面没有强臣作对，下面没有老百姓的怨恨，就可以孤立齐君专制齐国了。

第二步，游说吴国救鲁攻齐。

子贡说通了田常停止攻鲁，于是又去游说吴王救援鲁国。

> 说曰："臣闻之，王者不绝世，霸者无彊敌，千钧之重加铢两而移。今以万乘之齐而私千乘之鲁，与吴争彊，窃为王危之。且夫救鲁，显名也；伐齐，大利也。以抚泗上诸侯，诛暴齐以服彊晋，利莫大焉。名存亡鲁，实困彊齐，智者不疑也。"吴王曰："善。虽然，吾尝与越战，栖之会稽。越王苦身养士，有报我心。子待我伐越而听子。"

吴王担心越国在后方捣乱，想在攻齐之前先灭了越国。

第三步，劝说越王坐待吴国与北方强国争战而削弱。

子贡又出使越国，帮助越王分析形势，劝其待吴国与中原齐、晋等强国互相消耗，再伺机攻吴。"越王大说，许诺。"

第四步，游说晋国做好迎击新崛起吴国的准备。

> 子贡因去之晋，谓晋君曰："臣闻之，虑不先定不可以应卒，兵不先辨不可以胜敌。今夫齐与吴将战，彼战而不胜，越乱之必矣；与齐战而胜，必以其兵临晋。"晋君大恐，曰："为之柰何？"子贡曰："修兵休卒以待之。"晋君许诺。

待子贡回到鲁国，吴王果然率军与齐国在艾陵大战，大破齐师。然后兵临晋国，与晋人在黄池之上相遇。后来的一系列历史事件都是按照子贡分析和建议的思路发展。

孔子去世后，子贡为其守丧六年，然后回卫国了。

据《春秋左氏传》"哀公二十七年"记述，鲁国与越国会盟中受到屈辱对待，执政大臣还在惦记子贡：

> 二十七年春，越子使舌庸来聘，且言邾田，封于骀上。二月，盟于平阳，三子皆从。康子病之，言及子赣，曰："若在此，吾不及此夫！"武伯曰："然。何不召？"曰："固将召之。"文子曰："他日请念。"

■ 卫鞅四说秦孝公：王道废而霸术兴

战国中期，秦国与中原诸国实力强弱的分水岭就是"商鞅变法"。在此之前，魏国的魏文侯和魏武侯任用李悝、吴起，变法图强，建立了一套完整的战备体系并训练出了一支战斗力强悍的军队"魏武卒"。在黄河以西不断压缩秦国生存空间。

秦孝公于公元前361年继位，迫于生存压力，不得不"张榜招贤"。卫鞅在魏国得不到"悖人"魏惠王的重用，于是就去了秦国。据《史记》"商君列传"记载，在秦孝公任用卫鞅之前，双方进行了四次沟通。

☆　**关于帝道的沟通**

> 乃遂西入秦，因孝公宠臣景监以求见孝公。孝公既见卫鞅，语事良久，孝公时时睡，弗听。罢而孝公怒景监曰："子之客妄人耳，安足用邪！"

第一次沟通，秦孝公直打瞌睡，显然是失败的。用卫鞅自己的话说："吾说公以帝道，其志不开悟矣。"秦孝公的志向达不到五帝治理国家的水平。秦孝公虽然对这次沟通内容不感兴趣，但卫鞅的沟通形式和沟通艺术还是吸引了他。过了五天，又要召见卫鞅，进行第二次沟通。

☆　**关于王道的沟通**

> 鞅复见孝公，益愈，然而未中旨。罢而孝公复让景监，景监亦让鞅。

第二次沟通，虽然得到秦孝公的欣赏，但仍然不合其兴趣。为什么？用卫鞅自己的话说："吾说公以王道而未入也。"卫鞅用夏禹、商汤、周武王治国的道理开导他，秦孝公还是听不进去。于是，景监又安排了第三次沟通。

☆　**关于霸道的沟通**

> 鞅复见孝公，孝公善之而未用也。罢而去。孝公谓景监曰："汝客善，可与语矣。"鞅曰："吾说公以霸道，其意欲用之矣。诚复见我，我知之矣。"

第三次沟通，秦孝公认为这次沟通内容很好，过后对景监说，你这位客人不错，可以与他讨论问题。卫鞅告诉景监："我这次是用'春秋五霸'治理国家的办法开导他，国君看来想用这种方法。再安排一次会见，我知道该如何使他下定决心。"

☆ **变法图强的沟通**

通过前三次沟通，卫鞅试探出了秦孝公的志向，也就确定了沟通内容。于是就发生了影响战国中后期一百四十年历史的君臣深度交流。

> 卫鞅复见孝公。公与语，不自知膝之前于席也。语数日不厌。
>
> 景监曰："子何以中吾君？吾君之欢甚也。"

第四次沟通，秦孝公听得聚精会神、专心致志，连续几天还没尽兴。事后景监就问卫鞅：你用什么打动了我们国君？卫鞅就对整个沟通过程及可能的发展前景进行了概括和预测。

> 吾说君以帝王之道比三代，而君曰："久远，吾不能待。且贤君者，各及其身显名天下，安能邑邑待数十百年以成帝王乎？"故吾以强国之术说君，君大说之耳。然亦难以比德于殷周矣。

历史发展印证了卫鞅的判断。秦国孝公以降六代国君，沿着严刑峻法、奖励耕战、富国强兵这条道路持续奋斗了140年，终于在公元前221年统一了天下。秦国实施的一整套战时体制，不适应国家统一后的和平环境。此前，秦相吕不韦已经察觉体制缺陷，并提出修正思路：杂用儒、法、道思想治理国家，其思想体现在《吕氏春秋》中。但历史没有给吕不韦机会，秦王朝没有及时调整战时体制以适应统一的和平环境，人民得不到修养生息，在陈胜吴广起义浪潮中，帝国大厦轰然坍塌。

□ 朝合纵而暮连横，贵阳谋而重阴符

在春秋战国那个专制时代，诸侯国的君主和执政的卿大夫们的意愿，基本上就是这个邦国的准则。卿大夫大都是世袭制，没有世袭官位的知识分子，很少有参与政治的机会。

随着诸侯国兼并加剧，世袭的贵族圈子已经不能提供足够的人才，各诸侯国都把招揽人才的范围扩大。于是，平民知识分子"策士"有了施展才华的机会。策士只有得到当权者的信任和重用，才有机会参与邦国治理。这就要求他们首先必须掌握高超的沟通艺术，游说诸侯国当权者，把自己推销出去。《史通》"言语"篇中对战国游说之风作了如下概括：

> 战国虎争，驰说云涌，人持"弄九"之辩，家挟"飞钳"之术，巨谈者以谲诳为宗，利口者以寓言为主；若《史记》载苏秦合纵、张仪连横，范睢反间以相秦，鲁连解纷而全赵是也。

刘向在《战国策》"书录"中总结了策士们的行为及作用：

> 战国之时，君德浅薄，为之谋策者，不得不因势而为资，据时而为画。故其谋扶急持倾，为一切之权，虽不可以临国教化，兵革救急之势也。皆高才秀士，度时君之所能行，出奇策异智，转危为安，运亡为存，亦可喜，皆可观。

策士们游说成功了，高官厚禄、钱财美女，应有尽有，成为仰慕的对象；游说失败，则遭社会白眼，父母妻子都低看。

■ 苏秦合纵抗强秦

苏秦跟随鬼谷子学习纵横之术，出道后第一次游说，选择的对象是当时

的强国秦国。秦惠王继位后，刚刚车裂了商鞅，对东方策士们有成见。苏秦的第一次游说就这样失败了。回到家里，又遭受家人白眼，人生陷入了窘迫的境地。

> 归至家，妻不下纴，嫂不为炊，父母不与言。苏秦喟叹曰："妻不以我为夫，嫂不以我为叔，父母不以我为子，是皆秦之罪也。"

于是苏秦发奋钻研沟通艺术，以至"引锥自刺其股"：

> 乃夜发书，陈箧书事，得《太公阴符》之谋，伏而诵之，简练以为揣摩。读书欲睡，引锥自刺其股，血流至足。曰："安有说人主不能出其金玉锦绣，取卿相之尊者乎？"期年揣摩成，曰："此真可以说当世之君矣！"

苏秦再次开始其游说生涯，放弃了强秦，选择了东方六国。首先从赵国开始，以高超的沟通艺术，说服六国合纵抗秦：

> 说赵王于华屋之下，抵掌而谈。赵王大悦，封为武安君。受相印，革车百乘，绵绣千纯，白璧百双，黄金万溢，以随其后，约从散横，以抑强秦。

苏秦博取富贵之后，父兄妻子对其态度直如天壤之别：

> 将说楚王路过洛阳，父母闻之，清宫除道，张乐设饮，郊迎三十里。妻侧目而视，倾耳而听；嫂蛇行匍伏，四拜自跪谢。苏秦曰："嫂何前倨而后卑也？"嫂曰："以季子之位尊而多金。"苏秦曰："嗟乎！贫穷则父母不子，富贵则亲戚畏惧。人生世上，势位富

贵，盍可忽乎哉！"

由是观之，崇拜权势和财富、轻忽道义与亲情，有其深远的文化基因！正如俗语所云："穷在闹市无人问，富在深山有远亲。"我们的传统文化，亦非皆为菁华，其中糟粕甚多！

苏秦的游说活动，一方面，职业生涯取得成功，"身佩六国相印"；另一方面，客观上抑制了战乱，形成了相对和平的局面，造福于当时的人民。刘向在《战国策》"秦策"中总结说：

> 当此之时，天下之大，万民之众，王侯之威，谋臣之权，皆欲决苏秦之策。不费斗粮，未烦一兵，未张一士，未绝一弦，未折一矢，诸侯相亲，贤于兄弟。夫贤人在而天下服，一人用而天下从。

■ 张仪连横弱六国

张仪从鬼谷子那里学成出道，在楚国被人冤枉偷了相国玉璧，掠笞数百，几乎送了性命。后来，在苏秦的帮助下去了秦国，获得重用。他在秦国施展高超的沟通才能和过人的诡诈，设计圈套，把号为"智囊"的政敌樗里疾排挤出局，自己做了相国。据《战国策》"秦策一"记载：

> 张仪之残樗里疾也，重而使之楚。因令楚王为之请相于秦。张子谓秦王曰："重樗里疾而使之者，将以为国交也。今身在楚，楚王因为请相于秦。臣闻其言曰：'王欲穷仪于秦乎？臣请助王。'楚王以为然，故为请相也。今王诚听之，彼必以国事楚王。"秦王大怒，樗里疾出走。

张仪做了秦国的相国，就给楚国相国去了一封挑战信：当年我在你家喝酒，你诬陷我偷你玉璧，差点把我打死。你守好你的国家，我有机会就盗你们的城池。

张仪以连横之策，破坏六国合纵。对楚国更是怀恨在心，多次以卑劣手段欺骗楚国。《战国策》"秦策二"记载了他欺骗楚怀王、破坏齐楚联盟的故事。张仪南见楚怀王，用"商於之地六百里"为饵，诱骗楚怀王与盟友齐国绝交。这明显是一个大骗局。但群臣阿谀奉承，楚怀王利令智昏，听不进劝谏。

> 楚王大说，宣言之于朝廷，曰："不谷得商於之田，方六百里。"群臣闻见者毕贺，陈轸后见，独不贺。……
>
> 张仪知楚绝齐也，乃出见使者曰："从某至某，广从六里。"使者曰："臣闻六百里，不闻六里。"仪曰："仪固以小人，安得六百里?"使者反报楚王，楚王大怒，欲兴师伐秦。

楚怀王在未得到秦国承诺的"商於之地六百里"之时，就断绝了与齐国的同盟关系。被张仪"商於之地六里"欺骗之后，又恼羞成怒地与秦国开战，犯下了兵家大忌"主不可以怒而兴师，将不可以愠而致战"。楚国失去了齐国这个战略同盟，在与秦国的战争中损兵折将。后来楚怀王本人又被骗去秦国，死在那里。楚国从此由盛转衰，走向了逐步灭亡的过程。

■ 蔡泽激将退范雎

蔡泽和范雎都是战国晚期人物。范雎当时为秦国相国，用"远交近攻"的战略，辅佐秦昭王蚕食韩赵魏国土，因功封为"应侯"。蔡泽当时还在到处游说而不得重用。蔡泽抓住机会，以其超人的沟通智慧，游说以"能摧众口之辩"自居的范雎，甘心情愿让出相位，推荐蔡泽继任。

☆ 蔡泽选择了一个最佳的沟通时机

范雎任用的郑安平、王稽皆负重罪於秦。长平之战后，秦军围困赵都邯郸。魏国信陵君"窃符救赵"，击破秦军，郑安平带领手下二万人投降赵国。王稽任河东守，与诸侯通，被依法处死。秦昭王虽然没有责怪范雎，但范雎内心羞惭。蔡泽就选择这个时候来到秦国，时间是公元前255年。

> 闻应侯任郑安平、王稽皆负重罪於秦，应侯内惭，蔡泽乃西入秦。

☆ **蔡泽选择了一个特殊的沟通形式：激将**

蔡泽在拜见秦昭王之前，先派人去刺激范雎：

> 将见昭王，使人宣言以感怒应侯曰："燕客蔡泽，天下雄俊弘辩智士也。彼一见秦王，秦王必困君而夺君之位。"

范雎本人也是能言善辩之士，对蔡泽的大话深不以为然，于是就把蔡泽叫来看一看到底是"何许人物"。蔡泽连续三问，范雎连续三"然"，将这次沟通推向了高潮。

蔡泽一问：

> "吁，君何见之晚也！夫四时之序，成功者去。夫人生百体坚彊，手足便利，耳目聪明而心圣智，岂非士之原与？"应侯曰："然。"

蔡泽二问：

> "质仁秉义，行道施德，得志于天下，天下怀乐敬爱而尊慕之，皆愿以为君王，岂不辩智之期与？"应侯曰："然。"

蔡泽三问：

> "富贵显荣，成理万物，使各得其所；性命寿长，终其天年而不夭伤；天下继其统，守其业，传之无穷；名实纯粹，泽流千里，世

世称之而无绝，与天地终始：岂道德之符而圣人所谓吉祥善事者
与？"应侯曰："然。"

☆ 蔡泽与范雎沟通的核心内容：利害关系

通过上述问答，蔡泽把范雎引向了自己预设的沟通方向，主导了这次沟通。

蔡泽曰："若夫秦之商君，楚之吴起，越之大夫种，其卒然亦可
愿与？……故世称三子致功而不见德，岂慕不遇世死乎？夫待死而
后可以立忠成名，是微子不足仁，孔子不足圣，管仲不足大也。夫
人之立功，岂不期于成全邪？身与名俱全者，上也。名可法而身死
者，其次也。名在僇辱而身全者，下也。……

"今主之亲忠臣不忘旧故不若孝公、悼王、句践，而君之功绩爱
信亲幸又不若商君、吴起、大夫种，然而君之禄位贵盛，私家之富
过于三子，而身不退者，恐患之甚于三子，窃为君危之。……

"君何不以此时归相印，让贤者而授之，退而岩居川观，必有伯
夷之廉，长为应侯，世世称孤，而有许由、延陵季子之让，乔松之
寿，孰与以祸终哉？"

蔡泽以秦国商鞅、楚国吴起、越国文种为例，劝说范雎功成身退。三人
对其国家功劳很大，但都不得其死；秦昭王对忠臣的感情不如秦孝公对商
鞅、楚悼王对吴起、越王勾践对文种，而范雎的功劳不如那三人，荣华富贵
却超过他们，已经很危险了。应引以为戒，功成身退，既有让贤之名，又享
富贵之实。于是，范雎就向秦昭王推荐蔡泽为相，自己则称病退休。

□ 实践盈而理论出，大道倡而权术兴

春秋战国时期，行人和执政者丰富的沟通实践，为我国古代沟通理论的

诞生提供了沃土。当时很多学者、说客对沟通艺术进行了多方位探讨和较为深入的研究。其精彩论述和案例，散见于《春秋左氏传》《鬼谷子》《荀子》《吕氏春秋》《韩非子》《战国策》等文献。丰富的实践，蕴育出《鬼谷子》《荀子》《韩非子》等我国古代沟通理论之杰作。

■　《鬼谷子》：转丸骋其巧辞，飞钳伏其精术

《鬼谷子》作者鬼谷先生，其人已不可考。史料记载，孙膑、庞涓、苏秦、张仪皆为其弟子。《鬼谷子》上承道家思想，下启纵横家学派，通常被归为"杂家"。《鬼谷子》总结了春秋以来诸侯国行人及执政者进行邦国交往活动、陈述辞令、利益交涉、劝谏国君等实践经验以及写作经验和技巧，探讨和阐述了一些道理，凝练成为理论，是纵横家理论之集大成者。

战国时期，社会多种思想流派共存。儒家重视个人的修养，也重视在有限圈子里识人和择友，但拙于同社会上其他阶层的人打交道；孔子遇上盗跖、孟子遇上梁惠王这样品性顽劣、修养较差、唯利是图的人，一点办法也没有。道家看透了统治阶级愚弄人民的把戏，不参与贵族们争权夺利的活动，只是著书立说、自娱自乐。《鬼谷子》则提倡积极入世，要求对客观实际有准确的把握，根据不同的实际情况采取相应措施，解决实际问题。其"抵巇"篇提出：

> 天下纷错，士无明主，公侯无道德，则小人谗贼；贤人不用，圣人窜匿，贪利诈伪者作；君臣相惑，土崩瓦解而相伐射；父子离散，乖乱反目，是谓萌牙巇罅。圣人见萌牙巇罅，则抵之以法。世可以治，则抵而塞之；不可治，则抵而得之。或抵如此，或抵如彼。或抵反之，或抵覆之。

《鬼谷子》提出了一整套关于沟通的原则和措施，形成了完整的理论体系。不仅从整体上阐述了游说及谋略的基本规律，还从人的心理活动入手，研究人的感觉、知觉、情感、志意、思维与行为的关系。在第一篇"捭阖"

中就提出："筹策万类之终始，达人心之理，见变化之朕焉。"提出了观察、试探人心理的方法。《鬼谷子》汇聚了先秦时期沟通的智慧和艺术。

"权术"篇首先阐述了游说的策略：

> 说者，说之也；说之者，资之也。饰言者，假之也；假之者，益损也。应对者，利辞也；利辞者，轻论也。成义者，明之也；明之者，符验也。言或反覆，欲相却也。难言者，却论也；却论者，钓几也。

游说，是要说服别人；说服别人，就要能给人帮助。华丽修饰的说词，是要借助于言辞诱导对方；用言辞诱导对方，就要让对方明白得与失。要做好应酬对答，就要有伶俐的口才；伶俐口才的实质，不过是修饰后的言辞。具有道义的言辞，就要阐明事理；阐明事理，是为了得到验证和认可。刁难的言辞，是推脱的论证；貌似推脱的论证，是为了诱导对方隐藏的秘密。

《说苑》"善说"篇引用《鬼谷子》（今本已佚）对沟通有效性的论述如下：

> 人之不善而能矫之者难矣。说之不行，言之不从者，其辩之不明也；既明而不行者，持之不固也；既固而不行者，未中其心之所善也。辩之明之，持之固之，又中其人之所善，其言神而珍，白而分，能入于人之心，如此而说不行者，天下未尝闻也。此之谓善说。

《鬼谷子》认为：人有缺点而能够加以矫正，是很难的事情。劝说而不见其改正行动，教诲其而不听从，是因为对善恶分辨得不明白；既然分辨明白了还不见其改正行动，是因为对劝说行为不够坚持；既然坚持了而仍不见改正行动，是因为劝说的道理未能打动对方心中期许的善。善恶分辨清楚了，行为坚持了，又打动对方心中期许的善，那么沟通语言就会有如神明和珍宝，讲解明白又条理清晰，能够深入人心，如此说服人而行不通的，天下从未听说过。这就是所谓的善于说服。

■ 《荀》《韩》沟通之"道"

关于沟通艺术，《荀子》"非相"篇进行了如下分析：

> 谈说之术：矜庄以莅之，端诚以处之，坚强以持之，譬称以喻之，分别以明之，欣驩芬芗以送之，宝之珍之，贵之神之。如是则说常无不受。虽不说人，人莫不贵。夫是之谓为能贵其所贵。

荀况的弟子韩非深得其师真传，在《韩非子》"说难"篇中对沟通进行了全面、系统的阐述。这里摘选几段与读者共享。

☆ **关于游说的困难**

游说之难，在于了解所说对象的心理，以便用自己的说法适应他。要根据所说对象的真实心理需求，采取针对措施。

> 凡说之难：在知所说之心，可以吾说当之。所说出于为名高者也，而说之以厚利，则见下节而遇卑贱，必弃远矣。所说出于厚利者也，而说之以名高，则见无心而远事情，必不收矣。所说阴为厚利而显为名高者也，而说之以名高，则阳收其身而实疏之，说之以厚利，则阴用其言显弃其身矣。此不可不察也。夫事以密成，语以泄败。

☆ **关于游说的要领**

游说的要领，在于能够褒扬所说对象自以为得意之事，而掩饰其自以为耻之事。游说的主旨不违逆，言辞不抵触，这样就可以极力施展智慧和辩才了。

> 凡说之务，在知饰所说之所矜而灭其所耻。彼有私急也，必以公义示而强之。其意有下也，然而不能已，说者因为之饰其美而少其不为也。其心有高也，而实不能及，说者为之举其过而见其恶而多其不

行也。有欲矜以智能，则为之举异事之同类者，多为之地；使之资说
于我，而佯不知也以资其智。欲内相存之言，则必以美名明之，而微
见其合于私利也。欲陈危害之事，则显其毁诽，而微见其合于私患
也。誉异人与同行者，规异事与同计者。有与同汙者，则必以大饰其
无伤也；有与同败者，则必以明饰其无失也。彼自多其力，则毋以
其难概之也；自勇其断，则无以其谪怒之；自智其计，则毋以其败
穷之。大意无所拂悟，辞言无所系縻，然后极骋智辩焉。

☆ **掌握游说对象的心情和爱憎**

以谏说为职业的人，要先了解沟通对象的爱憎然后再进说。人的心理有
逆顺之机：顺以招福，逆以致祸。

故谏说谈论之士，不可不察爱憎之主而后说焉。夫龙之为虫
也，柔可狎而骑也；然其喉下有逆鳞径尺，若人有婴之者，则必杀
人。人主亦有逆鳞，说者能无婴人主之逆鳞，则几矣。

■ 提高沟通有效性之"术"

沟通大都是文化定向的，受社会环境影响。在实施沟通前，必须预先考
虑影响因素，包括沟通对象的文化背景、兴趣、爱好、修养等信息，还要分
析判断其心理状态。只有如此，才能提高沟通的有效性。提高沟通有效性的
方法可以归纳为：动之以情，晓之以理，诱之以利，驱之以义。

☆ **动之以情**

人类是感情动物。沟通过程中，如果能够"动之以情"，用感情打动沟通
对象，将会极大地提高沟通的有效性。通常情况下，如果双方有感情基础，
在不违背组织原则及个人道德底线情况下，沟通中就可能妥协和让步，有利
于达成共识。

《春秋左氏传》记载了一系列"动之以情"沟通故事。鲁襄公十六年，鲁

国叔孙豹（穆叔）到晋国请求支援以抵抗齐国，就运用动之以情的沟通策略。

> 冬，穆叔如晋聘，且言齐故。晋人曰："以寡君之未禘祀，与民之未息，不然，不敢忘。"穆叔曰："以齐人之朝夕释憾于敝邑之地，是以大请。敝邑之急，朝不及夕，引领西望曰：'庶几乎！'比执事之间，恐无及也。"见中行献子，赋圻父。献子曰："偃知罪矣，敢不从执事以同恤社稷，而使鲁及此！"见范宣子，赋鸿雁之卒章。宣子曰："匄在此，敢使鲁无鸠乎！"

叔孙豹拜见晋国执政者中行献子和范宣子，唱了《诗经》里的两首诗，用真挚的感情打动了他们，实现了此次出使的意图。

第一首诗"圻父"："圻父，予王之爪牙。胡转予于恤，靡所止居？圻父，予王之爪士。胡转予于恤，靡所厎止？圻父，亶不聪。胡转予于恤？有母之尸饔。"是责备圻父作为周王的爪牙之士，没有尽到职责，使百姓受困苦之忧。叔孙豹借用"圻父"，委婉地表达了对盟主晋国未能及时救援的抱怨。

第二首诗"鸿雁"最后一章："鸿雁于飞，哀鸣嗷嗷。维此哲人，谓我劬劳。维彼愚人，谓我宣骄。"意指鲁国目前忧困嗷嗷，如鸿雁之失所，急需晋国救援。

"动之以情"，适用对象必须与自己有相同的价值观和感情认同基础。也就是说，必须是能够用感情打动的人。动之以情要以诚感人，所谓"精诚所至，金石为开"。《吕氏春秋》"审应览·具备"篇对此论述如下：

> 故，诚有诚乃合於情，精有精乃通於天。乃通於天，水木石之性皆可动也，又况於有血气者乎？故凡说与治之务莫若诚。听言哀者不若见其哭也，听言怒者不若见其斗也。说与治不诚，其动人心不神。

☆ **晓之以理**

有些人在沟通中善于以道理说服别人。《吕氏春秋》"审应览·具备"篇记载了宓子贱受命治理亶父时，以非语言沟通的方式对鲁哀公"晓之以理"的故事：

> 宓子贱治亶父，恐鲁君之听谗人而令己不得行其术也，将辞而行，请近吏二人于鲁君，与之俱至於亶父。邑吏皆朝，宓子贱令吏二人书。吏方将书，宓子贱从旁时掣摇其肘。吏书之不善，则宓子贱为之怒。吏甚患之，辞而请归。宓子贱曰："子之书甚不善，子勉归矣！"二吏归报於君，曰："宓子不可为书。"君曰："何故？"吏对曰："宓子使臣书，而时掣摇臣之肘，书恶而有甚怒，吏皆笑宓子，此臣所以辞而去也。"鲁君太息而叹曰："宓子以此谏寡人之不肖也。寡人之乱子，而令宓子不得行其术，必数有之矣。微二人，寡人几过！"遂发所爱，而令之亶父，告宓子曰："自今以来，亶父非寡人之有也，子之有也。有便于亶父者，子决为之矣。五岁而言其要。"宓子敬诺，乃得行其术於亶父。

宓子贱受命治理亶父，担心鲁君干扰自己的施政。于是就用非言语沟通"掣肘"给鲁君讲道理。我们常用"掣肘"一词，形容一个人的工作经常被别人干扰，即来源于此。今天各类组织的领导们，授权给下属后，是否还经常掣肘？

采用"晓之以理"方法，沟通对象必须是通达道理之人。如果沟通对象唯利是图，那你就只能改变方式，采用下面所述"诱之以利"方法了。

☆ **诱之以利**

司马迁在《史记》"货殖列传"中说："天下熙熙，皆为利来；天下壤壤，皆为利往。"我们不必将"利"局限于商贾金钱之利，对个人或组织有益的，都可以称为"利"。沟通过程中，有些情景、有些对象，需要"诱之以利"。

历史上最典型的"诱之以利"沟通案例，就是成语"假途灭虢"所讲晋国与虞国之间的沟通故事。据《春秋左氏传》"僖公二年传"记载：

晋荀息请以屈产之乘与垂棘之璧假道于虞以伐虢。公曰："是吾宝也。"对曰："若得道于虞，犹外府也。"公曰："宫之奇存焉。"对曰："宫之奇之为人也，懦而不能强谏。且少长于君，君昵之，虽谏，将不听。"乃使荀息假道于虞，曰："冀为不道，入自颠轮，伐鄍三门。冀之既病，则亦唯君故。今虢为不道，保于逆旅，以侵敝邑之南鄙。敢请假道，以请罪于虢。"虞公许之，且请先伐虢。宫之奇谏，不听，遂起师。

虞公贪图晋国的"屈产之乘"与"垂棘之璧"两件国宝，就答应了晋国假道虞国攻打虢国，并自请讨伐虢国。

又过了两年，到了鲁僖公五年，晋国再次假道虞国攻灭了虢国。晋国回军途中，顺道袭灭了虞国。

☆ **驱之以义**

在一些特殊情景下，其他沟通方法很难奏效之时，实践证明，"驱之以义"是最好的方法。作为社会性动物的人类，皆有"慕义向善"之情，期望得到他人称赞和公众舆论认可，这是"驱之以义"的心理学基础。

《吕氏春秋》"开春论"记载了惠施"驱之以义"，说动魏襄王改变葬父日期的沟通故事。

魏惠王死，葬有日矣。天大雨雪，至于牛目。群臣多谏于太子者曰："雪甚如此而行葬，民必甚疾之，官费又恐不给。请弛期更日。"太子曰："为人子者，以民劳与官费用之故，而不行先王之葬，不义也。子勿复言。"群臣皆莫敢谏，而以告犀首。犀首曰："吾未有以言之。是其唯惠公乎？请告惠公。"

魏惠王下葬的日子，赶上天下大雪，深度达到牛眼睛（战国时，兵车用马牵引，负重之车用牛牵引，故用"深及牛目"来衡量雪的深度）。群臣中多人劝谏，请改日雪停了再出葬。太子以孝义为借口，拒绝了群臣的劝谏。这位太子魏嗣，就是孟子所谓"望之不似人君"的魏襄王。

群臣没办法了，就把难题交给了犀首——与张仪齐名的人物，曾经纠集关东五国合纵抗秦。犀首对这件事也没有办法，就请惠公出面劝谏。这位惠公，就是经常与庄周辩论的惠施。惠施与庄周辩论常落下风，但对付魏嗣却很有办法。

> 惠公曰："诺。"驾而见太子曰："葬有日矣？"太子曰："然。"惠公曰："昔王季历葬于涡山之尾，欒水啮其墓，见棺之前和。文王曰：'嘻。先君必欲一见群臣百姓也，天故使欒水见之。'于是出而为之张朝，百姓皆见之，三日而后更葬。此文王之义也。今葬有日矣，而雪甚，及牛目，难以行。太子为及日之故，得无嫌于欲亟葬乎？愿太子易日。先王必欲少留而抚社稷安黔首也，故使雨雪甚。因弛期而更为日，此文王之义也。若此而不为，意者羞法文王也？"太子曰："甚善。敬弛期，更择葬日。"

惠施给魏嗣讲了"周文王延后葬父"的典故：周文王之父季历死后，埋葬当日遇到墓室出水，周文王以"先王欲见群臣百姓"为理由，推后三日（处理完墓室出水）再下葬。魏惠王葬期遇到大雪，也一定是不想离开群臣百姓。太子因此而"弛期"，那是在效法周文王的大义；太子如果不同意，那就是羞于效法周文王了。魏嗣于是很痛快地答应"更择葬日"。

同样的沟通目的，同一个沟通对象，大臣们"晓之以理"没有奏效。但惠施以万世景仰的周文王为例，"驱之以义"就很成功。在中国古代，没有人可以非议周文王的言语行为，慕虚名的君王以学习周文王为最高荣誉。至于说魏惠王和魏襄王父子，其德行与季历和周文王父子相比，何至相差万里！

今日各类组织机构的管理者们，通过借鉴和领悟先哲们的智慧，一定能在实践中提高自己的沟通水平和艺术。

参考文献

［1］王先慎. 韩非子集解［M］. 北京: 中华书局, 1998.

［2］Diamond, J. Guns, Germs and Steel: The Fates of Human Societies ［M］. New York: W.W. Norton & Company, 1999.

［3］Silver, N. The Signal and the Noise ［M］. London: The Penguin Press HC, 2012.

［4］〔英〕莎士比亚. 莎士比亚全集［M］. 朱生豪等，译. 北京: 人民文学出版社, 1994.

［5］程俊英 译著. 诗经［M］. 上海: 上海古籍出版社, 2006.

［6］〔美〕彼得·德鲁克. 卓有成效的管理者［M］. 许仕祥，译. 北京: 机械工业出版社, 2009.

［7］〔西晋〕郭象 注，〔唐〕成玄英 疏. 南华真经注疏［M］. 北京: 中华书局, 1998.

［8］Scott，W.G. and T. R. Mitchell. Organization Theory: A Structural and Behavioral Analysis ［M］. Homewood, IL: Richard D. Irwin, 1976.

［9］杨伯峻. 春秋左传注［M］. 北京: 中华书局, 1990.

［10］〔宋〕朱熹. 四书章句集注［M］. 北京: 中华书局, 1983.

［11］尚秉和. 周易尚氏学［M］. 北京: 中华书局, 1980.

［12］汪荣宝. 法言义疏［M］. 北京: 中华书局, 1987.

［13］〔南朝 梁〕刘勰. 文心雕龙（校注）［M］. 北京: 中华书局, 2012.

［14］傅亚庶. 孔丛子校释［M］. 北京: 中华书局, 2011.

［15］王盛元. 孔子家语译注［M］. 上海: 上海三联书店, 2012.

［16］何宁. 淮南子集释［M］. 北京: 中华书局, 1998.

［17］〔汉〕许慎. 说文解字［M］. 北京: 中华书局, 2005.

［18］〔汉〕郑玄 注, 〔汉〕贾公彦 疏. 周礼注疏［M］. 上海: 上海古籍出版社, 2010.

［19］〔明〕瞿佑, 李昌祺 等. 剪灯新话［M］. 上海: 上海古籍出版社, 1981.

［20］〔清〕曹雪芹. 红楼梦［M］. 北京: 人民文学出版社, 2000.

［21］汤高才 主编. 唐诗鉴赏辞典［M］. 上海: 上海辞书出版社, 1983.

［22］唐圭璋 主编. 唐宋词鉴赏辞典［M］. 南京: 江苏古籍出版社, 1986.

［23］〔汉〕司马迁. 史记［M］. 北京: 中华书局, 1959.

［24］许维遹. 吕氏春秋集释［M］. 北京: 中华书局, 2009.

［25］Berlo, D.K. The Process of Communication［M］. New York: Rinehart & Winston, 1960.

［26］〔美〕拉斯韦尔. 社会传播的结构与功能［M］. 何道宽, 译. 北京: 中国传媒大学出版社, 2013.

［27］Shannon, C.E. and W. Weaver. The Mathematical Theory of Communication［M］. Urbana: The University of Illinois Press, 1949.

［28］〔美〕彼得·德鲁克. 管理: 使命, 责任, 实务（实务篇）［M］. 王永贵, 译. 北京: 机械工业出版社, 2009.

［29］金庸. 倚天屠龙记［M］. 上海: 三联出版社, 1998.

［30］许维遹. 韩诗外传集释［M］. 北京: 中华书局, 2005.

［31］Keith Davis. Grapevime Communication Among Lower and Middle Managers［J］.Personnal Journal, April,1969.

［32］徐元诰. 国语集解［M］. 北京: 中华书局, 2002.

［33］Robins, S.P. and T.A. Judge. Organizational Behavior［M］. 12th Edition. New Jersey: Prentice Hall, 2007.

［34］〔五代〕王定保. 唐摭言［M］. 上海古籍出版社, 2012.

［35］Joinson, C. Teams at Work［J］. HR Magazine, 1999 (5).

［36］〔美〕彼得·德鲁克. 管理的实践［M］. 齐若兰, 译. 北京: 机械工业出版社, 2009.

［37］〔汉〕刘向. 战国策［M］. 上海: 上海古籍出版社, 1998.

［38］杨伯峻. 列子集释［M］. 北京: 中华书局, 1979.

［39］向宗鲁. 说苑校证［M］. 北京: 中华书局, 1987.

［40］许富宏. 鬼谷子集校集注［M］. 北京: 中华书局, 2010.

［41］〔宋〕司马光. 资治通鉴［M］. 北京: 中华书局, 2007.

［42］Kitty O. locker. Business and Administrative Communication［M］. New York: McGraw Hill, 2006.

［43］〔美〕富兰克林. 富兰克林自传［M］. 房利娟, 邹妍洵, 译. 北京: 中国宇航出版社, 2012.

［44］Tannen, D. Talking from 9 to 5［M］. New York: William Morrow, 1995.

［45］Belay, G.. Towards A Paradim Shift for Interculture and International Communication: New Research Direction［J］. Communication Yearbook 16, 1993.

［46］Maddux, W.W. et al. Why 'I am Sorry' Doesn't Always Translate［J］. Harvard Business Review, June, 2012.

［47］Hertz, N. Eyes Wide Open: How to Make Smart Decisions in a Confusing World［M］. London: Harper Collins UK, 2013.

［48］支伟成 编. 孙子兵法史证［M］. 北京: 中国书店, 1988.

［49］〔明〕刘基. 郁离子［M］. 郑州: 中州古籍出版社, 2008.

［50］毛泽东. 毛泽东选集（第三卷）［M］. 北京: 人民出版社, 1991.

［51］董楚平. 楚辞译注［M］. 上海: 上海古籍出版社, 2006.

［52］〔清〕浦起龙. 史通通释［M］. 上海: 上海古籍出版社, 2009.

［53］张纯一. 晏子春秋校注［M］. 北京: 中华书局, 2014.

［54］王先谦. 荀子集解［M］. 北京: 中华书局, 1988.

第三篇 / 『曲突徙薪』与风险管理

导　言

　　风险客观存在，相伴人类社会的所有活动，不以人的主观意志为转移。自从来到这个世上，我们就踏上了充满不确定性的旅程，不得不面对和处理这样那样的风险。人类在总结实践经验的基础上，学会了认知和管理风险，并将这种能力应用于个人生活和社会管理。能否正确认知并成功管理风险，决定个人生活质量及财富消长、组织事业成败、政治团体兴衰，乃至国家民族的存亡命运。

　　在经济全球化浪潮中，外部环境日趋复杂。风险管理有效与否，已经成为影响个人生活、组织发展的重要因素。由于缺乏风险管理意识，很多人健康受损、财富缩水。众多组织由于风险管理的缺失，造成巨额资产损失，甚至破产。作为现代社会的一员及组织的管理者，必须具备风险意识，掌握风险管理的知识和技能，驾驭风险，避害趋利，保护财富，创造价值。

　　中华民族的先哲们创造了博大精深的文化，积累了从远古时代凝练下来的管理智慧——包括风险管理的智慧。这些智慧，穿越数千年时空，至今仍然放射着灿烂光芒。以此形成的中华经典，是我们民族取之不尽、用之不竭的宝藏。《汉书》[1]"霍光传"讲述了一则"曲突徙薪"的成语故事，几乎就是一个完整的风险管理案例，蕴含着我国古代风险管理智慧：

客有过主人者，见其灶直突，傍有积薪。客谓主人："更为曲突，远徙其薪，不者，且有火患。"主人嘿然不应。俄而家果失火，邻里共救之，幸而得息。于是杀牛置酒，谢其邻人，灼烂者在于上行，余各以功次坐，而不录言曲突者。人谓主人曰："乡使听客之言，不费牛酒，终亡火患。今论功而请宾，曲突徙薪亡恩泽，焦头烂额为上客耶？"主人乃寤而请之。

本篇拟结合现代风险管理理论，借鉴我国古代经典精华，探讨风险认知和管理的智慧。第一章《人类对风险的认知和管控》介绍人类的风险认知历史。第二章《现代风险管理过程和方法》介绍现代风险管理发展历程，风险管理的过程及常用技术方法。第三章《有效实施组织的风险管理》阐述组织风险管理的动因、风险管理框架和企业全面风险管理及实施案例。第四章《风险认知和管理问题探析》探讨风险认知和管理中常见问题。第五章《借鉴古人智慧，成功管控风险》分析几位历史人物风险管理故事，总结风险管理的三种境界。

第一章　人类对风险的认知和管控

现代社会是一个"风险社会"。生活中充斥着各种风险：投资风险、市场风险、经济风险、通胀风险、汇率风险、社会风险，诸如此类。"风险"似乎是一个既明确又模糊的概念。

那么，究竟什么是风险？什么样的情况才可以称为"风险"？如何认知、防范并管理风险？

能否正确认知并成功管控风险，对于个人、家族、组织乃至国家、政权、民族的生存发展至关重要。古往今来，我们所耳闻的，因忽视风险而覆灭的案例不胜枚举，所谓"其兴也勃焉""其亡也忽焉"。若干年来，我们所目睹的，个人投资忽视风险，导致财富灰飞烟灭；组织机构忽视风险，导致经营困难甚至破产。正如《三国演义》开篇所言："滚滚长江东逝水，浪花淘尽英雄，是非成败转头空，青山依旧在，几度夕阳红。"

在经济全球化、劳动者知识化和生产组织信息化的新一轮工业革命浪潮中，我们不得不面对日益复杂和不确定的外部环境。这些因素增加了管理者的认知难度，降低了预测未来的可能性，提出了前所未有的新挑战。

正确地认知和管控风险，是我们的基本生存能力之一。必须掌握风险相关知识和技能，正确认知并驾驭风险，避害趋利，保护财富，创造价值。

□ 风险认知历史，源于社会实践

风险认知通常用于描述人们对风险的态度和直觉判断，是人们面临客观风险时，与生俱来的主观心理感受和认识。

地球上自从出现人类活动，便有了风险意识和风险概念，也就产生了对风险的恐惧和认知并控制风险的需求。风险范围随着人类社会认识自然和改造自然的活动而扩展。原始社会阶段，人类主要面临天灾、食物匮乏、大型动物的攻击等风险。从蛮荒走向文明，人类掌握了更多技能，活动范围不断扩展，社会结构逐步复杂化，随之就产生了矛盾和冲突。部落联盟和国家的出现，导致战争成为政权和国家存亡的最大风险。《孙子兵法》[2] 开篇就讲："兵者，国之大事，死生之地，存亡之道，不可不察也。"要求军队将领时刻防范风险。

进入近现代社会以来，国家、民族、社群、个人之间的交往日益频繁，人们已经无法孤立地存在于这个地球上。在一个地方发生的看似毫不相关的事件，很可能会给另外一个地方带来风险。欧洲人麦哲伦和哥伦布的远洋探险，把西方的细菌和枪炮带到了美洲大陆，从此印第安人就面临种族灭绝的风险[3]。

工业革命以来，现代科技发展日新月异，人类掌握的知识快速膨胀。新知识和新技术给我们的生活带来便利的同时，不可避免地带来新的风险。这些风险正是由于人类自己创造的新知识、发明的新技术造成的。

对风险事件进行总结，使人们认识到风险是关系到生存发展及前途命运的大问题。管理风险成为个人生活、组织经营、政府管理中一项极其重要的内容。

■ 我国古代对风险的认知

中华民族在开发利用自然的活动中，很早就积累了关于风险的认知以及防范风险的经验和智慧，两千五百年前就提出"有备无患""备豫不虞，善之大者也"等风险管理理念。古典文献的描述范式中，虽然没有组合词"风险"，但是对于"风"和"险"都有明确的诠释。

☆ **关于"风"的认知**

我国古典文献中的"风"，具有多重含义，可以概括为物理、社会、音乐以及动物特殊状态等方面。

第一，自然界物理意义之风。最早见于《尚书》和《周易》。

《尚书》[4]"尧典"记载帝尧在考察接班人舜的时候，派他到各地锻炼处理事务的能力："纳于大麓，烈风雷雨弗迷。"

《周易》[5]"巽"卦（☴）的表征意义之一就是"风"。说卦传："挠万物者，莫疾乎风。"对风的力量有直观的认识。

第二，人文社会之风。我们今天常说"社会风气"，要求官员"风清气正"，已经不再是物理意义上的风，而是表征人文社会之习惯、趋势和风气。最早见于《尚书》"商书·伊训"：

> 敢有恒舞于宫，酣歌于室，时谓巫风；敢有殉于货色，恒于游畋，时谓淫风；敢有侮圣言，逆忠直，远耆德，比顽童，时谓乱风。惟兹三风十愆，卿士有一于身，家必丧；邦君有一于身，国必亡。臣下不匡，其刑墨，具训于蒙士。

所谓"三风"，即巫风、淫风、乱风，指三种不良习惯。

第三，音乐含义之风。我国最早的一部诗歌总集《诗经》，其中一部分叫"国风"，是指各地方的歌曲与音乐。《春秋左氏传》[6]"襄公二十九年"有"五声和，八风平"之说。

第四，动物的特殊状态。我国古时借用"风"来描述马牛等动物发情时的特殊状态，这种状态下的动物，其行为已经不可预测，也很难约束。成语"风马牛不相及"出自《春秋左氏传》"僖公四年"的一段对话：

> 四年春，齐侯以诸侯之师侵蔡。蔡溃，遂伐楚。楚子使与师言

> 曰："君处北海，寡人处南海，唯是风马牛不相及也，不虞君之涉吾
> 地也，何故？"

公元前656年春，齐桓公率领中原诸侯联军打败蔡国，然后移兵攻打楚国。楚成王派使者来沟通："你齐国地处北海，我楚国地处南海，即便是发情的公牛追逐母牛、发情的公马追逐母马，也到不了我们这个地方吧！"

第五，与地理方位及季节相关的风。《吕氏春秋》[7] "有始览"篇提出"八风"概念，从八个方位属性解释风的特性：

> 何谓八风？东北曰炎风，东方曰滔风，东南曰熏风，南方曰巨
> 风，西南曰凄风，西方曰飂风，西北曰厉风，北方曰寒风。

东汉许慎综合前人智慧，在《说文解字》[8] 中对"風"进行了综合概括与阐释。这里用繁体字"風"准确传递其原意：

> "風"，八风也。东方曰明庶風，东南曰清明風，南方曰景風，
> 西南曰凉風，西方曰阊阖風，西北曰不周風，北方曰广莫風，东北
> 曰融風。"風"动虫生，故虫八日而化，从虫。

《说文解字》对"風"的解释，已不仅限于物理意义的空气流动。"風"的八个方位属性，表征其无处不在；"風"的"从虫"属性，来自《周易》之蛊卦。《春秋左氏传》"昭公元年"记载了晋卿赵武与秦国医和关于"蛊"的对话：

> 赵孟曰："何谓蛊？"对曰："淫溺惑乱之所生也。于文，皿虫为
> 蛊。谷之飞亦为蛊。在《周易》，女惑男、风落山谓之蛊。皆同物也。

"蛊"在古代是一个可怕的东西，来无影去无踪，难以预料，随时会给人

带来灾难。"飌"动虫生，则喻示了不可预测的事情随时可能发生。

☆ 关于"险"的认知

我国古典文献中的"险"，具有客观的物理险阻、困难状态的描述以及人类心理活动等多重含义。

第一，客观的物理阻碍。"险"最早出现于《周易》"坎"卦象辞："天险，不可升也；地险，山川丘陵也；王公设险以守其国；险之时用大矣哉！"

这里的"险"，是指外在的、物理意义上的客观"阻碍"。《说文解字》对险的解释是："险，阻难也。"

第二，危难与灾难。《周易》"解"卦象辞说："解，险以动，动而免乎险。"《中庸》[9]"第十四章"讲："故君子居易以俟命，小人行险以徼幸。"《韩诗外传》[10]"卷六"记载，晋国赵襄子引用叔向的话："君子不乘人于利，不厄人于险。"

上述文献中的"险"都是指"危难""可能发生的灾难"。

第三，险恶与存心不善。据《孔子家语》[11]"始诛第二"篇记述：孔子为鲁司寇，摄行相事，七日而诛乱政大夫少正卯。

> 天下有大恶者五，而窃盗不与焉。一曰心逆而险，二曰行僻而坚，三曰言伪而辩，四曰记丑而博，五曰顺非而泽。此五者有一于人，则不免君子之诛，而少正卯皆兼有之。

孔子认为：天下有不可宽恕的五项大恶行，排在第一位的就是"心思乖戾而为人险恶"。

☆ 关于"风险"的认知

"风险"（Risk）是典型的"舶来品"。

我国经典文献中，没有风险联用词。将前述的"风"与"险"组合，基本就是现代意义的"风险"。

中华民族的先祖们在与自然和外敌的斗争中，善于总结防范风险的经验教训，并凝练成智慧供后人学习借鉴。古人经常使用"不虞""毋望"（无妄）、"患""险""不测"等词汇描述与现代"风险"相同或相近的意义。

《尚书》"商书·说命中"最早提出风险防范思想："惟事事，乃其有备，有备无患。"

《周易》"乾"卦九三爻辞充分反映了我国先贤们对待风险的谨慎态度："君子终日乾乾，夕惕若，厉无咎。"君子整天强健振作，在夜间也警惕慎行，即使面临危险也能免遭咎害。"萃"卦之大象传说："泽上於地，萃；君子以除戎器，戒不虞。""既济"卦之大象传说："水在火上，既济；君子以思患而预防之。""系辞下传"说："重门击柝，以待暴客，盖取诸豫。"都是在告诫人们要预防突发风险。

《诗经》[12]"小旻"最后一章谆谆教诲后人注意防范风险：

> 不敢暴虎，不敢冯河。人知其一，莫知其他。战战兢兢，如临
> 深渊，如履薄冰。

《春秋左氏传》有很多风险防范的具体事例。鲁隐公五年，卫国联合南燕国攻打郑国，南燕国没有防范措施而被打败：

> 卫人以燕师伐郑，郑祭足、原繁、泄驾以三军军其前，使曼伯
> 与子元潜军军其后。燕人畏郑三军，而不虞制人。六月，郑二公子
> 以制人败燕师于北制。君子曰："不备不虞，不可以师。"

燕国人只注意前面的郑军，没有防备后面，结果被打败。左丘明评价此事说："不防备意外，就不可以带兵打仗。"

这种思想对现代社会的各类组织仍然适用："组织没有风险防范措施，就不可以开展经营活动。"

孔夫子谆谆教诲勇力兼人的子路要有风险防范意识：

子路曰："子行三军，则谁与？"子曰："暴虎冯河，死而无悔者，吾不与也。必也临事而惧，好谋而成者也。"

孔子说："空手搏虎，徒步涉河，到死都不知道后悔的（鲁莽）人，我是不要他协助的。（我要共事的人）一定是面临任务谨慎小心，善于提前谋划周全，能够顺利完成任务的人。"

《中庸》对当时人们的风险防范意识进行了归纳和总结：

凡事豫则立，不豫则废。言前定则不跲，事前定则不困，行前定则不疚，道前定则不穷。

所有的事情，提前思考和策划就能够成功，不思考和策划就容易失败。说话之前确定好说什么、怎么说，就不会说话不通畅；做事情，提前确定怎么做，就不会出现困境；行动之前确定好方针和步骤，就会少犯错误；制定大政方针前把各方面情况都考虑清楚，执行时就不会因突发事件而受干扰。

古人防范风险的智慧，数千年来已经融入中华文明的血液。

■ 世界其他民族对风险的认知

西方文明的起源也同样蕴含着深刻的风险认知思想。最早可追溯至宗教传说故事"诺亚方舟"：诺亚预先得到上帝示意，在洪荒来临前建造了一艘方形大船，以便他自己和家人以及其他陆生动物逃避即将降临的洪灾。

☆ "风险"一词的西方起源

欧洲文艺复兴发展起来的现代知识体系中，没有对"风险"一词起源的清晰记载和统一认识。

在阿拉伯文中，风险的意思是"赚取自己每天的面包"。中东地区生活环境恶劣，人们每天是否能够吃饱肚子都是不确定的，并不是每个人都能做到每天有面包吃。

现代意义的风险概念，起源于西方航海冒险活动和重商主义资本家的经济行为。从语源学上考察，"风险"的希腊语词根为"riza"，具有"根"（确定性）和"悬崖"（不稳定性）的双重含义。在意大利语中，描述风险的词汇是"risco"和"rischio"，前者是指个体将经受的危险（danger），后者是指进行的冒险活动（venture）。西班牙航海者沿用了上述概念，分别用"risicare"和"riscum"来表示，前者指在航海活动中的危险，后者指冒险活动的后果[13]。

英语词汇"risk"大约出现于文艺复兴时期，用于表示航海、探险和海外贸易等活动中可能遇到的危险，特别指进入未知水域可能发生的意外情形。Bernstein在"Against the Gods: The Remarkable Story of Risk"[14]书中认为，西方社会在文艺复兴时期就想操控灾害或风险。

随着概率论（Probability）的产生，人们对于灾害事件的估计开始有了科学根据，推动了风险理论的产生。

伴随着资本主义的发展和扩张，保险、投资、借贷等业务兴起，"风险"被用于描述未来某一时段内可能出现的经济波动和可能遭受的损失。

☆　**工业革命带来新风险**

十八世纪起源于英国的工业革命，彻底改变了人类数千年的发展轨迹和社会形态。新知识和新技术不断涌现，给人类社会带来了物质便利，也不可避免地带来新的风险。英国哲学家培根在热情洋溢地赞美工业革命的同时，也警告新技术可能会给人类带来的危险。这些危险正是由于人类自己创造的新知识、发明的新技术造成的。

随着工业文明的扩张和科学技术的不断进步，人们面临的风险复杂性也日益增大。遗憾的是，人类只顾尽情地享用科技成果，却忽视了哲学家的忠告。一系列重大工业风险事故给人类社会带来了巨大灾难。

◇　1930年12月发生在比利时马斯河谷工业区的有害气体泄漏事件，造成60多人死亡；

◇　1952年12月发生在英国伦敦的烟雾事件造成约4000人死亡；

◇ 1953~1956年发生在日本水俣市的有毒工业废水污染事件，造成283人汞中毒、60人死亡；

◇ 1955~1972年发生在日本富山县的含镉废水污染事件，造成130人镉中毒、81人死亡；

◇ 1984年12月发生在印度博帕尔的联合碳化物公司毒气泄漏事件，引发了工业发展史上最严重的灾难：直接致死2.5万人，间接致死55万人，20多万人永久残废。

工程师们已经尽其所能采取技术措施降低工业事故，但技术不是万能的，永远也不可能做到零风险。

☆ **西方文化对风险的不同理解**

关于风险的理解，国际上长时间没有统一的标准。常见的理解可以归纳为以下几类：

第一，风险与结果的不确定性相关。

第二，风险与各种结果发生的可能性（或概率）相关。可能性（或概率）是对不确定性的量化描述。

第三，风险与实际结果对期望值的偏离相关。在金融投资领域，风险常常被定义为风险因素变化的波动性（Volatility），描述这种波动性的方法是计算期望值和方差（或标准差）。

第四，风险是损失发生的可能性。《美国传统字典》（*American Heritage Dictionary*）对风险的定义是："遭受伤害或损失的可能性。"（The possibility of suffering harm or loss）。

第五，风险是容易发生的危险。

☆ **不同行业对风险的不同理解**

现代知识体系中，不同行业对风险的理解和诠释也不同。

在技术领域，"风险"具有更专业的用法和意义。在非技术领域，"风险"的含义比较模糊。

《斯坦福大学哲学百科全书》（*Stanford Encyclopedia of Philosophy Archive*）[15]
给出了应用于各学科的五种定义：

◇ 定义一：风险是可能会发生也可能不会发生的意外事件。
例如：肺癌是影响吸烟者的主要风险之一。

◇ 定义二：风险是可能会发生也可能不会发生的意外事件的
原因。例如：吸烟是到目前为止在工业化国家中最重要的健康风险。

◇ 定义三：风险是可能会发生也可能不会发生的有害事件的
概率。例如：吸烟者的生命因与吸烟有关的疾病而缩短的风险是
50%左右。

◇ 定义四：风险是可能会发生也可能不会发生的不良事件的
统计期望值，是其概率及其严重程度的产物。这是现在很多学科中
风险一词的标准技术意义。

◇ 定义五：风险是在已知概率条件下作出决策的事实。这
里，"风险决策"相当于"不确定性决策"。

综上所述，人类传统上对风险的认知，是一个与不确定性（意外）及损
失相关联的词。通俗地讲，风险是指由于可能发生的事件，造成实际结果与
主观预料之间出现偏差。这种结果可能伴随某种损失的产生。主观上，是指
事故发生的不确定性；客观上，是指事故发生遭受损失的机会。

□ 风险基本特性，体现时代特征

风险的基本特性包括：风险要素、风险属性以及风险类别。这些特性是
人类长期认知和管控风险的实践经验总结，结合了社会发展和技术进步带来
的新变化，具有鲜明的时代特征。

■ 风险的基本要素

构成风险的基本要素有：风险主体、风险因素、风险事故和风险损失。

☆ 风险主体

风险主体是指拥有风险及其管理责任、主动承受或被动接受风险后果的当事方（组织或当事人）。

风险是相对于风险主体的预期目标而言的，即可能的后果偏离风险主体的预期目标。没有风险主体，就不能称其为风险。

风险主体承担的风险，对于其他不相关的组织（或当事人）来说，就未必是风险，也许是收益。譬如：冬日里的一场北风，可能会吹倒广告牌，对路边行人构成风险；但大风吹散笼罩城市的雾霾，却是多数人期盼的。

☆ 风险因素（或风险源）

风险因素是风险发生的潜在原因，是造成损失的根源。

风险因素是引起或加大风险事故发生的机会、扩大损失幅度的原因和条件。如果把所有风险因素都消除了，风险事故就不会发生，也不会有风险损失。

风险因素可能是有形的，也可能是无形的。有形风险因素，也称实质风险因素，是指某一事物本身所具有的足以引起风险事故发生或增加损失机会或加重损失程度的因素。无形风险因素，主要是指与人因有关的风险因素，即由于人们疏忽或过失等因素以致增加风险事故发生的机会、加大损失的严重性。

☆ 风险事故（或风险事件）

风险事故是指风险因素发生作用而造成的生命或财产损失的偶发事件。风险事故是造成风险损失的直接原因，是风险因素与风险损失之间的媒介。

风险事故的发生是不确定的。这种不确定性是由于环境复杂性和人们对于事物变化趋势的预测能力不足而客观存在的。

☆ 风险损失（或风险后果）

我们通常使用"风险损失"来描述消极的风险后果。风险损失是指"非故意的、非预期的、非计划的人身损害或财产经济价值的减少"。包含两方面含义：

◇　非故意的、非预期的、非计划的事件导致的；

◇　造成了人身损害及财产经济价值的减少。

缺乏任一方面，都不能称为风险损失。例如：房屋在地震中倒塌，是非故意的、非预期的、非计划事件导致的，是风险损失。房屋被房地产公司强制拆迁，是故意的、预期的、计划事件导致的，就不属于风险损失。

☆　**风险的基本属性**

人类通过实践活动对风险的认识与理解不断深入和发展，风险属性也随着社会形态和科学技术的发展而变化。在现代社会技术条件下，通常从以下三个角度考察和衡量风险属性：

◇　一是风险与人类有目的之活动相关。人类从事某项活动，总是希望能够趋利避害，获得一个好的结果。

◇　二是风险与行动方案的选择有关。对于一项活动，总是有多种行动方案可供选择，不同的行动方案所面临的潜在风险是不同的。

◇　三是风险与事物的未来变化有关。当客观环境或者人们的思想意识发生变化时，面临的风险也会发生变化，其活动的结果也会有所不同。

风险的基本属性可以概括为：客观性、不确定性、社会属性、经济属性。

☆　**客观性**

风险是一种客观存在。无论是自然界的物质运动，还是社会发展的规律，都由其内部因素决定，遵循其内在的客观规律。所以，风险独立于人的意识之外，不以人的主观意志为转移。

明朝方孝孺在"深虑论"[16]中论及风险的客观性:

> 虑天下者,常图其所难,而忽其所易;备其所可畏,而遗其所不疑。然而祸常发于所忽之中,而乱常起于不足疑之事。岂其虑之未周欤?盖虑之所能及者,人事之宜然;而出于智力之所不及者,天道也。

"虑之所能及者",是以前经历过的,或者根据以前经验可以推测判断出来的,属于已知风险的范畴。而"出于智力之所不及者",则属于不确定性范畴。方孝孺受自身认识的局限性,把不确定性归入"天道"。

☆ **不确定性**

风险的不确定性,正如我国谚语所云"天有不测风云,人有旦夕祸福"。我们能够事先确定什么事情会在什么时间、什么地点发生吗?目前还不能。因为很多事情存在不确定性。

美国早期政治活动家富兰克林有句名言:

> "这个世界上没有什么事情是确定的,除了死亡和税收。"

法国诗人保罗·瓦雷里有段著名诗句:

> "我们这个时代最大的问题是什么?我们这个时代最大的问题,就是现在和过去不一样!"

为什么不一样?因为在变化。变化就意味着不确定性。

社会上到处充斥着不确定性。如果不能正确认知不确定性及其带来的风险,就可能给自己的身体健康、家庭财富及组织的事业带来极大损失。

风险的不确定性包括以下几个方面:

◇ 发生与否不确定（Whether）。

◇ 发生的时间不确定（When）。

◇ 发生的状况不确定（Circumstance）。

◇ 发生的后果严重性程度不确定（Extent of Consequence）。

风险是否发生，发生在哪里，发生在何时，都具有不确定性。即便那些发生概率很大（几乎是必然要发生）的风险，何时发生也是不确定的。

《庄子》[17] "胠箧"篇有一则"鲁酒薄而邯郸围"的故事，阐述的就是风险的不确定性：

> 昔楚宣王朝会诸侯，鲁恭公后至而酒薄。宣王怒，将辱之。恭公曰："我周公之胤，行天子礼乐，勋在周室。今送酒已失礼，方责其薄，无乃太甚乎！"遂不辞而还。宣王怒，兴兵伐鲁。梁惠王恒欲伐赵，畏鲁救之，今楚鲁有事，梁遂伐赵而邯郸围。

楚宣王会见诸侯，鲁恭公晚到，并且作为礼品奉献的酒味道很淡薄。楚宣王为此感到恼怒，将要羞辱鲁恭公。以礼乐文明正统传承者自居的鲁恭公，不甘受辱，不辞而归。楚宣王更加恼怒，就发兵攻打鲁国。梁惠王一直想攻打赵国，担心鲁国会召集其他诸侯国救援赵国，一直未敢轻举妄动。这次楚国发兵攻鲁，于是梁惠王就放心大胆地攻打赵国并包围邯郸。

战国时期，诸侯国之间的攻伐没有什么"义""礼"可言，每个国家都面临别国进攻的风险，赵国也不例外。但是，这种风险何时发生，因什么事发生，却具有高度的不确定性。故事中，"鲁酒薄"成了诱发邯郸被围的始发事件。

不确定性来源于客观和主观的诸多方面。

◇ 一是判断或预测使用的标准不确定。

◇ 二是预测使用的模型不确定。

◇　三是时间的不确定。

◇　四是认知的不确定。

☆　**社会属性**

风险在一定社会环境下产生，并对人类社会造成影响。不对人类社会产生影响的自然现象不纳入风险范畴。关于风险的社会属性，《吕氏春秋》"恃君览·观表"篇阐述如下：

> 凡居於天地之间、六合之内者，其务为相安利也？夫为相害危者，不可胜数。人事皆然。事随心，心随欲。欲无度者，其心无度。心无度者，则其所为不可知矣。人之心隐匿难见，渊深难测。故圣人於事志焉。

有些事故是由客观存在的自然现象所引起的，如地震、洪水、雷电、暴风雨、滑坡、泥石流、海啸等自然灾害，这些现象对人类构成风险。有些事故是由人类社会自身活动引起的，如疾病、意外伤害、工业事故等。随着科技发展和生产力的提高，必然相伴而生新的风险。例如：人类开发利用核能的同时，伴生了核事故与核辐射的风险；人类掌握航天技术实施太空探索的活动，伴生了"挑战者"号、"哥伦比亚"号航天飞机失事等巨大风险；人类发明了高速铁路，享受出行便利的同时，就只能接受高速铁路事故风险。

风险事故的发生与一定的社会制度、技术条件、经济条件和生产力等都有一定程度的关系。例如战争、冲突、瘟疫、经济危机、恐怖袭击、车祸等都是受社会发展规律影响和支配的。

☆　**经济属性**

风险事故的发生可能会带来一定的经济后果。风险是与经济性相关的，只有对人身安全和经济利益造成损失时，才体现出风险的经济属性。不带来损失的事件不称之为风险。

我国最早的编年体史书《春秋》就体现了这一思想。据《春秋左氏传》"隐公元年"记载："有蜚。不为灾，亦不书。"

当年出现了一种叫"蜚盘虫"的蝗虫，由于没有造成灾害，所以《春秋》就没有记载。五十多年后的鲁庄公二十九年又出现了这种蝗虫，并且造成灾害，于是《春秋》就记录下来。《春秋左氏传》特别解释："秋，有蜚，为灾也。凡物不为灾不书。"

■ 常见风险类别

对风险进行分类，一方面可以加深我们对风险的理解，另一方面可以针对不同的风险采取不同的管理措施，提高风险管理的针对性。风险的分类方法有多种。到目前为止，世界上尚没有统一的风险分类准则。现代风险管理实践中，可以依据不同的维度对风险进行分类。

☆ 依据风险发生的环境分类

自然风险：自然力的不规则变动产生的风险。例如，地震、台风等属之，随机出现是这类风险的特性。

社会风险：政治、经济、科技等人类社会活动或人们的过失行为导致的风险。例如，国家法律、政策变化，经济运行变化，消费者嗜好改变，个人极端行为等。

☆ 依据风险的物理、化学或其它特性分类

总部设在美国田纳西州的风险管理解决方案公司（RMS － Risk Management Solutions, Inc）将现代社会所面临的风险归纳为十大类：一、飓风；二、洪水；三、原油污染；四、恐怖攻击；五、停电；六、山林大火；七、工业事故；八、网络病毒；九、全国流行病；十、地震。

☆ 依据风险影响的范围分类

基本风险：事故发生时影响范围大，较难控制的风险。

特定风险：事故发生时影响范围小，只会影响个人或局部而不会影响整个大环境，且较容易控制的风险。

☆ **依据风险与收益的关系分类**

纯粹风险：指事件发生的结果只有损失可能而无获利机会。

机会风险：指事件发生的结果可能会导致损失，也可能会产生获利。

☆ **依据诱发风险的原因分类**

根据组织经营活动中可能诱发风险的原因，可以分为人力资源风险、财务风险、市场风险、审计风险、信息披露风险等。

□ 影响认知因素，环境文化个体

组织行为学认为：个体行为以其对现实的认知为基础，而不是以现实本身。对于个体来说，"世界"是其认知的世界，而不是客观存在的世界。客观世界透过人的感知系统被接收，经过加工，成为主观认知。人类个体只能认知到他能够感知的信息。哲学上将这种现象概括为"认识局限性"。

影响人类风险认知的因素多种多样。主要有：

◇ 宏观因素，包括地理环境、文化环境和技术环境。

◇ 中观因素，包括风险性质、风险描述、沟通方式等。

◇ 微观因素，包括个体性格、知识结构、以往经历。

分析影响因素，可以帮助我们加深对风险的理解，提高正确处理风险的能力，为风险管控和处理决策提供依据。

鉴于中观因素相关内容在其他章节中多有阐述，本节主要介绍地理环境、文化环境、个体特性等影响因素。

■ 地理环境因素

不同地域的民族，生存在不同的自然环境中。他们面临的风险来源及后果不同，对风险的认知存在很大差异。

农耕民族的生存环境，通常是适宜耕作的平原，放眼望去，视野开阔。他们对视野之内的事情有确定性认知。从播种到收获，要经历数月甚至一年，要考虑与农作物生长与收获相关的问题。面对的最大风险，是异常气候影响农作物收成，因食物匮乏而导致的生存危机。为了控制这一风险，农耕民族特别重视研究那些会影响农作物收成的因素，包括气候知识、天文知识和水利知识。他们组织起来治理水患，逐步形成集体主义文化。他们考虑问题的时间尺度可以长到与重要的天文周期（月球公转、地球公转、木星公转）一致。

狩猎民族生活的环境，通常是森林和丘陵，他们的视野受到约束。森林中和丘陵后隐藏着什么？他们一无所知，随时可能出现意想不到的情况。狩猎民族面对的大多是即时风险：狩猎过程中会被猛兽攻击而丧命，猎取不到足够的食物而挨饿。他们首先要考虑的是解决眼前的生存问题，文化中更多地反映个体主义和实用主义，对风险的认知也充分反映了这种情况。

尽管不同环境的人们面临的风险来源和种类不同，但他们都存在对风险的恐惧和控制风险的需求。

近几百年间，技术进步打破了人类活动的地域限制。洲际交往增多，外来物种也随着人类的迁徙冲破天然阻隔，远涉重洋到达新栖息地，繁衍扩散成为入侵物种。这些因素为不同地理环境的人们带来了新的风险。

两千多年前，死于天花病毒是远东地区人们面临的一大风险，其他地域的人对这一病毒及其带来的风险毫无所知。在漫漫历史长河中，远东地区的人们学会了控制这一风险。约在公元八世纪，天花病毒传播到欧洲，给欧洲人民带来了巨大风险，曾吞噬了欧洲大陆三分之一的人口！随着欧洲人迁往美洲和大洋洲，天花病毒也随之被带了过去，当地的土著居民便面临着死于天花病毒的风险，遭遇了种族灭绝的惨祸[18]。

在现代澳大利亚人的认知里，野兔超越狮子、老虎、大灰狼，成为最为邪恶的动物。人们心目中活泼可爱的兔子，为什么成了澳大利亚人痛恨的对象？因为兔子不是澳大利亚的原生态物种，自从好事者从欧洲引入后，野兔泛滥成了澳大利亚人的一大风险！澳大利亚自然环境适宜兔子生长，并且没有鹰、狐狸和狼等天敌，兔子便不受任何限制地以人们无法想象的速度繁殖，以平均每年约130公里的速度向四面八方扩散。到1926年，全澳洲的兔子数量估计达到100亿只，使农业和畜牧业蒙受了巨大损失。100亿只兔子消耗的牧草相当于10亿只羊的需求量；兔子在土质疏松的牧场和农场挖洞，导致一些农场被迫放弃。澳大利亚为了控制这场人类历史上最严重的生物入侵灾难，采取了包括法律在内的很多措施，进行了持续百余年的"人兔之战"。据澳大利亚广播公司2016年3月15日报道，昆士兰州一居民因无证养兔，可能面临最高4.4万澳元（约21万3000人民币）罚款和六个月监禁。

类似的风险绝非澳大利亚所独有！随着全球一体化进程的加快，生物入侵已成为世界性风险。

■ 文化因素的影响

不同的族群文化，不同的组织文化，都会影响风险认知。

☆ 族群文化对风险认知的影响

德国学者 Gerd Gigerenzer 在 *Risk Savvy: How to Make Good Decision* [19] 书中，介绍了几种不同文化影响风险认知的情况，具有一定的代表性。我们这里摘录如下：

> 很多欧洲人习惯于吃从森林里采摘的蘑菇，美国人却认为这是冒险的鲁莽做法；美国人对私人持有枪支习以为常，平均人手一支，而欧洲却不能容忍私人持有枪支；德国人习惯于用蜡烛装饰圣诞树，并陶醉在蜡烛散发的香味及烛光营造的祥和气氛中，而美国人看到这一场景却倍感恐惧！他们将点着的蜡烛与着火的圣诞树和整栋房屋在熊熊大火中燃烧的风险情景联系在一起。美国人习惯于用电灯泡装饰圣诞树，并在圣诞树下放置一把狙击步枪作为送给成年孩子的圣诞礼物。

对风险的不同认知受文化传统影响。

◇　欧洲人熟知他们赖以生存的环境，知道大多数森林蘑菇可以食用。而早期移民来到美洲大陆，面对不同环境，森林里生长着不同于欧洲的蘑菇，有人误食美洲毒蘑菇而死亡，从此种下了对森林蘑菇恐惧的文化基因。

◇　欧洲人大多数时间习惯于稳定的、有秩序的社会，他们不认同个人拥有枪支；而欧洲移民来到美洲大陆，面对的是无序的、不可知的环境，他们必须自己保护自己，所以就习惯了个人拥有枪支。

◇　德国房屋建筑材料以石块为主，而美国房屋则以木材为主。他们对火灾风险的认知自然存在很大差异。

族群文化对风险认知的影响，没有什么道理可言。每年圣诞节前后，大约会有10位德国人因为使用蜡烛时粗心大意而丧命，也大约有10位美国人因为圣诞树上的电灯泡而死。可见，不同的风险认知并不会改变风险的真实存在。

☆　**组织文化对风险认知的影响**

不同的组织文化，也会影响人们对风险的正确认知。

有些组织，尤其是创新型高科技企业，倡导"高风险，高收益"的组织文化，鼓励人们提出不同见解、勇于尝试和冒险，对失败和错误持容忍态度。在这样的文化氛围中，员工们能够公开地承认错误，并与其他人一起分析、总结和讨论，从他人的错误中学习和借鉴，避免犯类似的错误。这样的组织文化，鼓励员工持有正确的风险认知态度，敢于冒一定的风险，抓住其他组织不敢尝试的机会，成就高速发展的事业。

另外一些组织则不然。组织文化维持严格的等级制度，要求员工循规蹈矩，甚至不能容忍不同意见。普通管理者和员工们缺乏主人翁意识，更没有主动精神。他们养成谨慎、保守的思维和行为习惯，避免因犯错误而受到责罚。多数人几乎没有风险认知意识，即使部分人有，也不会主动反映。

《韩诗外传》"卷十"讲述了西周初年齐国和鲁国的始封国君以不同的文化理念治理邦国，进而导致不同的前途和命运。

> 昔太公望、周公旦受封而相见。太公问周公何以治鲁。周公曰："尊尊亲亲。"太公曰："鲁从此弱矣。"周公问太公曰："何以治齐？"太公曰："举贤而上功。"周公曰："后世必有劫杀之君！"后齐日以大，至于霸，二十四世而田氏代之。鲁日以削，至三十四世而亡。

齐国的始封国君姜太公，鲁国的始封国君周公旦，受封后交流治国理念。周公旦准备用"尊尊亲亲"的文化理念治理鲁国，搞等级制度和裙带关系；姜太公预测：鲁国会一直衰弱下去。姜太公准备用"举贤赏功"的文化理念治理齐国，尊重有能力的人，鼓励臣子们敢于冒险以成就事业；周公旦预测：齐国后世必定会出现大臣专权，弑君篡位。

历史的发展也正如两位先哲所料。进取型文化成培育了一个强盛的齐国，成就了"春秋五霸"之首齐桓公；但也导致大臣专权：公元前481年，田常杀了齐简公，把持了齐国政权；公元前391年，姜姓国君传了二十四代后，被田和取而代之。

鲁国一直奉行保守型的"尊尊亲亲"文化，国力一直没有强盛过。作为一个中等实力的诸侯国，在春秋战国乱世中浑浑噩噩地传了三十四代，直到公元前256年，被楚国灭亡。

■ 个体因素的影响

个人的性格特征、知识结构、生活阅历、工作经验等因素，都会影响其对风险的认知。

☆ 个体性格特征的影响

个体性格特征会影响其风险认知及在风险情景中的行为。有些人更关注风险中可能的利益。我国汉代著名的军事家、外交家班超，以其亲身经历给我们留下了"不入虎穴，焉得虎子"[20]的名言。危险之中有收益，而这才是风险的实质。另外一些人则更注意回避失败，他们在风险情景中的行为倾向于保守。

关于性格对风险认知和行为的影响，我国西汉名将李广和程不识就是鲜明的对照。据《史记》[21]"李将军列传"所载：

> 程不识故与李广俱以边太守将军屯。及出击胡，而广行无部伍行陈，就善水草屯，舍止，人人自便，不击刁斗以自卫。莫府省约文书籍事，然亦远斥候，未尝遇害。程不识正部曲行伍营陈，击刁斗，士吏治军簿至明，军不得休息，然亦未尝遇害。不识曰："李广军极简易，然虏卒犯之，无以禁也；而其士卒亦佚乐，咸乐为之死。我军虽烦扰，然虏亦不得犯我。"是时汉边郡李广、程不识皆为名将，然匈奴畏李广之略，士卒亦多乐从李广而苦程不识。

李广对风险认知和应对行动持有更积极的态度，程不识则更为谨慎。

☆ **以往经验的影响**

个体的风险认知经验来自于对已经发生的风险事件的总结，通常会影响其认知风险的方式。个体对某类风险的相关知识了解程度会影响其对该类风险的认知及采取的相应行动。如果对该类风险拥有比较全面的知识，其风险认知就会更加客观，能够更理性地采取应对行动。在知识结构欠缺的领域，风险认知就会更主观，其应对行为要么更为激进，要么更为保守。

《春秋左氏传》"成公八年"记载，晋国派申公巫臣出使吴国，向莒国借道。巫臣见莒国城墙破败，就建议渠丘公修缮城邑：

> 晋侯使申公巫臣如吴，假道于莒。与渠丘公立于池上，曰："城已恶。"莒子曰："辟陋在夷，其孰以我为虞?"对曰："夫狡焉思启封疆以利社稷者，何国蔑有?唯然，故多大国矣。唯或思或纵也。

勇夫重闭，况国乎?"

渠丘公对巫臣的建议不以为然，认为莒国偏僻简陋，不会成为觊觎对象。巫臣的风险认知思想来自于华夏文明对经验教训的总结，莒国偏处东夷，对华夏文化的理解程度不深。

莒国渠丘公没有听从巫臣的建议。第二年，面对楚国进攻，莒国十几天内连失三个城邑，整个国家处于溃败状态。

> 冬十一月，楚子重自陈伐莒，围渠丘。渠丘城恶，众溃，奔莒。戊申，楚入渠丘。莒人囚楚公子平。楚人曰："勿杀，吾归而俘。"莒人杀之。楚师围莒。莒城亦恶，庚申，莒溃。楚遂入郓，莒无备故也。

左丘明借用君子之口评价这件事：

> 君子曰："恃陋而不备，罪之大者也；备豫不虞，善之大者也。莒恃其陋，而不修城郭，浃辰之间，而楚克其三都，无备也夫!"

☆ 认知视窗的影响

人类有一种区别于其他动物的深层认知能力，即对于特定的情境会给出不同的解释。面对同一种情景，不同人总会依据自己以往的经验、自我想象力产生不同的感受；同一个人在不同时间面对同一种情景，也往往会因此时此地的心境而产生不同的认知。我们把这种现象，称为认知视窗。

个人的认知视窗，将是其风险认知的决定性因素。

关于认知视窗，作者于2015年11月7日在《科技日报》"嫦娥副刊"发表了《视窗里的世界》[22]进行探讨，有兴趣的读者可以进一步阅读。

第二章　现代风险管理过程和方法

人类社会的活动总是着眼于未来。我们对于未来，唯一可以确定的事情，就是它的不确定性和其中蕴含的风险。在经济全球化程度日益加深的今天，更多个人涉及国际事务，更多组织参与国际竞争，需要对可能面临的风险进行管理：掌握现代风险管理的基本过程，正确认知风险；熟练运用技术方法，进行风险评估和处理；将风险控制在可接受的水平。

□　了解发展历程，牢记管理原则

风险管理，顾名思义，就是对风险进行管理。是指为了识别风险并控制其对组织目标的影响，所采用的各类监控方法与过程的统称。组织或者个人都必须对风险进行适当的管理，做出应对抉择，以避免或者降低风险可能带来的损失。

■　现代风险管理发展历程

现代风险管理起源于美国。经历了以下几个发展阶段：

☆　萌芽阶段

进入二十世纪后，随着西方国家工业化进程加速和企业规模快速膨胀，相继发生了一系列灾难事件，造成人员伤亡和企业财产损失，给社会带来一系列影响。社会呼吁企业要进行"安全管理"并逐步与企业家达成共识,"安全第一,质量第二,产量第三"成为20世纪初美国企业界的口号。

发生于1929～1933年间的世界性经济危机,导致美国约40%的银行和企业破产。为了应对经济危机,美国许多大中型企业都在内部设立了保险管理部门,负责安排企业的各种保险项目。当时,美国企业主要依赖保险手段进行风险管理。

"安全生产与保险"是这一阶段风险管理的典型特征。

☆ **发展阶段**

第二次世界大战后,世界经济快速恢复和发展,科学技术进步加速,也带来了前所未有的新风险。20世纪50年代,美国一些大公司相继发生了重大风险事件,导致了严重损失。这些事件促使高层决策者认识到风险管理的重要性,推动了美国企业的风险管理活动,企业界广泛成立风险管理部门。

美国宾夕法尼亚大学沃顿商学院的施耐德教授1955年第一次提出现代意义的"风险管理"概念:利用科学方法处理未来的不确定性,以减少或规避风险所造成的损失。此后,美国企业开始将科学的方法应用于风险管理,并积累了丰富的经验。风险管理逐步发展成为一门学科[23]。

20世纪70年代以后,现代风险管理逐渐成为一项全球性的管理活动。法国从美国引进了现代风险管理,并开始了风险管理研究。日本也开始了风险管理研究。美国、英国、法国、德国、日本等国家先后建立了全国性风险管理协会。

在这个阶段,风险评估技术得到快速发展和广泛应用。发达国家与地区普遍推行职业健康与安全法律,要求进行安全管理时必须对潜在的风险进行评估。

1983年在美国纽约召开了风险和保险管理协会年会。专家学者共同讨论并通过了"101条风险管理准则",包括:风险管理的一般原则,风险评估,风险控制,风险财务处理,索赔管理,职工福利,退休年金,国际风险管理等。这是风险管理在全球走向实践化的一个重要文件。

风险管理逐步发展成为企业管理中一个相对独立的领域。

☆ **成熟阶段**

1979 年美国三里岛核电站堆芯熔毁事故，1984 年美国联合碳化物公司在印度发生的毒气泄漏事故，1986 苏联切尔诺贝利核电站重大核事故，共同推动风险管理在世界范围内的应用。

1986 年，由欧洲 11 个国家共同成立的"欧洲风险研究会"将风险研究扩大到国际交流范围，当年 10 月，风险管理国际学术讨论会在新加坡召开。风险管理向亚洲太平洋地区发展。

1992 年 9 月，美国 COSO（Committee of Sponsoring Organizations of the Treadway Commission）发布了《企业内部控制—整合框架》。该框架被纳入政策和法规中，并被世界上数千家企业采用。标志着风险管理进入新的发展阶段。

1996 年，澳大利亚和新西兰联合标准委员会发布了风险管理标准 AS/NZS 4360，对风险的概念进行了修正，不再仅限于有害事件，风险及其后果可能是正面的也可能是负面的；明确定义了风险管理的标准程序。2004 年，发布的第三版 AS/NZS 4360 将风险的定义明确为："对目标有影响的事情发生的机会。"

国际标准化组织（International Standardization Organization，ISO）在总结已有风险管理规定/标准的基础上，采纳了 AS/NZS 4360 风险管理逻辑体系，2009 年 11 月 15 日召开会议，公布了关于风险管理的三个国际标准：

◇ 《风险管理：原理与指南》（ISO 31000:2009, Risk management – Principles and guidelines）；

◇ 《风险管理：风险评估技术》（ISO/IEC 31010: 2009, Risk management – Risk assessment techniques）；

◇ 《风险管理：词汇》（ISO Guide 73:2009, Risk management – Vocabulary）。

上述国际标准统一了风险定义及风险管理相关术语和管理过程，用以规范和指导国际上风险管理活动，得到多数国家认可和应用。标志着现代风险管理步入成熟阶段。

ISO 31000 将风险的定义明确为：

"不确定性对目标的影响（Effect of uncertainty on objectives）。"

对国际通用风险定义的准确理解，应包括三个关键概念：

◇ 一是"不确定性"。不确定性是指信息缺陷或不完整的一种状态，涉及事件、其后果或可能性的理解或知识。

◇ 二是"目标"。目标可以有不同的方面，如财务目标、健康和安全目标、环境目标；也可以应用于不同的层次，如战略、项目、产品、过程。

◇ 三是"影响"。影响是偏离所期望目标的偏差，可以是正偏差，也可以是负偏差。必须针对事先定义的目标来衡量不确定性的影响。

相比以往的风险定义，国际通用的风险定义具有以下优点：

◇ 第一，包容性强。国际通用风险定义可以兼容所有已经在各行业使用的风险概念。

◇ 第二，实用性强。准确表达了风险目标、不确定性及二者之间的关系，能够指导人们开展各种风险评估。

◇ 第三，兼顾正面和负面的风险，强调目标和未来性。

事实上，关于风险可能的双重影响，我国古代先哲们很早就有深刻理解。《道德经》[24] 提出"祸兮福之所倚，福兮祸之所伏"的理念。《战国策》[25]"楚策四·楚考烈王无子"篇中，朱英就曾经为春申君分析了"无妄之福"和"无妄之祸"。关于朱英为春申君谋划风险管理的故事，将在后面章节详细介绍。

☆ **我国风险管理现状**

我国20世纪80年代初开始研究现代风险管理。学者们针对我国企业管理现状，引入了安全系统工程理论和现代风险管理理论，在少数企业中开展试点应用，效果令人满意。

进入90年代，随着对外开放程度逐步扩大，我国企业涉入世界经济事务逐步加深，对风险管理的认识也逐步深入。

参考国际风险管理标准，我国制定了两个国家推荐标准：

◇ GB/T 24353 — 2009《风险管理：原则与实施指南》；
◇ GB/T 27921 — 2011《风险管理：风险评估技术》。

尽管我国在现代风险管理领域已经取得了长足进展，但目前多数组织的风险管理现状还存在以下问题：

◇ 一是对风险的认识不到位，风险管理意识不强。
◇ 二是缺乏有效的风险评估监督机制。
◇ 三是未能将企业风险管理与内部控制有机结合。

IBM于2007年发布的一份研究报告指出：中国企业的高级管理者几乎都没有为企业的重大风险事件做好准备。

■ **风险管理目标**

风险管理之目的是避免或减少风险损失，以合理的代价尽可能减少影响未来的不确定因素，使预期结果与实际结果之间的差距能够降到可接受的水平。具体目的概括为三个方面：

◇　一是控制风险使其降低到可接受的程度。

◇　二是降低风险决策的不确定性。

◇　三是提升组织及其利益相关方对风险决策的信心。

风险管理的目标包括以下几个方面：

☆　**确保个人或组织的生存发展**

风险管理的基本目标是面临风险事故能够维持生存和持续发展。实现这一目标，意味着通过风险管理的种种努力，能够避免因为受到灾害损失的打击而崩溃。

风险管理成功与否，决定个人生活和事业发展、组织的生死存亡。善于管理风险，通常都能持久地获得成功；不善于管理风险，即使风光一时，也都将灰飞烟灭。

当今社会，随着科技进步和经济全球化程度日益加深，我们面临的环境越来越复杂，对风险管理要求越来越高。

☆　**保证组织的各项活动正常运转**

风险事故会给组织带来程度不同的损失和危害，影响组织的正常运转状态。实施风险管理能够帮助组织迅速恢复正常运转，尽快从无序走向有序。

☆　**尽快实现组织的稳定收益**

组织在风险事故后，借助于风险管理，一方面，可以通过经济补偿使生产经营得以及时恢复，尽最大可能保证组织经营的稳定性；另一方面，可以为组织提供其他方面的帮助，使其尽快恢复并实现持续增长的计划。

风险管理之目的不是避免所有风险，而是避免未考虑到的"意外"和因意外而造成的损失，努力减少未知事物所带来的冲击。必须将各类风险控制在可承受的范围内，把风险影响降到最小，实现经风险调整的收益率最大化。

☆　**提供安全保障**

风险事故的发生不仅导致物质损毁和人身伤亡，而且会给人们带来严重的忧虑和恐惧心理。实施风险管理能够尽可能地减少这种忧虑，增进安全感。通过心理疏导，消减人们因风险导致的心理压力，是风险管理的重要目标。

☆ **实现价值最大化**

风险导致个人或组织资产价值减少，就会构成风险成本。系统的风险管理可以减少风险成本，实现价值的最大化。这是风险管理的另一个重要目标。

■ 风险管理的基本原则

《风险管理：原理与指南》（ISO 31000）提出了11项风险管理基本原则，用以提高风险管理的有效性。

☆ **原则一：风险管理创造和保护价值**

风险管理必须是价值导向的。组织不能为了"风险管理"而风险管理，风险管理必须能够对以下两方面目标的有益：

◇ 创造新的价值。

◇ 保护现有的价值。

风险管理应有助于实现组织目标，改进以下领域的绩效：人员安全、环境保护、法律法规符合性、公众接受性等。

☆ **原则二：风险管理是整合在组织过程中不可或缺的部分**

风险管理不是脱离于组织的主要活动和过程的孤立活动。风险管理是管理职责的有机组成，是整合在组织过程中的不可或缺的部分，包括：战略规划、所有项目、变更管理过程等。

☆ **原则三：风险管理是决策的一部分**

风险管理可以帮助决策者做出明智选择、优先行动及辨别可替代行动过程。

☆ **原则四：风险管理明晰地处理不确定问题**

风险管理明晰地考虑不确定性及其特性，适当加以处理。

☆ **原则五：风险管理是系统化的、结构化的和适时的**

一个系统化的、适时的和结构化的风险管理方法有助于提高效率和取得一致、可衡量和可靠的结果。

☆ **原则六：风险管理基于最好的可用信息**

风险管理过程需要的输入是以信息源为基础的，包括：历史数据、经验、利益相关方的反馈、观察、预测和专家判断。应考虑数据或所使用模型的局限性。

☆ **原则七：风险管理是量体裁衣的**

风险管理与组织外部和内部状况及风险状况相匹配。

☆ **原则八：风险管理考虑人文因素**

风险管理应考虑可以促进或阻碍组织目标实现的外部和内部人员的能力、观念和意图。

☆ **原则九：风险管理是透明和包容的**

利益相关方及时参与，能够确保风险管理保持适当性并及时更新。应允许利益相关方代表参加风险管理。

☆ **原则十：风险管理是动态、迭代和变化响应的**

风险管理应持续判断变化并做出响应。当外部和内部事件发生时，可能会出现新的风险，有些风险可能会消失。需要持续的风险监测和评审。

☆ **原则十一：风险管理促进组织的持续改进**

组织应制定风险管理战略，协同其他领域共同改进管理。

■ 风险管理的范围和价值

不同类型和规模的组织面对不同性质的风险，风险可能影响组织目标的实现。组织的目标是通过相关活动实现的，包括：战略和决策、运营、过程、职能、项目、产品、服务和资产运作等。风险就孕育在组织的所有活动中。

不同专业领域对风险具有不同解读。组织对风险的理解决定了其实施风险管理的范围，包括：风险评估和风险应对的范围、风险管理部门的职能设置、与其他管理领域的关系等。

风险管理可用于组织的整个生命周期中开展的活动，可针对任何类型风险。不同组织在开展风险管理时，其风险管理计划和框架的设计及实施，需要考虑到特定需求和特定的情况。

实施风险管理，有助于组织获得以下价值（包括但不限于）：

◇　提高实现目标的可能性。

◇　鼓励提高主动性管理。

◇　理解在整个组织中识别和处理风险的需求。

◇　提高对机会和威胁的识别能力。

◇　遵守相关法律法规要求和国际规范。

◇　利用强制性的和自愿性的报告行为。

◇　改善管理方式。

◇　提高利益相关方的信心和信任。

◇　为决策和规划建立可靠的基础。

◇　加强控制。

◇　有效地分配和使用风险处理资源。

◇　提高运营的效果和效率。

◇　增强健康、安全以及环境保护绩效。

◇　改善损失预防和事故管理。

◇　最小化损失。

◇　提高组织的学习能力。

◇　提高组织的应变能力。

□　掌握基本过程，定制管理计划

风险管理过程是组织的管理活动不可或缺的一部分。风险管理应嵌入组织文化和管理实践之中，应针对组织的经营过程量身定制风险管理框架和管理计划。

风险管理包括以下基本过程（活动），如图3-1所示。

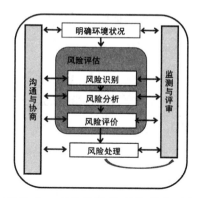

图 3-1：实施风险管理的基本过程

其中，明确环境状况、风险评估、风险处理是顺序过程。沟通与协商、监测与评审活动贯穿于另外三个过程的全部活动。

为了确保组织风险管理的规范性、满足信息化管理要求并实现组织持续学习目的，风险管理过程的所有活动应可追溯。因此，需要对风险管理过程进行全程记录。

■ 沟通和协商

在风险管理的所有阶段，风险管理责任方都应保持与内部和外部利益相关方进行有效的沟通和协商，以确保实施风险管理过程的职责，并使利益相关方理解决策的基础及需要特定措施的原因。沟通与协商有助于实现以下目标：

◇ 帮助明确环境状况。

◇ 确保利益相关方的利益被理解和考虑。

◇ 确保风险得到充分识别。

◇ 整合不同领域的专业知识用于分析风险。

◇ 在定义风险准则和评定风险时，确保考虑不同观点。

◇ 为风险处理计划争取承诺和支持。

◇ 加强风险管理过程中的变更管理。

◇ 制订一个恰当的外部和内部沟通和协商计划。

应与利益相关方进行充分沟通协商。利益相关方基于自身对风险的认知做出关于风险的判断，其观点会对决策产生重大影响，他们的认知应被识别、记录并在决策过程中考虑。

沟通和协商应提供真实的、相关的、准确的、便于理解的信息交换，同时应考虑到保密和个人诚实因素。

■ 明确环境状况

明确环境状况是要整体考虑与组织相关的外部和内部参数以及被评估的具体风险的背景，给风险管理定义基本参数、设置范围和准则。明确环境状况时，风险评估目标、风险准则、风险评估进度将被确定和认可。

对于具体的风险评估，确定环境状况包括以下工作内容：

◇ 明确外部环境状况。

◇ 明确内部环境状况。

◇ 明确风险管理的过程环境状况。

◇ 确定风险准则。

☆ 明确外部环境状况

外部环境状况是指组织实现目标的外部环境。明确外部环境状况要熟知组织和系统运行的外部环境，在建立风险准则时考虑外部利益相关方的关注。

外部环境状况包括（但不限于）以下内容：

◇ 社会和文化、政治、法律、法规、金融、技术、经济、自然和竞争环境，应包括国际、国内、区域的或本地的。

◇ 对组织目标有影响的关键驱动力和趋势。

◇ 与外部利益相关方的认知和价值观的关系。

☆ **明确内部环境状况**

内部环境状况是指组织实现目标的内部环境，主要是那些影响组织管理风险的方法和事项。

风险管理活动是在组织的目标范围内开展的，应依据组织的整体目标予以考虑。风险管理过程应与组织的文化、过程、结构和战略相一致。风险管理者必须明确组织内部环境状况。

内部环境状况包括（但不限于）以下因素：

◇ 组织治理、组织结构、任务和责任。

◇ 方针、目标以及为实现方针和目标制定的战略。

◇ 从资源和知识方面衡量的能力（资金、时间、人员、过程、系统和技术）。

◇ 与内部利益相关方的认知和价值观的关系。

◇ 组织的文化。

◇ 信息系统、信息流和决策过程（正式的及非正式的）。

◇ 组织所采用的标准、指南和模型。

◇ 合同关系的形式与范围。

☆ **明确风险管理的过程环境状况**

过程环境状况是指：风险管理过程中应用到的组织活动的目标、策略、范围和参数等，应为开展风险管理提供充足的资源，规定责任和权限。

风险管理的过程环境状况将会根据组织的需求而变化。包括（但不限于）：

◇ 规定风险管理活动目的和目标。

◇ 规定风险管理过程的职责。

◇ 规定风险管理活动的范围以及深度、广度，包括具体的内涵和外延。

◇ 依据时间和地点，规定活动、过程、职能、项目、产品、服务或资产。

◇ 规定特定项目、过程或活动与其他项目、过程或活动之间的关系。

◇ 规定风险评价的方法论。

◇ 规定风险管理中评价绩效和有效性的方法。

◇ 识别和指定必须要做的决策。

◇ 所需的识别性、范围性或框架性研究，它们的程度和目标，以及此种研究所需资源。

明确过程环境状况，有助于确保所采用的风险管理方法适合于环境、组织以及影响目标实现的风险。

☆ **确定风险准则**

风险准则应反映组织的价值观、目标和资源。应与风险管理方针一致，在风险管理开始时予以确定，并予以持续评审。

确定风险准则考虑的因素应包括如下内容：

◇ 可能的原因和后果的性质及类别，以及如何予以测量。

◇ 如何确定可能性。

◇ 可能性和（或）后果的时间范围。

◇ 如何确定风险程度。

◇ 利益相关方的观点。

◇ 风险可接受或可容许的程度。

◇ 多种风险的组合是否予以考虑及如何考虑。

■ **风险评估**

风险管理的关键内容是评估组织面临的风险。风险评估包括风险识别、风险分析和风险评价等基本环节。

☆ **环节一：风险识别**

风险识别的目的是识别出那些可能产生、增强、阻碍、加快或推迟组织目标实现的风险源、影响区域、事件（包括环境变化）及其致因和潜在后果。

从认识论的角度考虑，作为主体的"我们"和作为客体的"风险"之间，存在以下几种组合：

◇ 组合一，我们知道"我们了解"（know Knowns）。

◇ 组合二，我们知道"我们不了解"（know Unknowns）。

◇ 组合三，我们不知道"我们不了解"（unknow Unknowns）。

上述认知组合，最经典的应用莫过于美国小布什总统第一任期的国防部部长拉姆斯菲尔德。美国以拥有大规模杀伤性武器为由，准备攻打伊拉克。记者质疑美方如何知道伊拉克究竟有没有大规模杀伤性武器，引出了拉姆斯菲尔德名言：

> 我一向对尚未发生的事情的有关报道感兴趣，因为就像我们都知道的那样，有一些众所周知的事情；我们知道一些我们知道的事情（know knowns），我们还知道一些明显的未知事情，即我们知道有些事情我们不知道（know unknowns）；但也有我们不知道的未知事情（unknow unknowns）"。

风险识别环节如果不能应用系统化的程序识别风险，就有可能像美国在伊拉克所犯的错误一样，以子虚乌有为风险，穷兵黩武，劳民伤财；也可能会导致组织将精力集中于我们知道"我们了解"的风险，而不能识别其他风险。

在风险识别环节没被识别出的风险，通常将不会包含在进一步的分析中，不会得到适当的处理。风险识别还应包括对特定后果的继发性影响的检验，包括连锁影响和累积影响。

☆ **环节二：风险分析**

风险分析之目的是要对识别出的风险建立全面的理解。

风险分析不仅为风险评价提供输入信息，还将用于该风险是否需要处理以及最适合的风险处理策略和方法等决策。

风险分析需要考虑风险的致因和来源、后果以及这些后果发生的可能性。现有控制措施及其有效性也应考虑。

组织在不同的时期、针对不同的领域可以实施不同深度的风险分析，主要取决于组织可能面临的风险、分析目的、可用的信息、数据和资源。

☆ **环节三：风险评价**

风险评价之目的是基于风险分析的结果，帮助作出有关风险是否需要处理和优先顺序的决策。

风险评价需要将分析过程中确定的风险水平与确定环境状况时建立的风险准则进行比较。基于这种比较，考虑风险处理的需求。风险评价结果将要求实施相应的风险处理决策，这些决策受组织的风险态度和已建立的风险准则的影响。

■ 风险处理

风险处理包括选择降低风险的方案并付诸实施。

☆ **风险处理方案**

风险处理方案通常包括以下几种选择：

第一，规避风险。组织可以决定不开展或不延续产生风险的活动来规避风险。如果收益不足以补偿成本，规避风险是最可行的方法。这种方法也存在很大的局限性。有些风险无法规避，或者规避风险的机会成本过大。

第二，缓解风险。组织通过采取适当措施来控制和缓解风险。主要有两方面措施：一是控制风险因素，减少风险事故的发生；二是控制风险发生的频率和降低风险损害程度。

第三，转移风险。组织为了避免承担过大的风险影响其经济活动，可以考虑采用不同的转移风险方式，如进行保险或非保险形式转移。现代保险制度是转移风险的最理想方式，如组织的财产、医疗保险，把风险损失转移给保险公司。组织也可以通过合约，把部分风险转移给利益相关方。

第四，保留风险。当组织不能规避风险，又无法转移风险时，就只能考虑保留风险并承担风险后果。通常有两种保留风险的方式：无计划的风险自留。主要是指承担未预测到的风险所造成的损失。有计划的自我保险是指对已预测到的风险所造成损失的承担方式，如提取坏账准备金等形式。

第五，接受风险。组织为寻求发展机会而主动接受风险。风险本身并不都是坏事，应该尽量利用机会风险以扩大组织的收益。一味回避风险，何来收益？组织应该了解风险，根据风险偏好选择可以接受的风险，而不能无谓冒险。

☆　**选择风险处理方案**

选择最合适的风险处理方案，应根据法律法规和其他原则（诸如社会责任和自然环境保护），在实施成本及工作量和所获得利益之间寻求平衡，可以考虑综合应用处理方案。

选择风险处理方案时，应考虑利益相关方的价值观，以及与他们沟通的适当方法。

☆　**制订和实施风险处理计划**

制订风险处理计划之目的，是将如何实施已选择的处理措施形成文件。处理计划中提供的信息应包括：

◇　选择风险处理措施的原因，包括期望获得的效益。

◇　负责批准计划和实施计划的人员。

◇　建议的措施。

◇　资源需求，包括紧急情况时。

◇　绩效测量和控制。

◇　报告和监测要求。

◇　时间选择和进度表。

风险处理计划应清晰地给出实施风险处理的优先顺序。

风险处理也可能引入新风险或次级风险，这些风险需要评价、处理、监测和评审。新风险或次级风险也应整合为风险处理计划的不可或缺的部分，以保证处理措施持续有效。

☆　**风险处理的步骤**

风险处理包括一个循环过程：

◇　评价风险处理措施。

◇　确定残余风险程度是否可容许。

◇　如果不能容许，启动新的风险处理。

◇　评价风险处理的有效性。

风险处理方案不是互相排斥的，也不需要适应所有情况。

决策者和应注意风险处理后残余风险的性质和程度，形成文档并进行监测、评审，适当时进一步处理。

■　监测、评审与记录

监测和评审都应是在风险管理过程中已经列入计划的内容，包含常规检查或监督。应明确界定监测和评审的职责。监测和评审过程应包含风险管理过程的所有方面，目的如下：

◇　确保控制措施在设计和运行上起作用并有效率。

◇　获得进一步改进风险评价的信息。

◇ 分析事件、变化、趋势、成功和失败并吸取经验教训。

◇ 探测外部及内部状况的变化，包括风险准则的变化和优先顺序变化。

◇ 识别正在出现的新风险。

监测和评审的结果应予以记录和适当地在内外部报告，也可以用作风险管理框架评审的输入信息。

风险管理活动应可追溯。记录提供改进风险管理的方法、工具和依据。关于记录应考虑以下因素：

◇ 组织持续学习的需求。

◇ 为管理目的重复利用信息的收益。

◇ 建立和保持记录涉及的成本和工作量。

◇ 关于记录的法律法规和运行需求。

◇ 获取的方法、检索的难易和储存介质。

◇ 保存期限。

◇ 信息的敏感性。

□ 熟悉技术方法，合理选择使用

风险评估是风险管理不可或缺的组成部分。

风险评估包括风险识别、风险分析、风险评价三个环节。每个环节之目的和任务不同，适用的技术方法也不同。

■ 风险评估常用技术方法及其分类

☆ 风险评估之目的和作用

风险评估通过风险识别、风险分析、风险评价等环节，提供一种结构化的过程，用以分析组织的目标是否以及如何受不确定性因素的影响，并从后果和可能性两个方面分析面临的风险，以便确定是否需要进一步处理。

风险评估试图回答以下问题：

◇　通过风险识别，了解会发生什么以及为什么发生？

◇　风险的可能后果是什么？

◇　这些后果发生的可能性有多大？

◇　是否存在可以减轻风险后果或者降低后果发生的可能性的
因素？

风险评估为组织提供基于证据的信息和分析，以便组织作出关于如何处理特殊风险及如何选择处理方案的明智决定。

实施风险评估的主要作用如下：

◇　理解风险及其对组织目标的潜在影响。

◇　为组织的决策者提供支持性信息。

◇　加深对风险的理解，以便帮助组织选择风险处理方案。

◇　识别系统和组织中导致风险的主要因素和薄弱环节。

◇　比较替代系统中的风险、技术或方法。

◇　帮助建立优先顺序。

◇　有助于基于事故后调查的事故前预防。

◇　选择不同的风险处理方式。

◇　满足法规要求。

◇　提供信息，与准则比较，帮助评价风险是否可接受。

◇　评估期末处置的风险。

将风险评估的各个环节付诸实施，不仅取决于风险管理过程的环境状况，还依赖于是否掌握适用的评估的技术。

☆　**国际风险管理标准推荐的技术方法**

ISO/IEC 31010:2009 Risk management‐Risk assessment techniques 在附录B中给出了多达31种风险评估技术方法：

1.　头脑风暴（Brainstorming）。

2.　结构化或半结构化访谈（Structured or semi‐structured interviews）。

3.　德尔菲方法（Delphi technique）。

4.　检查表（Check‐lists）。

5.　预先危险分析（Preliminary hazard analysis‐PHA）。

6.　危险与可操作性分析（Hazard and Operability Study‐HAZOP）。

7.　危险分析和关键控制点（Hazard analysis and critical control points‐HACCP）。

8.　毒性评估（Toxicity assessment‐TA）。

9.　结构化假设（Structured "What‐if" Technique‐SWIFT）。

10.　情景分析（Scenario analysis）。

11.　业务影响分析（Business impact analysis‐BIA）。

12.　根原因分析（Root cause analysis‐RCA）。

13.　失效模式和效应分析（Failure modes and effects analysis‐FMEA）。

14.　故障树分析（Fault tree analysis‐FTA）。

15.　事件树分析（Event tree analysis‐ETA）。

16.　因果分析（Cause‐consequence analysis‐CCA）。

17.　原因和影响分析（Cause‐and‐effect analysis‐CEA）。

18.　保护层分析（Layers of protection analysis‐LOPA）。

19.　决策树分析（Decision tree analysis‐DTA）。

20.　人因可靠性评估（Human reliability assessment‐HRA）。

21.　蝶形图分析（Bow tie analysis‐BTA）。

22.　以可靠性中心维修（Reliability centred maintenance‐RCM）。

23. 潜在分析和潜在通路分析（Sneak analysis - SA and sneak circuit analysis-SCA）。

24. 马尔科夫分析（Markov analysis）。

25. 蒙特卡洛模拟（Monte Carlo simulation）。

26. 贝叶斯方法（Bayesian statistics and Bayes Nets）。

27. FN曲线（FN curves）。

28. 风险指标（Risk indices-RI）。

29. 后果/概率矩阵（Consequence/probability matrix-CPM）。

30. 成本/效益分析（Cost/benefit analysis-CBA）。

31. 多准则决策分析Multi-criteria decision analysis-MCDA）。

☆ **我国风险管理标准推荐的技术方法**

我国国家推荐标准GB/T 27921—2011《风险管理 风险评估技术》给出了32种方法。对国际标准中的方法进行了调整：采用了其中27种方法，弃用了"毒性评估""原因和效果分析""成本/收益分析""多准则决策分析"等四种方法，另外补充了"压力测试""层次分析法""在险值法(VaR)""均值—方差模型""资本资产定价模型"等五种方法。如下所示：

32. 压力测试。

33. 层次分析法（Analytic Hierarchy Process-AHP）。

34. 在险值法（Value at Risk-VaR）。

35. 均值-方差模型（Mean-Variance Model-MVM）。

36. 资本资产定价模型（Capital Asset Pricing Model-CAPM）。

☆ **风险评估技术方法分类**

有多种分类方法可以帮助理解技术方法的优势和弱点，包括：评估阶段适用性，输出结果特性，技术方法本身特征。

第一，根据不同的技术方法对于风险评估不同阶段的适用性，可以对技术方法进行如下分类：

◇ 适用于风险识别。

◇ 适用于风险分析。

◇ 适用于风险评价。

第二，根据输出结果特性分类：

◇ 定性分析方法。

◇ 半定量分析方法。

◇ 定量分析方法。

完全量化的风险评估一直是不可能实现的任务。主要原因在于：信息不充分，缺乏数据，分析人员的人为因素影响等；也可能因为所需人力资源没有得到保证。

多方面因素决定对风险评估方法详细程度的要求：

◇ 首先，风险分析的具体应用对象。

◇ 其次，可靠数据的可用性。

◇ 最后，组织的决策需要。

第三，根据技术方法自身的特征分类：

◇ 检查表法。

◇ 支持性方法。

◇ 情景分析法。

◇ 功能分析法。

◇ 控制措施评估。

◇ 统计方法。

■ 选择风险评估技术方法

选择使用评估方法时，适用性只是必要条件，还必须考虑组织资源的可用性、评估对象所具有的不确定性本质和程度、待评估问题的复杂性以及输出结果的形式。

在风险评估的实践中，由于评估对象的多样化、评估的复杂性，要求的评估深度和详细程度可能千差万别。

☆ **需要考虑的因素**

选择合适的风险评估方法，有助于组织及时高效地获取准确的评估结果。通常，合适的技术方法应具有以下特性：

◇ 对所考虑的情景或组织应该是合理和适当的。

◇ 提供的结果能够加深对风险性质及处理措施的理解。

◇ 应该能够以可追溯、可重复和可验证的方式使用。

不同的评估技术方法，对资源及能力的要求不同，对评估对象的复杂性、不确定性的本质和程度适应能力不同，方法本身输出的结果形式也不同。

第一，资源的可用性。组织拥有的资源和具备的能力有限，可能影响风险评估技术方法选择：

◇ 风险评估小组的技能、经验和能力。

◇ 时间和组织内部其他资源限制。

◇ 可用的预算。如果需要外部资源，就必须考虑组织能够提
供的预算。

第二，不确定性的本质和程度。评估对象所具有的不确定性的本质和程度，涉及相关风险资料的质量、数量和完整性。包括：风险、来源、原因以

及对目标的影响等。不确定性可能来源于糟糕的数据质量或者缺乏必要及可靠的数据，也可能是组织的外部和内部环境状况所固有的。

第三，问题的复杂性。风险本身可能很复杂，例如：在一个复杂系统中，需要对整个系统开展风险评估；处理单个风险可能会影响其它方面；需要理解风险的后续影响和相互依存关系，确保在处理一种风险时不会出现其他情况。理解风险或风险组合的复杂性，对选择适当的风险评估方法至关重要。

第四，输出结果的形式。不同方法的输出结果不同，有些方法能够输出定量结果。

☆ **选择原则**

需要一些原则来帮助我们选择风险评估技术方法，包括：

第一，充分性原则。在选择风险评估方法之前，应该充分分析评估对象，尽可能掌握更多的评估方法，弄清楚各种技术方法的优缺点、适用范围和适用条件。还要为风险评估准备所需的充分资料，供选择评估方法时参考。

第二，适用性原则。各种评估方法都有其适用范围和适用条件，选择的评估方法要适用被评估的对象。应该根据系统、子系统的不同特点，选择适用的评估方法。

第三，系统性原则。选择的风险评估方法，应该与评估对象所具有的或能够提供的信息完备度和条件准确度相匹配。风险评估方法获得的结果，必须建立在真实、合理、系统的基础数据上。这就要求提供所需的系统化数据和资料。

第四，针对性原则。选择的评估方法应能够提供与风险评估深度及水平相匹配的结果。风险评估目的不同，评估深度要求也不同。应该针对不同的风险评估具体应用，选用能够提供与风险评估深度要求相匹配的结果输出的评估方法。

第五，合理性原则。在满足风险评估要求的前提下，应该合理选择对计算能力要求低、对基础数据需求少、容易获得且评估人员熟悉的评估方法。兼顾风险评估工作量及评估结果的合理性，超出实际要求的冗余性能和能力是不必要的。

第三章　有效实施组织的风险管理

风险管理是现代社会各类组织机构自身生存和发展的需要。组织必须实施有效的风险管理，管控好风险；保护好自身价值，履行社会责任；为员工负责，为社会负责。

□　风险管理动因，履行责任义务

风险管理第一条原则就是"创造和保护价值"。要降低风险影响，保护现有价值；还要善于抓住机会，创造新价值。

■　风险管理"黑天鹅事件"

在澳大利亚发现黑天鹅之前，欧洲人的认知视窗里，天鹅都是白色的。第一只黑天鹅动摇了西方"白天鹅"的信念。

通常把那些发生概率低、影响大却无法预测的事件称为"黑天鹅事件"，寓意不可预测的重大稀有事件意外出现，改变了现状。黑天鹅固然一直存在，所谓"黑天鹅事件"，实际上只不过是人类过度相信经验，出现意外而颠覆其已有的认知罢了。

20多年来，国际经济领域频发"黑天鹅事件"：有着200多年历史的英国巴林银行（Barings Bank）因欺诈交易于1995年破产；美国最大的天然气供应商安然公司(Enron Corporation)因财务欺诈于2001年破产；国际五大会计师事务所之一安达信（Arthur Andersen）因卷入安然公司财务欺诈案件于2002年倒闭；美国仅次于AT&T的第二大长途电话公司，世界通信公司(WorldCom)因会计丑闻事件于2003年破产。

2008年，美国第四大投资银行，有着150多年历史的雷曼兄弟公司（Lehman Brothers Holdings）宣布破产。这只孤立的"黑天鹅"扇动的气流，最终引发了席卷全球的"金融海啸"，很多国家、众多组织和个人受到影响。

随着科技进步和经济全球化程度日益加深，组织的经营环境越来越复杂，风险管理措施不力将导致组织付出惨重代价。"黑天鹅"必然会越来越多，并将会波及更多的组织，所谓"城门失火，殃及池鱼"。我们既然无法预测"黑天鹅"何时出现，就只能增强风险防范能力，确保组织的各项活动正常运转。

就在本书脱稿之际，欧洲又出现了一只新的"黑天鹅"——英国公投脱离欧盟。这只"黑天鹅"已经引起全球资本市场大动荡！它还会继续给国际政治经济带来什么风险？我们将拭目以待。

风险管理目的不是避免所有风险，而是避免未考虑到的"意外"和因意外而造成的损失，努力减少不确定性带来的冲击。

■ 监管部门的要求

风险管理是组织的所有者、控制者、出资方或监管部门的要求。政府所属的组织，通常由政府指定的管理机构提出风险管理要求，以避免遭受重大损失。有些监管要求，覆盖所有类型的组织，包括私有企业，目的是保护公众利益。金融危机屡次爆发，一系列财务欺诈，导致全世界加强了风险监管。很多国家提高了监管检查相关活动的频率和强度。

☆ 美国的风险监管

安然和安达信事件以后，美国出台了一系列监管法案。2002年颁布了《萨班斯–奥克斯利法案》（*Sarbanes–Oxley Act*），旨在遏制财务欺诈问题。2010

年通过了《多德-弗兰克华尔街改革和消费者保护法案》（*Dodd-Frank Wall Street Reform and Consumer Protection Act*）从根本上改写了美国的金融监管。该法案的核心宗旨主要体现在两方面：一是要防止超级金融机构"大而不倒"（Too Big To Fail）的局面，建立新的监管框架有效防范系统性金融风险；二是保护金融市场中的弱势群体，保证充分的信息披露，保护消费者免受金融欺诈。

☆ 欧洲的风险监管

巴塞尔银行业监督委员会于1988年出台银行业资本监管的国际框架协议《巴赛尔协议》（Basel Accord），旨在规范银行业资本监管。并于2004年推出升级版《巴赛尔协议Ⅱ》（*Basel Ⅱ Accord*），加入了新的风险模型，旨在实施基于风险的监管资本标准，同时改善信用、市场和操作风险的评估和管理。2008年世界金融危机爆发后，巴塞尔银行业监督委员会又推出了更全面的版本《巴赛尔协议Ⅲ》（*Basel Ⅲ Accord*）。

《欧洲市场基础设施监管规则》（*European Market Infrastructure Regulation*）通过金融市场基础设施管理的规范化、场外衍生品交易的透明化和风险措施的规则化，规范相关的金融市场基础设施和场外衍生品交易。

英国于2013年改组了其金融监管机构，废除了金融服务局（FSA），监管责任由英格兰银行的子机构审慎监管局（Prudential Regulatory Authority）承担；设立了一个新的金融市场行为监管局来处理消费者保护问题。

☆ 我国的风险监管

2002年，在亚洲金融危机和阿根廷金融危机的大背景下，国家发展计划委员会、中国人民银行、国家外汇管理局联合发布《国有和国有控股企业外债风险管理及结构调整指导意见》（计外资〔2002〕1092号），为指导与推动国有和国有控股企业进行外债风险管理及结构调整工作，提出建议。

中国证监会颁布了《证券公司风险控制指标管理办法》等一系列监管政策文件，进行证券公司综合治理，对高风险券商进行相应的处置。

2006年，国务院国有资产监督管理委员会（国资委）发布了《中央企业全面风险管理指引》（国资发改革〔2006〕108 号），对其直接管理的中央企业提出了实施全面风险管理的要求，并纳入企业主要负责人的考核范围。

2007 年，中国保险监督管理委员会（简称保监会）发布了《保险公司风险管理指引（试行）》（保监发〔2007〕第 23 号）。2010 年发布了《人身保险公司全面风险管理实施指引》（保监发〔2010〕89 号）。

2008 年，财政部发布了《地方政府外债风险管理暂行办法》（财金〔2008〕20 号），要求地方政府规范和加强外债风险管理工作，积极规避汇率、利率变动等市场风险。

这些强制性法规，较好地规范了相关领域的风险管理。

■ 组织的社会责任

现代管理学大师德鲁克在其经典著作《管理的实践》[26] 中第一次明确地把"社会责任"纳入组织绩效和成果目标，认为："组织最重要的共同目标是努力为社会做出贡献。"

任何组织都无法孤立于社会而存在，必然根植于社会，参与到社会活动中。德鲁克说："企业的所有行为都必须以社会责任为基础。""任何有关管理实践的讨论都不应该忽略了企业的社会性和公共性，即使私人色彩浓厚的公司也不例外。"

组织的风险管理对履行社会责任的影响，可以从以下三个方面来理解。

☆ 首先，组织必须为其员工负责

现代社会中，大部分人在各种组织机构中工作。一方面，在工作岗位上为组织做出贡献；另一方面，也从组织获取报酬，维持自己和家庭一定水准的生活，投入子女教育，为未来的社会培养新的、符合要求的员工。

组织在经营管理活动中，必须善尽社会责任，为自己的员工负责。如果因为风险管理不善而导致破产，不仅组织自身受到损失，还会使部分或全部员工失去工作，无疑会增加社会负担。如果众多组织破产，就会成为社会危机。

安然公司破产前，拥有雇员21000人，年营业额达1000亿美元。公司破产给员工及其家庭造成了重大冲击。

☆　**其次，组织必须为政府及社会运转负责**

维持现代政府和社会正常运转所需的财政资金，一方面直接来源于组织经营活动中依法缴纳的各种税费；另一方面来自于个人收入所得税。多数纳税个人受雇于各类组织。组织作为社会的有机组成部分，源源不断地为社会提供营养。

如果组织在经营活动中没有管理好风险而导致业绩下降，就会影响向政府纳税，员工因收入降低而向政府纳税减少或不纳税，甚至需要政府提供生活保障。如果众多组织都出现这种情况，社会的运转就会出现问题。

这方面，最典型的例子就是美国底特律。底特律曾经是美国最大的汽车城，市内有福特、通用、克莱斯勒和阿美利加等公司总部及所属企业。汽车工业的发展吸引了大量移民，人口急剧增长，1950年达到180万人。底特律80%的经济依靠汽车产业，财政收入来源单一，风险极大。

20世纪70年代石油危机重创美国汽车工业，外国汽车制造商也对美国汽车业造成威胁。80年代，由于汽车业经营不善，底特律未能跟上社会转型步伐，大批工人失业，迁往外地寻求新机会，最终导致底特律市于2013年12月3日宣布破产。目前，该市人口约70万人，不及鼎盛时期的40%。

☆　**最后，组织必须为其产品或服务负责**

组织在经营活动中，将资源整合起来进行有序加工，形成某种产品或服务并向社会提供，从中实现盈利并履行其他职能。组织提供的产品或服务已经成为社会正常需求的一部分。

如果组织因为风险管理不善而破产，不能正常向社会提供产品或服务，将会影响供需关系，必然导致该领域的价格波动，就要从境外进口以满足需求。但是，某些领域的产品或服务很难找到进口替代，特别是国防领域。某些组织遭遇重大风险损失，可能会影响国家的防御能力。

□ 风险管理框架，融入组织架构

风险管理框架是组织对风险管理的总体安排，是风险管理体系的运行基础。风险管理是否成功取决于风险管理框架的有效性。组织为了有效地实施风险管理，应构建与其规模、治理结构和管理目的相适应的风险管理框架。

风险管理框架的首要功能就是将风险管理嵌入整个组织的所有层次。管理框架确保从风险管理过程导出的信息被充分地报告，并被用作决策的基础和组织相关的责任基础。

风险管理框架包括：管理层的指令和承诺，风险管理框架的设计，实施风险管理，风险管理的监测和评审，风险管理框架的持续改进。如图3-2所示。

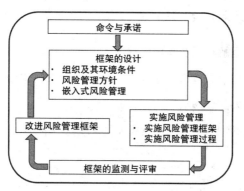

图3-2：组织的风险管理框架基本内容

■ 管理层的指令和承诺

组织引入风险管理并确保其有效性，要求管理层给予持续承诺并从战略层面进行严肃规划，以便在所有层次兑现承诺。

管理层应履行以下职责：

◇ 定义和签署风险管理方针。

◇ 确保组织的文化和风险管理方针一致。

◇ 定义风险管理绩效指标，该指标应与组织绩效指标一致，并作为总体绩效的一部分进行考核。

　　◇　使风险管理目标与组织的目标和战略一致。

　　◇　确保法律法规的符合性。

　　◇　根据组织的风险管理需要，在组织内适当的层次分配责任和职责。

　　◇　确保为风险管理配置必要的资源。

　　◇　与组织的所有利益相关方进行沟通，使其明确认知组织面临的风险并理解风险管理带来的收益。

　　◇　确保风险管理框架持续保持适宜。

■　风险管理框架的设计

☆　第一步，理解组织及其环境状况

在开始设计风险管理框架并实施之前，需要完成一项重要任务：评价和理解组织所处的内外部环境状况。

评价组织外部环境状况应包括（但不限于）以下内容：

　　◇　组织的经营可能涉及的社会和文化、政治、法律、法规、财务、技术、经济、自然和竞争环境。

　　◇　影响组织目标的关键驱动力和趋势。

　　◇　与外部利益相关方的关系，以及它们的感受和价值观。

评价组织内部环境状况应包括（但不限于）以下内容：

　　◇　组织治理、组织结构、任务和责任。

　　◇　方针、目标，以及为实现方针和目标所制定的战略。

　　◇　可以从资源和知识方面来理解的能力（例如：资本、时间、人员、过程、系统和技术）。

◇　信息系统、信息流和决策过程（包括正式和非正式）。

◇　与内部利益相关方的关系，以及它们的感受和价值观。

◇　组织的文化。

◇　组织采用的标准、指南和模型。

◇　合同关系的形式和范围。

☆　**第二步，建立风险管理方针**

风险管理方针应包括以下部分：

◇　风险管理和内部控制对象（治理结构）。

◇　组织对风险态度的陈述（风险战略）。

◇　风险意识文化或控制环境的描述。

◇　可接受的风险水平及性质（风险偏好）。

◇　风险管理组织和安排（风险体系结构）。

◇　风险认知和排序的详细过程（风险评估）。

◇　分析和报告风险的文档清单（风险约定）。

◇　风险缓解要求和控制机制（风险响应）。

◇　风险管理角色和责任分配。

◇　风险管理培训题目和优先事项。

◇　用于监测和标对的准则。

◇　风险管理资源分配。

◇　未来一段时期内的风险活动和风险优先事项。

应针对以下事项清楚地阐明组织的风险管理目标和承诺：

◇　组织管理风险的基本原理。

◇　组织的目标和方针与风险管理方针的联系。

◇　管理风险的责任和职责。

◇　利益冲突的处理方法。

◇　承诺提供所需资源，用于帮助实现风险管理责任。

◇　风险管理绩效测量和报告的方法。

◇　承诺定期评审和改进风险管理方针及框架，对环境变化做出响应。

风险管理方针还应该在适当范围内进行沟通。

☆　**第三步，明确风险管理职责**

组织应确保其体系结构具备管理风险的职责、权限和能力，包括实施和维持风险管理过程并确保控制措施的充分性、有效性和效率。实现途径如下：

◇　识别谁是有责任和权利管理风险的风险持有者。

◇　识别谁是负责建立、实施和保持风险管理框架的人员。

◇　识别组织所有层次其他人员在风险管理过程中职责。

◇　建立绩效测量、外部和/或内部报告及逐级报告过程。

◇　确保合适的酬劳水平。

☆　**第四步，整合风险管理过程**

风险管理过程应该成为组织管理过程的一部分。

应制定风险管理计划以确保风险管理方针得到执行，并将风险管理嵌入组织的全部实践和过程中。风险管理计划可以整合到组织的其他计划中。

☆　**第五步，配置风险管理资源**

组织应为风险管理配置适当的资源。应考虑以下因素：

◇　人员、技能、经验和能力。

◇　风险管理过程的每个步骤所需的资源。

◇ 用于管理风险的组织过程、方法和工具。

◇ 将过程和程序形成文档。

◇ 信息和知识管理体系。

◇ 培训方案。

☆ **第六步，建立内部沟通和报告机制**

组织应建立内部沟通和报告机制，用于支持和促进风险的责任和归属。该机制应能确保以下活动：

◇ 风险管理框架的关键要素及其后续的任何改进都得到适当地沟通。

◇ 有关于框架、其有效性和结果的充分的内部报告。

◇ 从风险管理应用导出的相关信息，在适当的层次和时间是可获取的。

◇ 有与内部利益相关方的协商过程。

上述机制应包括整合不同来源的信息，并考虑其敏感性。

☆ **第七步，建立外部沟通和报告机制**

组织应制订和实施与外部利益相关方沟通的计划。包括：

◇ 吸引合适的外部利益相关方并确保有效的信息交换。

◇ 遵守法律、法规和管理要求情况的外部报告。

◇ 提供关于沟通和协商情况的反馈和报告。

◇ 运用沟通在组织内建立信心。

◇ 在紧急或意外事件突发时，与利益相关方沟通。

上述机制应包括整合不同来源风险信息的过程，并要考虑信息的敏感性。

■ 实施风险管理

实施组织的风险管理包括：实施风险管理框架；实施风险管理过程。

☆ 实施风险管理框架

在实施组织的风险管理框架时，组织应完成以下任务：

> ◇ 为实施风险管理框架确定适当的时间安排和策略。
>
> ◇ 将风险管理方针和过程应用到组织过程中。
>
> ◇ 遵守法律法规要求。
>
> ◇ 确保决策与风险管理过程的输出结果一致。
>
> ◇ 举办信息和培训会议。
>
> ◇ 与利益相关方进行沟通以确保风险管理框架的正确性。

☆ 实施风险管理过程

实施风险管理过程，要确保将风险管理过程以风险管理计划的方式在组织的相关层级和功能得到应用。

■ 风险管理框架的监测和评审

为了确保风险管理的有效性并持续支持组织绩效，组织应该开展以下活动：

> ◇ 针对适宜性定期评审指标，测量风险管理绩效。
>
> ◇ 定期测量风险管理计划的进展和偏差。
>
> ◇ 基于组织的内部和外部状况，定期评审风险管理框架、方针和计划。
>
> ◇ 报告风险、风险管理计划的进展以及风险管理方针如何较好地执行。
>
> ◇ 评审风险管理框架的有效性。

■ 风险管理框架的持续改进

组织应基于监测和评审结果，持续改进风险管理框架，以完善风险管理及风险管理文化。持续改进涉及风险管理原则、管理框架、管理过程之间的关系，如图3-3所示。

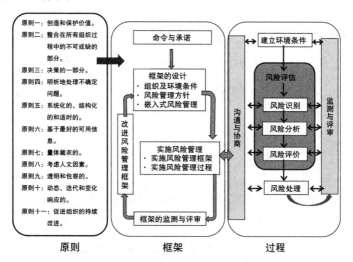

图3-3：风险管理原则、管理框架、管理过程之间的关系

□ 全面风险管理，完善管控体系

在新旧世纪交替之际，国际大型金融机构连续发生重大风险事件，引起多国政府、监管机构的高度重视，陆续加强了监管，对组织的风险控制能力与防范体系提出了更高的要求。

■ 企业全面风险管理简介

☆ 全面风险管理理念形成阶段

2002年7月30日，美国国会通过《萨班斯－奥克斯利法案》，要求所有在美国上市的公司必须建立和完善内控体系。萨班斯法案被认为是美国最重要的公司法案，在该法案影响下，世界各国纷纷出台类似的法案，加强公司治理和内部控制规范，加大信息披露的要求，加强企业全面风险管理。

2004年，美国COSO发布《企业风险管理框架》（*Enterprise Risk Management Framework-ERM*）[27]，提出全面风险管理概念，标志着全面风险管理理论形成。

在经济全球化背景下，面对日益复杂的外部环境，越来越多的国际公司选择ERM，作为控制经营风险的措施之一。据德勤会计师事务所2012年9月至12月进行的调查，83%的组织报告称已经部署或正在实施ERM方案，其中62%已部署到位，另有8%的机构表示它们正在计划制订ERM方案。

《企业风险管理框架》是目前美国上市公司风险管理的参照性标准。全面风险管理已经成为国际风险管理发展趋势。

☆ **全面风险管理的本质**

COSO给出的全面风险管理的定义是：

> 全面风险管理是一个过程。这个过程受董事会、管理层和其他人员的影响，从战略制定一直贯穿到组织的各项活动中，用于识别那些可能影响组织的潜在事件并管理风险，使之在组织的风险偏好之内，从而合理确保组织取得既定目标。

这个定义将ERM界定为应用于组织各层面的管理工具。

◇ 确认可能影响组织发展的潜在事件。

◇ 将风险控制在可承受的范围内。

◇ 并为公司实现目标提供合理保障。

COSO《企业风险管理框架》的本质是建立一个通用的共同语言，为风险管理提供清晰的方向和指南。要求管理层必须考虑风险与风险之间如何相互关联，并从业务单元层面和组织内部各个实体层面决定风险组合。该框架包含：

◇ 四个目标：战略，经营，报告，合规。

◇ 八个相互关联的要素：内部环境，目标设定，事件识别，风险评估，风险对策，控制活动，信息和沟通，监控。

《企业风险管理框架》考虑了组织内部所有层面的活动：公司层面，职能部门，事业部，分公司等业务单元和子公司。

从本质上说，ERM是对风险的一种全局观念，考虑的是风险对整个组织而非局部的影响。ERM旨在提供总体框架和方法论，用于管理那些可能妨碍组织实现业务目标的风险。ERM可以协助组织识别和管理重大风险，然后阐明其风险偏好和风险概况。由于ERM考察整个组织中的风险，有助于识别那些未识别的风险之间的依存性和相互关系。

☆ **全面风险管理的特点和作用**

ERM的特点可以概括如下：

◇ 风险两面性。损失与收益的可能性同时存在。

◇ 风险广泛性。涉及组织所面临的所有风险。

◇ 专业化管理。推进组织对风险实施专业化管理。

◇ 全员化参与。包括董事会、管理高层、各部门、各层次。

◇ 战略性定位。风险管理已成为企业战略管理的中心点。

◇ 系统性规划。综合考虑风险的系统性与相关性。

ERM的作用概括如下：

◇ 对组织战略目标起到坚实的科学支持与持续保障作用。

◇ 提升组织管理多种风险的综合能力，减小不确定性，增强核心竞争力。

◇ 使组织的经营战略与其风险价值观的关联更加紧密。

◇ 使组织业绩的增长与风险/回报的关联更加密切。

◇ 增强组织风险治理反应的决策能力。

◇ 使运营中意外及损失最小化，保护组织价值。

◇ 提高及时发现机会、抓住机会的能力 (风险的二重性)。

◇ 提高组织的运营效率。

◇ 使组织的资源分配更为合理化。

◇ 提高组织的声誉。

大量案例表明：组织倒闭并不全是由于产品、服务或技术过时，而是由于风险管理不善。ERM迎合了组织发展需要，也是经济发展到特定历史阶段的特定产物。

■ 我国企业全面风险管理要求

ERM对于我国企业是一项十分重要的工作，关系到资产保值增值及核心竞争力提升，也关系到我国宏观经济安全。

建立在工业革命基础上的市场经济，经历了几百年的发展过程，已经成为世界经济的主流经济形态。其特征之一：用契约和法律规定交易规则，开展市场竞争。在共同遵守的游戏规则下进行博弈，博弈过程及其结果都是不确定的。这种不确定性注定了市场经济的风险特征。管控好风险，组织就能够发展壮大；管控不好风险，即使兴盛一时，最终也难逃灰飞烟灭的下场。壳牌石油公司对1970年《财富》500强企业进行了长期跟踪调查，截至1983年，已有约三分之一的企业销声匿迹。在大批企业如昙花一现般兴起和消亡的同时，也有企业历经百年仍然基业长青。为什么差别如此之大？最根本的原因在于风险是否得到了有效管理。

我国计划经济时期，企业的生产和销售由政府统管，没有市场竞争，更没有破产风险，也就不存在风险意识和风险管理措施。随着市场经济逐步推进，企业开始面临真正的市场竞争。很多企业面对市场经济与生俱来的不确定性表现得不知所措，乱投资、乱担保、乱扩张，各种风险事故不断，造成巨大损失甚至破产。我国近三十年市场经济的实践不断验证：凡是发展得好的企业，一定是成功实施风险管理的企业。在市场经济汪洋中，提高风险意识和管理水平，成为企业成败的关键。

为了指导企业开展全面风险管理，提高管理水平，增强竞争力，促进稳步发展，国资委2006年发布了《中央企业全面风险管理指引》，提出了较为系统和完整的全面风险管理方法。"指引"的发布与实施，规范了中央企业的风险管理活动，推动了风险管理水平的提升，保证了经营活动及业绩目标的实现。

■ 全面风险管理体系建设及实施过程

全面风险管理贯穿于组织的各项活动，在规范管理行为、规避经营风险、确保资产保值增值和持续高效发展方面，发挥着至关重要的作用。

☆ 全面风险管理体系建设

健全的风险管理组织体系是实现风险管理目标的组织保障。设立专门的风险管理机构对于加强风险管理、降低风险损失、促进企业内部风险管理的信息沟通具有重要的意义。

现代西方企业的通行做法是，在董事会下设置风险管理委员会，并在企业中设立独立于业务部门的风险管理机构，专门负责企业风险管理相关事宜。

《中央企业全面风险管理指引》要求，企业应建立风险管理组织体系，具备条件的企业，董事会可下设风险管理委员会。不同企业所处的内外部环境不同，风险管理组织也不应千篇一律。应当从自身实际出发，建立有效的风险管理组织。

全面风险管理组织体系建设，通常包括以下内容：

第一，在董事会中设立风险管理委员会。风险管理委员会应独立于经营管理体系。委员会召集人由不兼任总经理的董事长担任；董事长兼任总经理的，召集人应由外部董事或独立董事担任。委员会成员中不仅需要有熟悉管理及业务流程的董事，更需要有具备风险管理监管知识或经验、有法律知识的董事。

第二，成立全面风险管理体系建设领导小组。加强领导，确保全面风险管理体系建设按计划进行。主要职责是：

◇ 负责全面风险管理体系建设方案审核并督促实施。

◇ 负责全面风险管理体系建设重大问题的研究。

◇ 负责各专业组风险管理策略、管理方案的审定。

第三，设立领导小组办公室。落实领导小组的职责，推进全面风险管理的实施。具体负责以下工作：

◇ 体系建设规划的制定、审查上报工作。

◇ 实施方案的制定工作。

◇ 提出培训方案，协助培训机构搞好体系培训工作。

◇ 负责项目实施、体系审核、组织协调工作。

◇ 协助专业工作组推进工作进程，并及时收集反馈信息。

◇ 负责体系建设文件资料归档工作。

◇ 负责领导小组日常事务。

第四，建立全面风险管理专业工作组。根据经营业务实际情况，设立财务管理、法律事务管理、质量安全环保管理、物资采购管理和人事劳资管理等专业工作组。按照领导小组的统一安排和要求，完成相关具体工作：

◇ 负责专业组建设方案及实施细则的制定和实施工作。

◇ 负责专业组的业务培训与检查指导，开展沟通交流。

◇ 统一组织专业组开展风险信息收集工作，定期召开各种研讨会仪，组织专家队伍进行风险辨识与分析评价。

◇ 负责协调与专业组业务相关的机关科室人员，形成工作团队，统筹相关科室之间的日常工作关系。

◇ 负责专业风险矩阵、风险列表、风险数据库、业务流程描述、程序文件、流程图、风险控制活动的开展及规章制度的完善等一系列体系建设的具体工作。

◇　组长定期与领导小组办公室沟通，及时参加培训和会议，及时传达落实并做好专业组风险管理宣传报道。

◇　负责专业组体系建设文件的收集、归纳、总结和存档。

☆　**全面风险管理实施过程**

风险管理的成功实施是一个持续的过程，涉及四个部分共十个步骤的连续性工作[28]。

第一部分，计划与设计。包括三个步骤：

◇　第一步：确定实施ERM的预期效益并获得董事会的授权。

◇　第二步：确定实施ERM的范围并开发通用的风险语言。

◇　第三步：制定风险管理战略，建立风险管理框架，明确风险管理角色、职责和责任。

第二部分，执行和对标。包括三个步骤：

◇　第四步：采用适当的风险评估程序和各利益相关方认可的风险分类体系。

◇　第五步：建立风险显著性基准并进行风险评估。

◇　第六步：确定风险偏好和风险承受力，并评价现有的风险控制措施。

第三部分，测量和监测。包括三个步骤：

◇　第七步：确保现有控制措施的成本效益，并不断改善。

◇　第八步：嵌入风险意识文化，将风险管理融入其他管理。

◇　第九步：监测和审查风险绩效指标以衡量ERM的贡献。

第四部分，学习和报告。

◇　第十步：报告符合法律及其他风险绩效并监督改进。

☆　有效制衡、科学决策

风险管理的目标及相关政策必须是组织整体发展战略的一个关键驱动器。风险管理目标的实现，必须有具体的执行程序和控制机制提供支撑。组织应建立健全规范的法人治理结构，其核心内容是"有效制衡、科学决策"：

◇　有效制衡。法人治理结构的各组成部分之间，一方面要协调配合，另一方面要形成有效的制衡。利用不同层级、不同利益主体之间的制衡，达到控制风险之目的。

◇　科学决策。合理的决策权配置和控制体系，科学的决策程序，明确的决策责任，从决策环节防范风险。

☆　全面风险管理报告

《中央企业全面风险管理指引》要求企业相关部门研究提出"全面风险管理年度工作报告"，由董事会审议后提交股东（大）会。经过多年实践，中央企业已经形成了"全面风险管理年度工作报告"的基本模式，可以供其他企业借鉴。有兴趣的读者可以专门学习，这里不予赘述。

□　正反管理案例，可资管理借鉴

2008年起始于美国的金融风暴仍然影响着世界主要经济体，全球经济增速放缓，贸易保护主义持续升温，国际市场竞争更趋激烈。企业经营环境中各种不确定性继续增加。风险管理成为企业应对经济危机和市场风险的核心管理手段。

本节我们解剖几个典型风险管理案例，作为风险管理镜鉴。

■ 中国五矿：全面风险管理为发展提供保障

中国五矿集团成立于1950年，曾长期发挥中国金属矿产品进出口主渠道的作用。进入新世纪，公司深入推进战略转型，通过重组并购和业务整合，发展成为一家国际化的矿业公司，其海外机构遍布全球34个国家和地区。2013年，公司实现营业收入4146.5亿元，利润总额64.72亿元，位列世界500强第133位；在金属类企业中排名第2位。

中国五矿在快速发展的过程中，始终以战略实施和风险管控为导向，严控流程，防范为先。按照《中央企业全面风险管理指引》要求，构建了全面风险管理体系，从集团公司经营的全过程评估和控制各类风险。在实践中不断提高风险管理能力，成功应对了全球化运作带来的风险。

本节简要介绍中国五矿全面风险管理特点及实践[29]。

☆ 全面风险管理体系的主要特点

第一，树立企业风险意识。在制定和执行发展战略的过程中，一直将风险意识贯穿其中，科学处理业务发展与风险管理之间的关系，坚持战略导向和风险管控并重，积极寻找企业发展与风险管理的契合点，使风险管理成为企业发展的助推器。

第二，夯实风险管理基础。在全面风险管理实施的初期，确立了"三步走"的战略：第一步，流程梳理；第二步，流程落地；第三步，体系推进。为风险管理奠定了坚实的基础。

第三，构建组织保障体系。成立"风险管理部"和"风险管理委员会"，对风险进行集中、专业化管理，为风险管理决策提供支持。以"分层、分类、集中"的管理模式，建立并逐步完善全面风险管理体系，基本实现"横向无缝，纵向贯通"。

第四，分解落实管理责任。按照ISO：31000：2009《风险管理：原理和指南》，对风险管理组织体系进行清晰定位。

第五，分阶段分步骤实施。把"全面风险管理体系"作为长期管理体系来建设，使风险管理意识融入企业管理中。

☆　**全面风险管理体系的具体措施**

第一，强化风险意识，明确方向，主动管理重大风险。根据《中央企业全面风险管理指引》和ISO：31000：2009《风险管理：原理和指南》要求，制定科学合理的风险管理战略，建立高效的风险管理体系，严格执行风险管理战略。

◇　评估战略风险，明确战略转型方向。

◇　管理投资风险，促进战略转型实施。

◇　践行风险流程，提升整体管理能力。

第二，夯实管理基础，全面风险管理体系建设起航。建设思路是整体规划、统筹协调、分步推进。提供所需资源，建立信息化系统，实现"一个五矿，一套流程，一个系统"。

第三，建立管理组织，全面风险管理体系强力推进。成立"风险管理部"，赋予其完成集团全面风险管理体系建设的使命；成立全面风险管理委员会，为推进和深化全面风险管理提供了更高层的组织保障。在集团层面，将风险管理列入与战略规划、计划与预算、关键岗位、业绩考核、投资与资本运营并列的核心管控职能；在业务中心层面，强化对战略、市场、财务、运营、法律等各类风险的管理工作。

第四，明确模式定位，全面风险管理体系有节有度。以"分层管理，分类管理，集中管理"为风险管控模式，确定统一的管理原则和方向，统领全面风险管理体系建设。按照"分层管理"原则，将风险管理工作划分为"战略层面""执行层面"和"操作层面"；根据"分类管理"原则，各职能部门承担各自的管理职责和流程中相应的重大风险管理工作；遵循"集中管理"

原则，风险管理部是推进全面风险管理的核心。

第五，抓住管理重点，全面风险管理体系循序渐进。为了确保全面风险管理工作落到实处，确定了"总体规划，以点带面，分步实施，务求实效"的总体建设方针。通过对专项重大风险"点"的管理突破，带动企业整体风险"面"的形成和展开，逐步建立全面风险管理体系。

全面风险管理体系为中国五矿的发展提供了可靠保障。

■ 摩托罗拉：战略风险管理失误

总部设在美国伊利诺伊州芝加哥市郊的摩托罗拉公司（Motorola Inc），曾经是全球芯片制造、电子通讯的领导者。成立八十多年来，拥有众多发明专利，开创了汽车电子、晶体管彩电、集群通信、半导体、移动通信、手机等多个产业，并以"六西格玛"质量管理体系认证成为企业管理的样板。

摩托罗拉在通信领域一直是引领尖端技术和追求卓越绩效的典范，1995年在中国的市场占有率超过60%。直至2003年，摩托罗拉手机品牌的竞争力仍然排在世界第一位。自2003年至2008年，摩托罗拉在移动通信领域的市场占有率直线下滑：从全球第一，滑落到可有可无、陷入巨额亏损的境地。

2011年1月4日，摩托罗拉正式拆分为专注于政府与企业业务的"摩托罗拉系统公司"和专注于移动设备及家庭业务的"摩托罗拉移动公司"。同年8月15日，谷歌以125亿美元的价格收购了摩托罗拉移动。

2014年10月30日，联想集团宣布，完成从谷歌公司收购摩托罗拉移动业务，并全面接管摩托罗拉移动的产品规划。

为什么会出现这种现象？主要原因就是摩托罗拉对其战略风险没能进行有效管控！风险管理失误主要体现在以下几方面：

☆ 失误一：技术决策失误

摩托罗拉战略风险始于"铱星计划"重大技术决策失误。

以摩托罗拉为首的一些美国公司，为了夺取世界移动通信市场的主导权，在美国政府的帮助下，于1987年提出新一代卫星移动通信系统——铱星系统。其技术先进性，即使以现在的技术水平衡量，依然处于领先地位：由66颗卫星编织起一个高技术通信系统，卫星之间可直接传送信息，用户可以不依赖地面网而直接通信。但正是由于过度追求技术先进性，铱星系统的构建成本和维护成本过高，每部手机3000美元，将绝大多数用户排除在外！开业前两个季度，全球只发展了1万用户。

卓越的技术先进性恰恰成了摩托罗拉的战略风险。

☆　**失误二：营销战略失误**

摩托罗拉迷恋于已有的成功。过于相信自己的技术优势，过度依赖成功型号，迷失了产品开发方向。如同执着的人将目光聚焦于过去和眼前，找不到前进方向。3年时间仅依赖V3一个机型，根本没有考虑手机的细分市场。

在新产品跟不上市场需求的情况下，摩托罗拉不得不依靠降价提高销量。短期的大幅降价让不少高端用户无法接受，后果就是对摩托罗拉品牌彻底失去信任。

新产品市场定位不准。随着技术升级的步伐加快，消费者对手机的要求已经不仅仅局限在外观方面，更多地开始关注手机的配置、功能特色等内在技术因素。以技术见长的摩托罗拉却在技术方面让消费者失望。自从推出V3之后，摩托罗拉发布的绝大部分新品手机，找不出新鲜的卖点。

☆　**失误三：组织结构过时**

摩托罗拉重视产品规划，更是一个技术主导型的公司。浓厚的工程师文化，以自我为中心，唯"技术论"，消费者的需求很难被研发部门真正倾听，导致研发与市场需求脱节。

内部产品规划战略不统一，平台之间通用性差，增加了生产、采购的难度，使得上游的元器件采购成本居高不下。其资深副总裁吉尔莫曾评价说："摩托罗拉内部有一种亟须改变的'孤岛传统'，外界环境的变化如此迅捷，用户的需求越来越苛刻，现在你需要成为整个反应系统的一个环节。"

摩托罗拉长期忽视上述战略风险，更没有投入资源管控战略风险，最终导致其在移动通信领域的衰落。

第四章　风险认知和管理问题探析

由信息技术引领的第三次工业革命浪潮，叠加不断加深的经济全球化进程，给个人生活和组织经营发展带来了日益复杂和不确定的外部环境。在这样的环境中保护个人财富和组织价值并谋求进一步发展，就像在波涛汹涌的大海中驾驶一艘小船，任何疏忽都可能导致倾覆。我们必须学会认知风险，掌握必要管理技能，采取适当的措施将风险控制在可接受水平。

然而，很多人不具备正确的风险认知和防范意识，甚至部分组织的管理者也不能正确地认知风险并采取适当的管理措施。他们可能知识渊博，也许能力超群，在顺利的境况下，他们会很出色、很成功；一旦遇到不可预测的风险以及由此产生的危机，他们便会不知所措，动辄得咎，甚至会被危机吞噬。

生活中无数事实告诉我们，在充满不确定性的信息化社会中，仅仅拥有知识是远远不够的，能够正确地认知风险并采取适当应对措施，才是我们生存下来并谋求更好发展的基本能力。

本章我们选取风险认知和管理过程中常见的问题，进行剖析和探讨，希望能够为读者正确认知和管理风险提供帮助。

□　技术知识壁垒，公众认知障碍

现代社会发展日新月异，人类创造的科技知识快速膨胀，学科领域越来越多，技术专业越分越细。不同学科之间、不同专业之间，自然形成了不同程度的知识"壁垒"，即使最聪明的人也不可能掌握所有学科知识而成为通才。一个领域的资深专家，面对不同领域，也会有隔行如隔山之叹。

随着风险管理逐步发展成为管理学中一个相对独立的领域，一些概念和术语也越来越专业化。和其他管理领域、其他技术领域之间，也会出现知识壁垒。

不同领域的知识壁垒已经成为公众风险认知的障碍。

■ 不确定性与已知风险

风险是不确定性对目标的影响。那么，我们如何正确理解不确定性？又如何正确理解不确定性与风险之间的关系？

☆ 关于不确定性

不确定性（Uncertainty）通常是指事先不能准确知道某个事件或某种决策的结果。只要事件或决策的可能结果不止一种，就会产生不确定性。无论是客观物质世界还是人类社会活动，普遍存在不确定性。描述微观物质世界的量子力学中有一个"测不准原理"，告诉我们微观物理量状态的不确定性。不确定性被广泛应用于经济学、金融学、心理学、社会学等领域。

不确定性的影响有大有小，有正面也有负面，不能事先预测。正是由于其不可预测性，人们对不确定性普遍存在畏惧心态。美国理财大师索罗斯曾经说："我什么都不怕，只怕不确定性。"然而，也正是这种不确定性，才使得我们生存的世界更加精彩！如果一切都是确定的，那世界也太沉闷、单调了，大多数人都能理财赢利了，索罗斯也就没有机会成为大师了。

在风险管理领域，不确定性是指信息缺乏的状态。这些信息事关对事件、其后果及可能性的理解。不确定性影响到个人或组织目标的实现，就成为风险。有些风险是可以预知的，只要做好相应准备，就可以防范或规避。还有一些风险是根本无法预料的，你根本不知道它是什么、什么时候、在哪里发生。

☆ 关于已知风险

有些风险属于已知风险，可以用定量或定性方法衡量。

能够定量衡量的风险，通常可以估算出风险后果及其发生的概率。比如：我们购买批量化生产的产品，买到不合格品的风险就属于已知风险。不合格品的概率，取决于其生产工艺、质量控制体系，有成熟的计算方法。

另外一些定量数据的理解则不那么简单，比如天气预报的"降水概率"。这种让人捉摸不定的"降水概率"式天气预报，是美国人1966年最先使用的。我国1995年起在北京和上海试用，后来逐步推广。如果你正在成都出差，与朋友相约晚上去春熙路一家餐馆聚餐，网上查看天气预报，降水概率30%。你如何理解这个数据？又将做何准备？

公众对降水概率的理解五花八门。降水概率30%，有人认为是30%的时间会下雨，有人认为是30%的地方会下雨。而气象学中准确意义是：在指定的时间和区域里，具备某种气象条件下，历史记录中，有30%的情况在下雨。

对于降水概率的理解失误不会导致严重后果，大不了承受被雨淋的风险，或者携带雨具而无用。在某些方面对风险概率的理解失误，有可能带来灾难。如：森林火灾、山体滑坡、泥石流等发生概率，就要谨慎对待了。

有些已知风险无法定量评估，通常只能采用重要性程度（诸如：高、中、低）来定性描述。比如：被天上掉下来的陨石砸中的风险，人的一生中几乎不可能；被大型动物伤害的风险，可能性也极低（但在社会无序化的今天，一切皆有可能！2016年3月8日，一只老虎出现在卡塔尔首都多哈的公路上，引发民众的担忧）；而在交通事故中受伤害的风险，就不能忽视。

☆ **关于未知风险**

还有一些风险，纯粹是偶然且不可预知，既没有迹象可察，也没有规律可循，属于未知风险。对于这样的风险，我们只能根据实际情况，随机处置。

《春秋左氏传》"文公六年"记载，鲁国正卿季文子就有防范未知风险的意识：

> 秋，季文子将聘于晋，使求遭丧之礼以行。其人曰："将焉用之？"文子曰："备豫不虞，古之善教也。求而无之，实难。过求，何害？"八月乙亥，晋襄公辛。

季文子在出发去晋国聘问之前，熟悉了遭遇国家丧事时的礼仪。在晋国期间，刚好碰上晋襄公去世，"遭丧之礼"还真派上了用场。今天的管理者，有必要把两千六百年前季文子"备豫不虞"的风险防范观念铭之金石，置之座右。

在动荡不安的国际政治经济环境中，那些因为偶然风险而倒闭的组织管理者，是否领悟了季文子"备预不虞"精神？

■ 绝对风险与相对风险

所谓绝对风险，就是用概率衡量的风险的实际值。

所谓相对风险，是指一种风险与同类或类似风险的比较值。

使用相对风险还是绝对风险，会导致公众认知的巨大偏差。以"相对风险"描述事物状态可能激发公众强烈的反应，而以"绝对风险"描述则能够使公众更理性地认知真实风险。换言之，"相对风险"往往扭曲了数据本身含义。

有位朋友胆固醇较高而胆囊较小，在某杂志读到一篇关于胆固醇的文章，主要结论是胆固醇比较高的人罹患心脏病的风险比一般人高出50%。这位朋友非常焦虑地在朋友圈中咨询这个问题。我建议他再详细查一查资料，搞清楚一般人罹患心脏病的绝对风险是多少，胆固醇比较高的人罹患心脏病的绝对风险是多少，然后再讨论"高出50%"传递的是什么信息。

这位朋友查完之后告诉我：根据医疗机构统计数据，年龄50岁左右胆固醇正常的人，在接下来的10年里，每100人中有4个人会罹患心脏病，也就是4%；相同年龄段胆固醇高的人，则有6个人会罹患心脏病，也就是6%。所谓的"高出50%"，也就是6%和4%的差别。这一事例中，用绝对风险衡量，增加2%，多数人都会忽略这个数值；而用相对风险衡量，竟然高出50%，很可能会引起胆固醇高者的心理恐慌。

利用相对风险突出要论证的主题，是某些从事研究工作的人常耍的花招：利用衡量风险的不同方式，引起人们的关注。

20世纪70~80年代，英国曾经发生过一场避孕药风波。英国药物安全委员会向医师、药剂师、公共卫生负责人发出警告称"相比第二代避孕药，第三代避孕药会使女性罹患脑血栓的风险增加一倍",并将这一警告发送给媒体。这一警告很快引起英国女性的恐慌,导致意外怀孕和堕胎率骤增!那么,"罹患脑血栓的风险增加一倍"真实情况如何?统计数据表明:每7000位服用第二代避孕药的女性中,大约有一位会因此而罹患脑血栓。若改用第三代避孕药,每7000人中大约会有两位因此而罹患脑血栓。绝对风险增加了1/7000,而相对风险则增加了100%!如果英国女性接受的是绝对风险信息,则几乎不会有人会在意,更不可能引起公众恐慌。英国药物安全委员会通报中使用相对风险,不仅给英国女性身心健康造成伤害,还重创了英国国民医疗保健体系和制药企业。

利用相对风险引起公众紧张,诱导他们作出不合理的购买决策,更是某些商家惯用的伎俩。公众接收类似广告时,一定要了解是"绝对风险"还是"相对风险"!如果是相对风险,就要追问其绝对风险,冷静思考数字到底在说什么。

■ 模型与方法的局限性

风险认知领域,科学数字都是可信的吗?未必尽然!

☆ 数字也会欺骗我们

自从数学家创造了"概率",人们便喜欢上了这个概念,在报告或文章中尽可能使用这个概念,以彰显自己所从事工作的科学性、严谨性。现代医学的各种检测,没有100%的准确,往往用概率来表达准确程度。

在意大利,既不吸毒也没有危险性行为的人群中,感染艾滋病的风险大约是0.01%。这是一个大样本统计数据,基本接近真实值。(真实值是什么?只有上帝知道!)根据意大利的艾滋病检测技术,感染艾滋病的人有99.9%会呈阳性(另外0.1%会呈阴性,被漏检),未感染艾滋病的人有99.99%会呈阴性(另外0.01%会呈阳性,未感染艾滋病而被误判)。

如果一位意大利人检查结果呈阳性,那他实际感染艾滋病的几率是多少? 99.9%,还是99.89%(99.9%-0.01%)?结果很可能出乎你的意料!

比如10万普通意大利人中接受艾滋病检测，约有10人感染艾滋病且几乎都被检出，而另外99990未感染艾滋病的人，被误检的概率是0.01%，约有10人会被误检。这样，10万意大利人参加艾滋病检测，结果呈阳性的会有20人，其中，只有10人是艾滋病感染者。被误检的概率是50%，而不是0.01%！

概率，就像一个双面魔鬼，一面是真实的，另一面带有欺骗性。而呈现给公众的，往往是欺骗性的一面。

生活中，大多数公众会被这样的数字欺骗。

☆ **数学模型的局限性**

技术方法广泛应用于风险管理领域，在具有规律性已知风险的专业技术领域发挥了很好作用。然而，在其他领域的应用却不尽如人意，尤其是在人类社会活动领域。

多数读者一定接到过推销炒股软件的电话。我们可以用常识来判断：如果这些炒股软件真管用，那些人还用推销吗？早就"闷声发大财"了！成功的投资理财者，都有其独特的分析方法，一定会"秘而不宣"，而不是到处推销。

所有的技术方法都由数学模型构成。数学模型是什么？科学界并没有统一的准确定义。数学模型通常是基于物理现象而构建的抽象的、简化的数学结构。比如爱因斯坦的物质与能量关系理论，就用一个简单的数学模型"质能方程"来描述：

$E=mc^2$

这个简单的方程指导人类学会了利用核能。

工程领域和人类社会活动领域的现象要复杂得多。每种现象都涉及太多的影响因素，不可能对所有因素及其影响进行准确描述。只能通过分析判断，忽略次要因素，保留主要因素，形成简化的可描述的抽象模型，再把抽象模型用数学方程描述，形成数学模型。数学模型是物质世界或社会活动中复杂现象的抽象表达。为了得到计算数据，还要把数学模型的公式和方程进行离散，编制程序进行求解。技术方法大都遵循上述过程。

应用技术方法时，要有清醒意识：在物理现象或社会活动与最终计算结果之间，每一个抽象、简化、省略过程，都毫无疑问地会引入误差。这些误差逐步累积，也许会使计算结果与真实现象之间相差万里！气象预报中的"蝴蝶效应"就是典型：一只蝴蝶扇动翅膀扰动了空气，导致遥远地方发生暴风雨。蝴蝶绝对没有那么大能量，只不过是模型中误差累积而已！

我们要尽可能利用现代科技带来的便利，让计算机和一系列技术方法替我们完成海量乏味的计算工作。但要牢记，模型和方法不是万能的，在涉及动态变化的领域，尤其是人类的社会活动，使用技术方法一定要小心谨慎。

所有技术方法及其数学模型，都是对以往经验的总结和抽象，反映的都是过去的规律和信息。对于具有稳定运行规律或变化趋势的过程，技术方法不仅可以"大致准确地"复现过去，也可以预测未来。但对于随时都会受动态因素影响，并且变化趋势不可预测的领域，用基于过去经验和信息的模型预测未来，几乎是不靠谱的！比如：炒股软件根据过去几天的情况预测明天的趋势，但是晚上"美联储将讨论加息可能性"的新闻，将会完全打乱模型的预测。明天股票市场会怎样？不仅你不知道，那些股评专家也不知道。因为，这一信息对众多股民的心理影响如何？他们会采取什么对策？几乎无法预测！

前一段时间，谷歌人工智能 Alpha Go 以四比一的比分战胜了韩国围棋高手李世石，引起人们对人工智能取代人类的担忧。实际上，大可不必！Alpha Go 只会利用人类编制的程序下围棋，从逻辑上讲，围棋中每一步下法都是可以计算的，只不过计算量超出了绝大多数人脑的计算能力，而这正是计算机所擅长的。

如果引入不确定性，Alpha Go 就会成为一只"哈巴狗"。

■ 公众风险认知的误区

认知风险的目的，不是为了简单地规避风险，更不是鼓励人们铤而走险，而是要合理控制风险。不是所有人都能够正确认知风险，多数人存在认知误区。

☆ 个人主观臆断

有些人所谓的"风险"，实际上是个人的主观判断。例如：有些人不愿坐飞机出行，尤其是"9·11"事件之后，认为飞机失事后乘客存活率很低。这些人有一个最基本的问题没有搞清楚：你追求的目标是什么？是安全到达目的地，还是你的安全感觉？在他们的风险认知里，把比较基础置于"飞机失事"之后。殊不知，飞机失事的概率远低于其它交通工具！

美国学者做过统计：乘飞机从纽约到华盛顿所承受的风险，仅相当于开车行驶12英里！对于长途出行的人来说，乘其他交通工具抵达机场、乘飞机从起飞至降落的整个航程、降落后乘其它交通工具抵达住宿地，这三个阶段承受的风险大致相当，分别为此次出行总风险的约三分之一。

多数人并不是依靠自己的理智，而习惯于凭着情感、经验、数字或个人喜好，主观臆断评估风险。个人通常可以控制的风险，即使发生的概率比较高，也并不像无法控制的风险那样令人感到恐惧。在高速公路上发生车祸而死亡的风险，相比于乘飞机失事死亡的风险要高很多，但多数人并不感到恐惧。因为人们可以自己掌控方向盘，主观地认为风险在自己控制之中。

☆ **集体心理取向**

有些所谓的"风险"，是社会公众的集体心理取向。

化工原料PX生产厂在我国多个地方被公众拒绝，就属于这类情况。PX是一种芳烃类化合物，学名叫"对二甲苯"，是重要的有机化工原料，在国民经济和人民生活中有着十分广泛的用途。根据《全球化学品统一分类和标签制度》及《危险化学品名录》，PX并不属于危险化学品。美国政府下属的工业卫生学家会议（ACGIH）将PX归类为A4级，也就是说，缺乏PX对人体、动物致癌性的证据。然而，近几年PX项目在我国却被公众排斥。

社会公众集体心理取向影响风险认知的另一个例子，是对核能发电的恐惧，认为核电站的风险比其它能源及常规工业都要严重。在一些所谓"专家"的误导下，公众对虚无缥缈的核电站事故风险的恐惧，甚至到了"谈核色变"的程度，而对生活中实实在在发生的燃煤污染导致人们慢慢死亡的风险却熟视无睹！事实上，正是由于核能的特殊性，科学家和工程师们采取了特殊的防范和保护措施；核能发电半个多世纪的历史证明，核电站发生事故的概率以及由此对人类社会带来的风险远低于其他能源类型及常规工业领域。关于核电与其他发电方式的风险比较，后面还会进一步深入分析。

风险认知离不开信息。信息不足固然会影响风险认知，信息冗余同样会影响正确认知风险。信息化时代面临严重的信息泛滥，一期《纽约时报》的信息比生活在工业革命前的人一生获得的信息还要多；据研究人员估算，人类社会存储的信息总量 2007 年就达到了 3000 亿 GB（一部数字电影大约 1GB），并以每三年翻一番的速度继续膨胀。信息泛滥导致人们在认知风险时面临更加复杂性的情况。

☐ 专家放言误导，媒体推波助澜

目前，社会上"专家"的口碑不怎么好，这种不良影响是由部分专家自己造成的。在公众的心目中，所谓专家，一定是在某一领域具有较深的造诣，其见解要比普通公众高明得多。即便是在自己专业领域的真正专家，在其他领域也不见得比公众高明多少。然而，某些专家"注水"程度相当严重，自我膨胀导致他们敢于"放言"，信口开河，指点江山。

近年被电视台捧红的一位历史工作者，面对电视机前的观众，大谈曹操"一统天下、九合诸侯"！大凡识字的中国人，谁没有读过《三国演义》？曹操什么时候"一统天下"了？如果曹操能"一统天下"，又何来《三国演义》？"九合诸侯"更是和曹操"风马牛不相及"！我国传统的历史语境中，"九合诸侯"是与"一匡天下"联用的，专指春秋五霸之首齐桓公在名相管仲的辅佐下"尊王攘夷"的丰功伟绩。如此"放言"历史，不知会误导电视机前多少人的历史观！

如果这些专家只是侃侃历史，扯扯国学，也不过是娱人娱己而已，但如果"放言"涉及风险领域，媒体又不加甄别地推波助澜，就会严重误导社会公众的风险认知！经验告诉我们，涉及风险领域，敢于放言的"专家"意见本身就很危险！

■ 投资专家的"建议"

很多金融工作者挂着"金融顾问""投资专家"的名衔。实际上，只不过是养家糊口的职业而已。很多所谓的"投资专家"，自己都不能正确认知风险，更不能向客户解释风险。

美国《华尔街日报》曾经做过试验，定期邀请投资专家，向他们询问该买哪些股票，同时，让普通参与者用飞镖投射选择股票，随后追踪这些股票的涨跌。统计结果显示，普通参与者用飞镖选出的股票，通常比投资专家选择的股票表现更好。

这一结果并不能说明什么问题，也许专家隐藏了自己的真实观点，也许投射飞镖的人运气特别好。只是提醒人们慎重考虑：专家的建议是否是"真知灼见"？他们是否高估了自己提出"真知灼见"的能力？

2015年，对于中国资本市场来说，是一个可堪载入史册的一年。年初，在部分专家的煽动下投资者积极参与，股市快速上涨。随后媒体推波助澜，"4000点是牛市的起点"，吸引更多投资者参与。当上证指数突破5000点，融资杠杆已经放大到危险的程度，仍然有专家预测上涨空间8000点。结果我们有目共睹，多数人在毫无风险防范意识下，遭受惨重损失！

不仅专家容易高估自己的能力，普通人也会无意识地高估自己的能力。在股市的成长期，闭着眼睛都能选中赚钱的"好股票"。多数人都会认为，在股市获利是凭借自己的能力，于是乎就真把自己当作投资高手。而当股市上涨的浪潮退去，却发现很多人只不过是在裸泳，只有那些能够在充满不确定性的大海里冲浪的人，才是真正的弄潮高手！

高估自己的能力还有人类生理及心理上的因素。人体科学家研究发现，神经传导物质血清素能引发正面的反馈，促进良性循环，进而会影响人们的行为。男人们面对年轻漂亮的女士，本能地就会过高地估计并展现自己的能力。

■ 欧洲疯牛病引起的恐慌

疯牛病于 1985 年 4 月在英国被发现，学名"牛脑海绵状病"，简称 BSE（Bovine Spongiform Encephalopathy）。通过感染牛或肉骨粉的出口，传染到其他国家：爱尔兰、葡萄牙、瑞士、法国、比利时、丹麦、德国、卢森堡、荷兰、西班牙、列支敦士登、意大利、加拿大、日本等。

1996 年，疯牛病被证实可能会传染给人类。英国政府海绵状脑病顾问委员会的一位专家警告说：因疯牛病死亡的人数将以每年 30% 左右的速度上升，最终可能造成每年上万人丧生！《自然》杂志的一篇文章甚至预测疯牛病会导致 10 万人死亡。专家的观点通过媒体推波助澜，极大提高了人类对风险的恐惧。欧洲国家谈"牛"色变，纷纷抵制英国牛肉。

为了促使欧盟解除对英国牛肉出口禁令，英国政府下令在全国范围内宰杀了 14.7 万头"可能"染上疯牛病的肉牛，英国的养牛业遭到重创。随着疯牛病的蔓延，欧洲国家不仅被迫改变饮食习惯，而且引发政治、经济、外交等争端。

那么，疯牛病本身给欧洲人带来的实际风险又是怎样呢？德国学者 Gerd Gigerenzer 在 *Risk Savvy: How to Make Good Decision* 一书中将疯牛病归入"忧虑风险"——实际风险远低于人们的忧虑程度。据统计，自 1996 年起疯牛病肆虐的 10 年内，大约有 150 位欧洲人死于疯牛病，而因为忧虑风险造成的直接损失高达 380 亿欧元！还有更多间接损失无法计量。

欧盟国家每年有上万人死于普通流感，如果把 380 亿欧元中的一小部分用于防治流感，可以挽救多少人的生命？

■ 核能利用风险，应否因噎废食？

2011 年 3 月 11 日发生在日本的福岛核电站事故带来的社会恐慌，很多人仍然记忆犹新。媒体报道铺天盖地，平日少人问津的盖革计数器和碘片脱销，不知所措的人们大量囤积碘盐，公众到处打电话询问空气中的放射性物质！

这是人类和平利用核能史上一次严重核泄漏事故，但愿也是最后一次！另外两次是：1986年4月26日苏联乌克兰加盟共和国的"切尔诺贝利核电站"事故，1979年3月6日美国"三哩岛核电站"事故。三次事故造成了不同程度的影响。"三哩岛核电站"事故导致核电站报废，但几乎没有对人员和环境造成影响。"福岛核电站"事故导致大量放射性物质向环境释放，造成了环境灾难，但没有人员直接受到放射性伤害。最为严重的是"切尔诺贝利核电站"事故，直接造成33人死亡，这33人几乎都是对放射性知识和事故情况知之甚少的消防人员，大量放射性物质外泄，环境受到严重污染，影响波及欧洲数十个国家。

核电站事故导致国际社会对待和平利用核能的态度出现两极分化：以美国、法国、俄罗斯、英国、韩国为代表的核电技术先进国家，和以印度、南非、土耳其、巴西等为代表的发展中国家，坚持发展核电。我国政府声明，在确保安全的基础上高效发展核电。而德国、意大利、瑞士等国坚决要与核能绝缘。日本社会陷于纠结状态：一方面，能源短缺，离不开核能；另一方面，公众反对重启因福岛核事故而暂停的核电站。

诡异的是，福岛核事故在我国培养了一批所谓的"反核人士"（反对建设核电站）！他们利用所掌握的话语霸权，煽动起公众对核能发电的"忧虑风险"。

☆ **核能特殊性及特殊安全措施**

不同类型的能源利用方式具有不同的技术特点。

目前商业运行的核电站，利用原子核裂变释放的能量。裂变产物具有放射性，停止"燃烧"之后，裂变产物还会衰变，继续释放热量。正是由于核能利用的特殊性，科学家和工程师们尽其所能，采取"物理屏障"技术措施和"纵深防御"管理手段，努力把发生事故的可能性降到最低。

不确定性一直伴随着我们，人类在任何技术领域还远远不能实现零风险。运行核电站肯定会有一定的风险，但这个风险已经降低到统计意义上的每堆年百万分之一。

不建核电站当然不会有风险！问题的核心是：建设核电站目的是什么？

是提供电力，提高人们的生活品质。谁都没有资格剥夺他人用电的权利，不建核电站，就要建设其他电站。

有一个基本的事实，反核人士或者不知道，或者故意对公众隐瞒：对整个社会来说，燃煤发电带来的风险更大！

☆ **核电站与燃煤电站放射性风险比较**

事实上，放射性并非核能发电独有。

2016年3月22日，中国核工业集团公司与神华集团公司签署"战略合作协议"，合作领域之一是"铀煤资源共采"。除了核电站用的燃料铀外，还有其他放射性物质与煤炭共生，人类目前还没有掌握经济有效的分离技术。

由于煤炭中含有微量放射性元素，燃煤也向大气排放放射性物质。仅从辐射影响看，我国燃煤发电产业链（从采矿到电厂废物处理）对公众产生的辐射照射是相同功率核电的10～50倍。燃煤电厂放射性核素随着烟尘排放到大气中，进入人类的生活圈，通过食入内照射、吸入内照射、烟云浸没外照射、地面沉积外照射等多种途径对居民造成危害，影响每一个人！

核电站所需的核燃料甚少，容易集中控制。正常运行的核电站，放射性处于受控状态，只有极少量的中低放射性物质会排放到大气和水体中，几乎与环境中固有的本底放射性相当。绝大多数放射性物质被包容在核燃料中，可以对燃烧过的核燃料进行处理并循环利用，也可以深埋到远离生物圈的地质层中。

即使考虑到三次严重核事故造成的伤害，人类因核能发电而承受的放射性风险，也远远低于燃煤发电。

☆ **反核人士的虚伪一面**

反核人士俨然以正义的化身出现在公众面前，但有几个问题需要他们回答。

第一，他们生活中是否用电？如果不用，那他们将占据道德优势，有资格反对一切电力生产，当然包括核电！基于现代科技发展起来的工业体系，无一例外蕴含风险因素，都会带来风险。他们大可以拒绝现代生活，去深山老林过原始生活。

《吕氏春秋》"孟秋纪·荡兵"篇提出：

> 夫有以噎死者，欲禁天下之食，悖。有以乘舟死者，欲禁天下之船，悖。有以用兵丧其国者，欲偃天下之兵，悖。夫兵不可偃也，譬之若水火然，善用之则为福，不能用之则为祸。

有人愿意因噎废食，那是他的个人自由。而人类作为一个整体，总是在吸取经验教训的基础上不断进步，不会因为过去的教训而停止探索和尝试。生活在21世纪的人们，认知水平和思维能力难道反而不如两千二百年前的古人？

第二，反核人士在享用电力带来便利的同时，是否考虑过其他电力生产方式给人类带来的风险？如果他们用的是燃煤发电，请记住：从煤炭开采到电力生产整个产业链都存在风险！我国每年有数百煤矿工人为了燃煤发电付出生命代价！这并不是危言耸听。2014年11月4日，国家煤矿安监局副局长宋元明表示，我国煤矿百万吨死亡率0.25人，为历史上最低记录。我国2015年发电用煤18.39亿吨，以最低死亡率测算，仅在煤矿开采阶段每年直接导致460人死亡！

享用着浸透煤矿工人鲜血和生命的燃煤发电，却反对更安全、更清洁的核电。反核人士是否应该拷问自己的灵魂？

第三，燃烧煤炭不仅在开采环节导致人员死亡，还将更多危害抛给了整个社会。燃煤释放的污染物包括：二氧化硫（SO_2），氮氧化物（NO_x），二氧化碳（CO_2），含汞化合物，以及前面所述的放射性物质。这些污染物是形成雾霾的主要成分。我国东北、华北、华中、华东地区超过130万平方公里的国土面积受雾霾影响，多数城市冬春季节笼罩在雾霾中。雾霾已经成为呼吸道疾病的罪魁祸首，很多人将被缓慢地折磨致死。

2013年3月15日，美国化学学会"环境科学与技术"期刊（Environ. Sci. Technol）发表研究论文 *Prevented mortality and greenhouse gas emissions from historical and projected nuclear power* [30] 揭示：在过去的十年里，全球范围内主要因化石燃料燃烧引起的空气污染，造成了每年至少100万人的死亡。从历史数据可以计算出，由于全球核电的发展，已经减少了184万与空气污染有关的人口死亡，并且减少了640亿吨因化石能源燃烧而产生的温室气体。

燃煤排放的二氧化硫导致酸雨，目前我国30%的地区正遭受着酸雨危害，森林、农田、建筑、文物等遭受侵蚀。

这些事实，反核人士是否知道，是否向公众提起过？如果不知道，他们有什么资格反核？如果知道而有意隐瞒，难道要求人们在燃煤污染物中备受折磨，也不接受清洁的核电？

☐ 风险管控重点，慎大慎微慎始

不同的个人、不同的组织对风险有着不同的认知，这种认知决定其风险理念和管理风险的态度。汉代班超，放弃了读书做官的平安仕途，"投笔从戎"，主动追求高风险的军人职业，留下了"不入虎穴，焉得虎子"的千古豪言！班超为国家民族做出了不可磨灭的贡献，个人也因功被封为"定远侯"。

海尔总裁张瑞敏的风险态度是永远"战战兢兢，如履薄冰"，所以海尔才能够从一个濒临倒闭的地方小企业稳步成长为国际知名的大公司。巴菲特认为"风险来自于你不知道自己在做什么"，索罗斯的观点是"承担风险，这无可指责，但同时记住千万不能孤注一掷"；他们之所以能够成为世界顶级理财大师，与其所持的风险理念及对待风险的态度密不可分。

《吕氏春秋》"慎大览"篇提出了管理风险的大原则：

> 故贤主于安思危，于达思穷，于得思丧。《周书》曰："若临深渊，若履薄冰。"以言慎事也。

无论是组织还是个人，都要理性认知风险，谨慎对待风险，合理管控风险。通过风险管理，放大收益，降低损失。

■ 慎大：重点管控重大风险

首先要考虑重大宏观风险，其次才是如何做好风险管理。也就是说，首先要"做对的事情"，然后"把事情做对"。

《吕氏春秋》"有始览·谕大"篇用比喻来阐述这个道理：

> 燕雀争善处于一室之下，子母相哺也，姁姁焉相乐也，自以为安矣。灶突决则火上焚栋，燕雀颜色不变，是何也？乃不知祸之将及己也！

☆ 组织的用人风险

用人风险，在现代风险管理范畴中称为"人力资源风险"。

对于任何组织，用人风险都是重大风险。古往今来无数历史事实表明：一个国家、一个政权、一个组织，用对了人，事业就会兴盛；用错了人，就会导致事业受挫甚至灭亡。

《吕氏春秋》"慎行论·求人"篇总结了春秋二百四十二年历史，得出的经验教训就是"得贤则昌，失贤则亡"。

> 观於《春秋》，自鲁隐公以至哀公十有二世，其所以得之，所以失之，其术一也：得贤人，国无不安，名无不荣；失贤人，国无不危，名无不辱……虞用宫之奇、吴用伍子胥之言，此二国者，虽至於今存可也。

战国时期，人力资源风险管理最成功者当属秦国，而最失败者则是秦国的东邻魏国。自魏惠王起的几代君主，不能发现并任用人才，魏国大才公孙鞅、张仪、范雎被秦国所用甚至成为魏国的敌人，导致魏文侯和魏武侯两代人七十几年奠定的强盛魏国一步步走向衰败并最终灭亡！直到战国末期，魏国还出了一位军事天才信陵君（魏公子无忌），最终也因秦国的反间计受到哥哥魏安釐王的猜忌，郁郁而终。

识人用人自古以来就不是简单问题。知人才能善任，知人是用人的前提条件，不同组织、不同领导有不同的用人观。

俗语所云"金无足赤，人无完人"，每个人都会有自己的长处，也难免会有弱项；古来胸怀大抱负的人"大行不顾细谨，大礼不辞小让"。所以，我国古人选人用人的逻辑是"用人所长，不察细过。"充分发挥每个人的长处，是组织兴旺发达的根本所在。第一篇引述的齐桓公"车下举宁戚"故事，有人建议到宁戚的老家调查，被桓公拒绝了。齐桓公深谙用人之道。

如何选人用人，我国古人进行过系统化的研究。三国时期魏国刘邵的《人物志》[31] 是集大成者。《人物志》自序中说：

> 夫圣贤之所美，莫美乎聪明；聪明之所贵，莫贵乎知人。知人诚智，则众材得其序，而庶绩之业兴矣。

各类组织的领导者和人力资源管理者，在热衷于西方管理理论的同时，建议抽点时间学习我国传统文化经典，从中撷取精华，增益选人用人的管理智慧。

☆ **个人的职业风险**

对于个人来说，择业风险是一项重大风险。

古代人职业比较简单，人一旦选定了职业，很少有改变的机会。俗语云"男怕入错行，女怕嫁错郎。"

历史传奇人物、商周时期的姜尚（姜太公），早期职业风险管理就很不成功，其能力"田不足以偿种，渔不足以偿网，治天下有余智。"大半生颠沛流离，直到遇见周文王，才找到施展才能的平台，辅佐周文王父子推翻了商朝，建立了周朝统治秩序。刘向所著的《说苑》[32]"尊贤"篇对此有如下评述：

> 太公望，故老妇之出夫也，朝歌之屠佐也，棘津迎客之舍人

> 也，年七十而相周，九十而封齐。故诗曰："绵绵之葛，在于旷野，
> 良工得之，以为絺绤，良工不得，枯死于野。"

姜尚早期事业无成，甚至被老婆赶出家门；做过屠夫，当过跑堂伙计；直到七十岁才作了周文王的国师，九十岁被分封到齐国。古诗说：绵绵葛藟，生在旷野里；良工得到后，用它做成细葛布；没有遇到良工，就只能枯死在野地里。

现实生活中，很多人怀才不遇，总觉得自己的才能没有得到很好发挥。但请不要自暴自弃！择业本来就是有风险的，与姜太公早期的挫折相比，我们所受的一时委屈又能算什么呢？要坚信，是金子总会发光的。《论语》"学而"篇第一段就劝勉世人："人不知而不愠，不亦君子乎？"

如何选择一个好的职业要靠机遇。《吕氏春秋》"孝行览·首时"篇提出机遇的重要性：

> 故有道之士未遇时，隐匿分窜，勤以待时。时至，有从布衣而为天子者，有从千乘而得天下者，有从卑贱而佐三王者，有从匹夫而报万乘者。故圣人之所贵，唯时也。水冻方固，后稷不种，后稷之种必待春。故人虽智而不遇时，无功。

《吕氏春秋》要阐述的道理，就是《周易》"系辞下传"讲的原则："君子藏器于身，待时而动，何不利之有？"

☆ **重大突发性风险**

风险具有突发性。俗语所云"天有不测风云，人有旦夕祸福"。对于突发性风险，要在现代风险管理组织体系和管理框架下，进行系统化的识别、评价，事先制定好风险应对预案。当风险发生时，根据预案进行风险处理。如果没有风险应对预案，当风险真正发生时就只能听天由命了！

2008年5月12日发生在我国四川汶川的大地震就是典型的重大突发性风

险。风险后果如此严重,反映整个社会缺乏应对风险的准备,抗震救灾所做的一切只是事后补救!

大灾难中也有极少数人清醒着。绵阳市安县桑枣镇桑枣中学校长叶志平,十几年来,坚持加固原本建筑质量不高的教学楼。地震中正是这些加固了的校舍,为700多位学生和教师逃生提供了缓冲时间。从2005年开始,他坚持在全校组织紧急疏散演习,为每个班规定了疏散路线,老师学生都习惯了。地震发生时,他正在绵阳办事,教师和学生按照平时练熟了的方式疏散:全校2000多名师生从不同的教学楼和不同的教室,全部冲到操场,以班级为组织站好。当他从绵阳驱车赶回来冲进学校,看到的是虽然八栋教学楼部分坍塌,全部成为危楼,而墙上"责任高于一切,成就源于付出"的标语仍在。他的学生,从11岁到15岁的娃娃们紧挨着站在操场上,老师们站在最外圈,一个都不少!他所做的也许算不上是完善的风险应对预案,但正是这些措施在灾难中挽救了最为宝贵的生命!

这再次印证了先哲们的智慧:"凡事预则立,不预则废"。

■ 慎微:谨慎对待微小风险

在慎重对待和管控重大风险的同时,还要谨慎甄别和管控微小的风险,尤其是那些看似后果很小、但却具有累积效应和诱发效应的风险。即便是重大风险,大多数也都有其细微的先兆。《淮南子》[33]"人间训"就阐述了上述道理:

> 千里之堤,以蝼蚁之穴漏;百寻之屋,以突隙之烟焚。《尧戒》曰:"战战栗栗,日慎一日。人莫蹟于山,而蹟于垤。"是故人皆轻小害、易微事,以多悔。

☆ 风险的累积效应

有些风险看似单个后果很微小,但长期累积,由量变到质变,最终将会导致严重后果。《韩非子》[34]"喻老"篇讲：

> 有形之类，大必起于小；行久之物，族必起于少。故曰："天下之难事必作于易，天下之大事必作于细。"是以欲制物者于其细也。故曰："图难于其易也，为大于其细也。"

不仅自然界的事物遵循上述规律，人的行为品德修养也是这样的道理。《淮南子》"缪称训"讲：

> 君子不谓小善不足为也而舍之，小善积而为大善；不谓小不善为无伤也而为之，小不善积而为大不善。是故积羽沈舟，群轻折轴。故君子禁于微。壹快不足以成善，积快而为德；壹恨不足以成非，积恨而成怨。

《列子》[35]"说符"篇讲了一则虞氏灭族的故事。虞家的灾难貌似突然爆发，却是风险因素长期累积导致的：

> 虞氏者，梁之富人也，家充殷盛，钱帛无量，财货无訾。登高楼，临大路，设乐陈酒，击博楼上。侠客相随而行。楼上博者射，明琼张中，反两㯊鱼而笑。飞鸢适坠其腐鼠而中之。侠客相与言曰："虞氏富乐之日久矣，而常有轻易人之志。吾不侵犯之，而乃辱我以腐鼠。此而不报，无以立㦤于天下。请与若等戮力一志，率徒属必灭其家为等伦。"皆许诺。至期日之夜，聚众积兵以攻虞氏，大灭其家。

这个故事看似是一个纯粹的偶然事件：虞氏及其赌友大笑，惊吓了天上飞的老鹰，掉下了嘴里衔的死鼠，砸中了路上走的侠客。这个偶然事件为什么会导致虞氏灭门惨祸呢？偶然之中有必然！我们从侠客的话里就可窥其端倪：虞氏平日里作威作福，没少做轻视、欺侮老百姓的事。招致怨恨的因素积累久了，忽然遇到一帮快意恩仇的侠客，就导致了积怨的总爆发。

《周易》"坤卦·文言"讲："积善之家，必有余庆；积不善之家，必有余殃。"如果虞氏平日里乐善好施，侠客们根本不会想到虞氏会拿腐鼠侮辱他们，也就不会相约灭其全家了。

☆　**风险的连锁效应**

《吕氏春秋》"先识览·察微"篇讲了吴楚两国边境采桑小姑娘争执引发战争的连锁效应故事：

> 楚之边邑曰卑梁，其处女与吴之边邑处女桑于境上，戏而伤卑梁之处女。卑梁人操其伤子以让吴人，吴人应之不恭，怒，杀而去之。吴人往报之，尽屠其家。卑梁公怒，曰："吴人焉敢攻吾邑！"举兵反攻之，老弱尽杀之矣。吴王夷昧闻之，怒，使人举兵侵楚之边邑，克夷而后去之。吴、楚以此大隆。吴公子光又率师与楚人战于鸡父，大败楚人，获其帅潘子臣、小帷子、陈夏啮。又反伐郢，得荆平王之夫人以归，实为鸡父之战。

故事的发展过程一环扣一环，严重性逐级放大，最终导致了不可收拾的结局。如果任何一个环节被具有风险意识的人干预，打断事件发展的链条，就不会出现最后的严重结果。

《吕氏春秋》评论说：凡是负责治理和守护国家的人，最重要的是能够洞察事情的开端，能够预见到事情的结局，再次是随着事情的发展了解它。这三方面不能做到，国家一定危险，自身一定困窘。

> 凡持国，太上知始，其次知终，其次知中。三者不能，国必危，身必穷。

现实社会中，小事件通过连锁反应最终导致严重后果的事例并不鲜见。1914年，萨拉热窝一声枪响引发了一系列事件，导致第一次世界大战爆发，造成数千万人死亡。

☆ 风险的蝴蝶效应

古语云"失之毫厘，谬以千里"，是说一件事情开始时，如果输入条件有些微差异，最终的结果可能大相径庭。《韩诗外传》"卷二"讲了一个叫"婴"的鲁国姑娘从别人"毫厘之失"中联想到自己家庭可能面临大灾祸：

> 鲁监门之女婴，相从绩，中夜而泣涕。其偶曰："何谓而泣也？"婴曰："吾闻卫世子不肖，所以泣也。"其偶曰："卫世子不肖，诸侯之忧也。子曷为泣也？"婴曰："吾闻之，异乎子之言也。昔者宋之桓司马得罪于宋君，出于鲁，其马佚而骧吾园，而食吾园之葵。是岁，吾闻园人亡利之半。越王勾践起兵而攻吴，诸侯畏其威。鲁往献女，吾姊与焉。兄往视之，道畏而死。越兵威者吴也；兄死者我也。由是观之，祸与福相及也。今卫世子甚不肖，好兵，吾男弟三人，能无忧乎？"

气象学中的"蝴蝶效应"[36]，正是"失之毫厘，缪以千里"。1961年的一天，美国麻省理工学院气象学家洛伦兹（E·orenz）正在利用电脑进行天气预报计算。由于计算时间较长，在重启计算时，他没有从头开始，而是把上次计算的中间输出作为本次计算的初值。启动计算后，他就离开去喝咖啡了。一小时后他发现了令人惊讶现象：本次模拟结果与上次结果逐渐偏离，最后相似性完全消失！两次计算唯一的差异是中间模拟结果输出时的截断误差。随后的反复计算表明，输入的细微差异很快导致输出的巨大差别！这种现象被称为对初始条件的敏感依赖性。洛伦兹将其发现的这种现象总结为："复杂系统对初始值具有极端不稳定性"。1979年12月29日在华盛顿召开的美国科学促进会上演讲时，他第一次使用了"蝴蝶效应"："一只蝴蝶在巴西扇动翅膀,会在德克萨斯引起龙卷风吗?"

"蝴蝶效应"提醒我们:对于一个动力系统,初始条件的微小偏差可能带动整个系统长期、巨大的连锁反应。

在现代风险管理领域,我们同样要重视"蝴蝶效应"。经济社会运行是一个远比大气环流更为复杂的系统,对于这个系统,一个错的输入,即便很微小,也会带来非常大的风险。

■ 慎始:提高风险预见性和前瞻性

现实生活和工作中,由于风险的普遍性和客观性,组织和个人都应具备一定的预见性和前瞻性,提高风险管控水平。

《吕氏春秋》"恃君览·观表"篇提出"审徵表以先知":

> 圣人之所以过人以先知,先知必审徵表。无徵表而欲先知,尧、舜与众人同等。微虽易,表虽难,圣人则不可以飘矣。众人则无道至焉。无道至则以为神,以为幸。非神非幸,其数不得不然。

如果能够做到"审徵表以先知",就可以提高风险的预见性和前瞻性,为组织或个人避免损失、提高收益。

☆ 见几而作,远离风险

《周易》"系辞下传"引用孔子的话阐述预见性和前瞻性:

> 子曰:"知几,其神乎!君子上交不谄,下交不渎,其知几乎?几者,动之微,吉凶之先见者也。君子见几而作,不俟终日。"

《韩非子》"说林下"篇讲了一个"恶贯满盈"的故事,告诉我们要"见几而作",对风险要有洞察力并当机立断:

有与悍者邻，欲卖宅而避之。人曰："是其贯将满矣，子姑待之。"答曰："吾恐其以我满贯也。"遂去之。故曰："物之几者，非所靡也。"

有家人的邻居特别蛮横，就想卖掉住宅避开邻居。别人劝说："这人将恶贯满盈了，你不妨等待一下。"想卖住宅的人说："我倒害怕他会用我来填满罪恶哩。"于是就卖掉住宅离开了。事情已经显现"几微"的征兆，就不应该再浪费时间了。

☆ **见微知著，回避风险**

我国古人善于通过观察细微的表象来分析和判断事物的发展趋势，从而提前防范可能的风险。我们在第一篇引述的"阳处父聘卫"故事中，那个叫宁赢的人细心观察阳处父之言行，见微知著，主动离开他，回避了职业风险。阳处父回到晋国时，国君已经任命狐射姑为中军帅，但他干涉君命，重新任命赵盾为中军帅，狐射姑改任副职中军佐。狐射姑心生怨恨，就派人把阳处父杀了。如果宁赢没有风险防范意识，很可能就成为这场政治斗争的牺牲品。

《庄子》"让王"篇讲述了列子通过对事物发展逻辑的分析推理，拒绝馈赠，从而回避风险的故事：

子列子穷，容貌有饥色。客有言之于郑子阳者，曰："列御寇，盖有道之士也，居君之国而穷，君无乃为不好士乎？"郑子阳即令官遗之粟。子列子见使者，再拜而辞。使者去，子列子入，其妻望之而拊心曰："妾闻为有道者之妻子，皆得佚乐。今有饥色，君过而遗先生食，先生不受，岂不命耶？"子列子笑，谓之曰："君非自知我也，以人之言而遗我粟；至其罪我也，又且以人之言，此吾所以不受也。"其卒，民果作难而杀子阳。

☆　　洞烛先机，防范风险

我国春秋战国大乱大争的环境中，众多诸侯国消失了，无数政治家族灭亡了，能够坚持数百年不倒的诸侯国和政治家族，都是由于具有敏锐的风险防范意识和成功的风险管理措施。

北方强国晋国的家族势力集团，经过多轮残酷博弈，郤氏、栾氏、范氏、中行氏、智氏先后被淘汰出局。到战国初期，只剩下了韩氏、赵氏、魏氏三大家族瓜分了晋国。

赵氏家族历来具有很强的风险防范意识。《吕氏春秋》"慎大览"篇讲述了赵襄子"洞烛先机，防范风险"的故事：

> 赵襄子攻翟，胜左人、中人，使者来谒之。襄子方食抟饭，有忧色。左右曰："一朝而两城下，此人之所喜，今君有忧色，何也？"襄子曰："江河之大也，不过三日。飘风暴雨，日中不须臾。今赵氏之德行无所施于积，一朝而两城下，亡其及我乎？"

赵襄子为什么会有这样强烈的风险意识？因为血淋淋的历史教训就发生在他生活的时代。前有吴国之亡，后有智氏之灭。吴王夫差在位二十年，南征北讨，屡战屡胜；却不注意防范背后越国的风险。就在赵襄子继位后第三年，吴国都城姑苏被围，夫差自杀身亡。围城期间，赵襄子还专门派楚隆进城慰问。

《吕氏春秋》评论：时常忧虑风险能够促成昌盛，而盲目乐观会导致灭亡。偶尔取胜不难，保持胜利很难。贤明的君主依靠这种态度保持胜利，积累的福分能传给子孙后代。

□　　分析影响因素，采取合理策略

影响风险管理的因素是多方面的，管理者应综合考虑，根据实际情况，采取合理可能的风险管理措施。

■ 综合考虑各种影响因素

风险管理必须统筹考虑多方面的因素，进行综合平衡，不能只注重某些方面的因素，而忽视其他方面。

☆ 考虑环境影响因素

对风险的识别和管理要考虑所处的实际环境及其变化。

随着经济全球化程度不断加深，我国越来越多的企业走向国际寻求发展机会。由于对所在国的政策、法律、文化及公众习俗了解不够，遇到了很多问题，遭受了不少挫折。后来者要吸取这些用高昂的"学费"换来的经验教训。

第一篇引述的"墨子叹染"故事，就阐述了环境对团队文化的影响。环境同样会影响组织的风险管理。我国企业到国外发展，必须遵守当地的要求、被当地环境所"染"，也就是所谓的"入乡随俗"。事前一定要考虑清楚，我们的目的是什么？我们要去哪里？会被染成什么样的颜色？

关于环境影响，《吕氏春秋》"仲春纪·功名"篇提出：

> 大寒既至，民暖是利。大热在上，民清是走。是故民无常处，
> 见利之聚，无之去。欲为天子，民之所走，不可不察。

管理者对所处的环境及其变化要及时了解和把握。

☆ 认真甄别疑似因素

有些风险因素似是而非，管理者要认真甄别。《吕氏春秋》"慎行览·疑似"篇提出要详细辨识"疑似性"：

> 使人大迷惑者，必物之相似也。玉人之所患，患石之似玉者。
> 相剑者之所患，患剑之似吴干者。贤主之所患，患人之博闻辩言而
> 似通者。亡国之主似智，亡国之臣似忠。相似之物，此愚者之所大

惑，而圣人之所加虑也。

《吕氏春秋》讲了一个奇鬼模仿人的故事说明上述道理：

> 梁北有黎丘部，有奇鬼焉，喜效人之子侄、昆弟之状。邑丈人
> 有之市而醉归者，黎丘之鬼效其子之状，扶而道苦之。丈人归，酒
> 醒而诮其子，曰："吾为汝父也，岂谓不慈哉。我醉，汝道苦我，何
> 故？"其子泣而触地曰："孽矣！无此事也。昔也往责於东邑人，可
> 问也。"其父信之，曰："嘻。是必夫奇鬼也，我固尝闻之矣。"明日
> 端复饮于市，欲遇而刺杀之。明旦之市而醉，其真子恐其父之不能反
> 也，遂逝迎之。丈人望其真子，拔剑而刺之。丈人智惑于似其子者，
> 而杀其真子。夫惑于似士者，而失于真士，此黎丘丈人之智也。

梁国北部的黎丘乡有个奇鬼，喜欢模仿人的子孙兄弟的样子。乡中有个老者被奇鬼扮成儿子戏弄。第二天老者又特意去集市饮酒，如果再次遇见奇鬼就把它杀死。他儿子担心父亲再遇到奇鬼回不了家，就悄悄地去接他。结果，老者遇到自己的儿子，就当成鬼杀死了。《吕氏春秋》评论说：那些被貌似的贤者所迷惑的人，就会错失真正的贤士！

我国推行数年的"千人计划"，有多少是真正的人才？又有多少"疑似者"？

☆ **考虑发展变化过程**

任何事物都经历开始、中间发展过程到最终结果，风险事件也是一样。管理者应研究事物发展规律，收集和分析动态信息，推测和判断风险事件的发生、发展过程及可能的后果。

2400多年前，晋国大夫荀寅没能控制好家族政治风险，被迫逃亡后，经过反思得出"始、衷、终皆举之"的结论。据《春秋左氏传》"哀公二十七年"记载：

晋荀瑶帅师伐郑，次于桐丘。郑驷弘请救于齐。……中行文子告成子曰："有自晋师告寅者，将为轻车千乘以厌齐师之门，则可尽也。"成子曰："寡君命恒曰：'无及寡，无畏众。'虽过千乘，敢辟之乎？将以子之命告寡君。"文子曰："吾乃今知所以亡。君子之谋也，始、衷、终皆举之，而后入焉。今我三不知而入之，不亦难乎？"

公元前468年，晋国荀瑶率领军队攻打郑国，郑国向齐国求救。齐国派陈成子率军救援郑国，从晋国逃亡到齐国的荀寅（中行文子）也在军队中。荀寅告诉陈成子：晋军有人传来消息，将以轻车一千辆突袭齐军，要全歼齐军。陈成子说："国君命令我：'不要追击小股敌人，不要畏惧敌人众多。'即便晋军来袭超过一千辆兵车，我岂敢逃避他们呢？我将把您的话报告国君。"中行文子感叹地说："我到今天才知道自己为什么逃亡了。君子谋划一件事，对其开始、发展过程、最后结果都要考虑到，然后向上级报告。现在我三不知就向上面报告，不是很难吗？"

在风险管理领域，我们要尽可能汲取前人凝炼的智慧，努力做到"始、衷、终皆举之"，事先考虑好风险事件的发生、发展过程以及可能的后果，制定好应对预案和防范措施。

■ 综合考虑可能性与合理性

风险管理者应该围绕管理绩效目标，根据资源和条件，综合考虑风险管理措施的可能性与合理性，制定风险管控策略和管理计划，按计划组织实施。

☆ 风险管理的费效比

风险管理必须是价值导向的。组织不能为了"风险管理"而风险管理，必须能够为组织创造或保护价值。为此，风险管理必须考虑投入与收益之比，也就是所谓的"费效比"。

关于费效比，《庄子》"让王"篇有一段精辟的阐述：

> 凡圣人之动作也，必察其所以之与其所以为。今且有人於此，以随侯之珠，弹千仞之雀，世必笑之。是何也？则其所用重而所要者轻也。

这里提到的"随侯之珠"，是与和氏璧齐名的国宝。相传，随国国君外出，遇到一条大蛇身体断为两截，就用药将其救活。后来，这条蛇衔明珠给随侯以报德，这颗珠就是"随侯之珠"。

如果风险管理的成本象"随侯之珠"那样大，而风险管理的收益如麻雀那样小，这样的风险管理还值得去做吗？

☆ **善于借助外界力量**

组织的风险管理要善于利用团队的力量、借助于工具和技术方法，提高工作效率。《吕氏春秋》"审分览"篇提出：

> 凡为善难，任善易。奚以知之？人与骥俱走，则人不胜骥矣。居於车上而任骥，则骥不胜人矣。人主好治人官之事，则是与骥俱走也，必多所不及矣。夫人主亦有居车。无去车，则众善皆尽力竭能矣。

所有事情都亲自去做就困难，授权专业人士做事就容易。领导者喜欢做下属该做的事，就像与千里马一块跑，一定在很多方面都赶不上。领导者必须像驾车的人一样坐在车上，不要离开车子，那么所有做事的人就都会尽心竭力了。

☆ **考虑承受阈值**

现代科技有一个术语叫"阈值"，是指一个物体或系统的临界值。一旦超过这个值，物体或系统就会改变状态。比如，我们日常使用的弹簧秤，如果承重量超过弹簧的阈值——屈服强度，就会丧失弹性形变能力。

自然生态系统也有阈值。美国科学家 1944 年在阿拉斯加州圣马太岛上放养了29只驯鹿，岛上的地衣是驯鹿的美食。没有天敌的驯鹿快速繁殖，10年后达到1000只，1963年超过6000只，严重超越了生态系统的阈值。两年后，岛上地衣耗尽，驯鹿大批饿死，只剩下42只。

生物体本身也有阈值。《庄子》"达生"篇记载了颜阖预测马力阈值的故事：

> 东野稷以御见庄公，进退中绳，左右旋中规。庄公以为文弗过也，使之钩百而反。颜阖遇之，入见曰："稷之马将败。"公密而不应。少焉，果败而反。公曰："子何以知之？"曰："其马力竭矣，而犹求焉，故曰败。"

作为万物之灵的人类，体力和精神承受度也存在阈值。时下，一些组织的领导为了追求效益，不停地给员工施加压力，要求他们超时工作。这种压力一旦超过阈值，将会导致严重后果。某著名公司就多次发生员工不堪压力而自杀的事件！问题的复杂性在于，我们没有颜阖那样的预测智慧，更不可能像计算材料屈服强度那样准确计算人的阈值。

并非只有物质系统才有阈值。我们无法看到或感觉到的东西，同样存在阈值。很多人都有过信息超载导致电脑崩溃、网络瘫痪的经历。信息超载的实质，就是需要处理的信息量超过系统处理能力的阈值。让亿万人爱恨交加的"12306"订票系统，就经常处于信息超载状态，让人们一票难求！

所谓"物极必反"，取得成功时一定要有警惕意识，洞烛风险先机，捕捉风险的预兆信号，加强风险防范。

■ 处经守常，通权达变

风险处理和应对措施，不应"刻舟求剑""缘木求鱼"，要以时间地点条件为转移，因时制宜，因势而动。

《吕氏春秋》"慎大览·不广"篇提出：

> 智者之举事必因时。时不可必成，其人事则不广，成亦可，不
> 成亦可。以其所能，托其所不能，若舟之与车。

明智的人做事情一定会选择时机。时机不一定能得到，但不能废弃努力。得到时机也好，得不到时机也好，用自己能做到的弥补自己不能做到的，就像船和车互相弥补其不足一样。

☆ **处经守常，因时而动**

《吕氏春秋》"孝行览·长功"篇提出，很多事情要像良农耕种一样勤勤恳恳做好各项准备工作：

> 譬之若良农，辩土地之宜，谨耕耨之事，未必收也。然而收
> 者，必此人也始，在於遇时雨。遇时雨，天地也，非良农所能为也。

很多领域的风险管理正是遵从这样的原则。譬如核电安全措施，要防范的事故发生概率低于十万分之一，在核电站数十年寿期内几乎不会发生。但是电站的设计者、建造者和运行者，并不会因为事故发生的概率极低就不做防范，而是认真做好各项防范措施。一旦事故发生，就能够阻止事故继续发展导致严重损失，避免给公众和环境造成影响，保护组织的价值。

应对措施要全面。对于具体风险而言，起作用的可能只是其中一种或几种，但我们不能否定其它措施的必要性。

☆ **通权达变，因事制宜**

有些风险纯粹是偶然且属于不可预知、不可控的范畴，既没有迹象可察，也没有规律可循。对于这样的风险，管理者只能通权达变，因事制宜，随机处置。《列子》"说符"篇讲了一则鲁国施氏和孟氏两家的儿子求学择业的故事：

> 鲁施氏有二子，其一好学，其一好兵。好学者以术干齐侯，齐

侯纳之，以为诸公子之傅。好兵者之楚，以法干楚王，王悦之，以为军正。禄富其家，爵荣其亲。施氏之邻人孟氏同有二子，所业亦同，而窘于贫。羡施氏之有，因从请进趋之方。二子以实告孟氏。孟氏之一子之秦，以术干秦王。秦王曰："当今诸侯力争，所务兵食而已。若用仁义治吾国，是灭亡之道。"遂宫而放之。其一子之卫，以法干卫侯。卫侯曰："吾弱国也，而摄乎大国之间。大国吾事之，小国吾抚之，是求安之道。若赖兵权，灭亡可待矣。若全而归之，适于他国，为吾之患不轻矣。"遂刖之而还诸鲁。既反，孟氏之父子叩胸而让施氏。施氏曰："凡得时者昌，失时者亡。子道与吾同，而功与吾异，失时者也，非行之谬也。且天下理无常是，事无常非。先日所用，今或弃之；今之所弃，后或用之。此用与不用，无定是非也。投隙抵时，应事无方，属乎智。智苟不足，使若博如孔丘，术如吕尚，焉往而不穷哉？"孟氏父子舍然无愠容，曰："吾知之矣，子勿重言！"

鲁国孟氏的两个儿子与施氏的两个儿子所学相同：一个爱好学术，另外一个爱好兵法。出去游说的结果是，施氏的两个儿子高官厚禄，而孟氏的两个儿子却分别被处以宫刑和刖刑。

为什么会这样？且听成功者施氏的说法："凡事抓住了时机便会兴盛，错过机会便会招致灾祸。天下的道理没有总是正确的，也没有总是错误的。以前所用的方法，现在有的已经抛弃了；现在抛弃的方法，以后可能又会使用。抓住时机，灵活地处理问题，才算聪明。如果你智力不够，即使像孔丘那样渊博，像吕尚那样有谋术，又怎么能不处处碰壁呢？"

第五章　借鉴古人智慧，成功管控风险

中华民族的先哲们创造了博大精深的文化，积累了从远古时代凝练下来的风险管理智慧。这些智慧，穿越数千年时空，至今仍然放射着灿烂光芒。以此形成的中华经典，是我们取之不尽、用之不竭的宝藏。本章撷取几个经典故事，用以借鉴古人智慧，帮助我们成功认知和管控风险。

□　世有无妄之福，又有无妄之祸

根据现代国际风险管理标准的定义，风险是不确定性对组织实现目标的影响。这种影响既存在消极的一方面，也存在积极的一方面，具有双重可能性。

实际上，我国早在春秋战国时期就形成了对风险两面性的认识和思维。本节从"战国四公子"之一春申君黄歇之死入手，剖析风险的两面性；然后讲述孟尝君田文"狡兔三窟"故事，比较不同的风险意识和管控措施导致的不同后果。

■　黄歇之死，忽视风险管理

《战国策》"楚策四"详细记述了黄歇缺乏风险认知，拒绝风险管理措施，招致身死族灭悲惨下场。故事分为三个阶段。

☆ **黄歇好色贪权，种下风险因素**

楚国考烈王没有生育能力，李园将其漂亮妹妹献给春申君黄歇，怀孕之后再推荐给考烈王，生下的儿子就是楚国太子。

> 楚考烈王无子，春申君患之，求妇人宜子者进之，甚众，卒无子。赵人李园，持其女弟，欲进之楚王，闻其不宜子，恐又无宠。李园求事春申君为舍人。已而谒归，故失期。还谒，春申君闻状。对曰："齐王遣使求臣女弟，与其使者饮，故失期。"春申君曰："聘入乎？"对曰："未也。"春申君曰："可得见乎？"曰："可。"于是园乃进其女弟，即幸于春申君。知其有身，园乃与其女弟谋。
>
> 园女弟承间说春申君曰："楚王之贵幸君，虽兄弟不如。今君相楚王二十余年，而王无子，即百岁后将更立兄弟。即楚王更立，彼亦各贵其故所亲，君又安得长有宠乎？非徒然也？君用事久，多失礼于王兄弟，兄弟诚立，祸且及身，奈何以保相印、江东之封乎？今妾自知有身矣，而人莫知。妾之幸君未久，诚以君之重而进妾于楚王，王必幸妾。妾赖天而有男，则是君之子为王也，楚国封尽可得，孰与其临不测之罪乎？"春申君大然之。乃出园女弟谨舍，而言之楚王。楚王召入，幸之。遂生子男，立为太子，以李园女弟立为王后，楚王贵李园，李园用事。李园既入其女弟为王后，子为太子，恐春申君语泄而益骄，阴养死士，欲杀春申君以灭口，而国人颇有知之者。

这件事为春申君黄歇埋下了风险因素：一是给国王戴绿帽子，泄露出去有杀身之祸；二是李园担心事情泄露，要杀掉黄歇。

☆ **朱英辩证分析，欲致无妄之福**

故事第二阶段：朱英为黄歇分析风险的两面性，并帮其谋划风险管理措施。

> 春申君相楚二十五年，考烈王病。朱英谓春申君曰："世有无妄

之福，又有无妄之祸。今君处无妄之世，以事无妄之主，安不有无

妄之人乎？"春申君曰："何谓无妄之福？"曰："君相楚二十余年

矣，虽名为相国，实楚王也。五子皆相诸侯。今王疾甚，旦暮且

崩，太子衰弱，疾而不起，而君相少主，因而代立当国，如伊尹、

周公。王长而反政，不，即遂南面称孤，因而有楚国。此所谓无妄

之福也。"春申君曰："何谓无妄之祸？"曰："李园不治国，王之舅

也。不为兵将，而阴养死士之日久矣。楚王崩，李园必先入，据本

议制断君命，秉权而杀君以灭口。此所谓无妄之祸也。"春申君曰：

"何谓无妄之人？"曰："君先仕臣为郎中，君王崩，李园先人，臣请

为君缝其胸杀之。此所谓无妄之人也。"

朱英为春申君详细分析了楚国局势两个不确定性发展方向：向好的方向发
展，是"无妄之福"——考烈王死后春申君的儿子继位，春申君继续把持朝政，
或干脆南面称王；向坏的方向发展，是"无妄之祸"——春申君被李园杀掉。

朱英提出的风险管控措施是：提前安排朱英在王宫中执勤，到时候先发
制人，处理掉李园，排除春申君的风险因素。

☆ **忽视风险防范，终遭无妄之祸**

故事第三个阶段：黄歇愚蠢地拒绝了朱英的建议。

春申君曰："先生置之，勿复言已。李园，软弱人也，仆又善

之，又何至此？"朱英恐，乃亡去。

后十七日，楚考烈王崩，李园果先入，置死士，止于棘门之

内。春申君后入，止棘门。园死士夹刺春申君，斩其头，投之棘门

外。于是使吏尽灭春申君之家。而李园女弟，初幸春申君有身，而

入之王所生子者，遂立为楚幽王也。

朱英的风险管理思想和具体措施不可谓不善，然而春申君对风险的两面

性没有正确认识，也没有风险管控意识。朱英担心自己受连累，就不辞而别。

故事的结局正如朱英所料。十七日后，楚考烈王病死了。李园提前得到消息，在棘门安排死士，砍掉了闻讯而来的春申君的头颅，还斩草除根，灭了把春申君的家族。可怜一代枭雄，"战国四公子"之一的春申君黄歇，因为没有风险管理意识，不能采纳正确建议，竟然落得如此下场！

■ 田文善终，主动管控风险

我们在第一篇引述了孟尝君田文与冯谖的故事。冯谖用"三弹三唱"闹待遇，孟尝君满足其要求，给予其特殊激励。当孟尝君遇到困难时，冯谖就尽心竭力为其排忧解难。

孟尝君接纳冯谖的建议，有意识地采取了一系列措施，防范和管控风险。这些措施，就是营造"狡兔三窟"。

☆ 第一窟：烧债券，收民心

冯谖为孟尝君管控风险措施的第一步，是烧掉封地内老百姓所欠债务的凭据，笼络民心，为其营造了第一窟。

> 后孟尝君出记，问门下诸客："谁习计会，能为文收责于薛乎？"……冯谖曰："愿之。"于是约车治装，载券契而行，辞曰："责毕收，以何市而反？"孟尝君曰："视吾家所寡有者。"驱而之薛，使吏召诸民当偿者，悉来合券。券遍合，起，矫命以责赐诸民，因烧其券，民称万岁。
>
> 长驱到齐，晨而求见。孟尝君怪其疾也，衣冠而见之，曰："责毕收乎？来何疾也！"曰："收毕矣。""以何市而反？"冯谖曰："君云'视吾家所寡有者。'臣窃计，君宫中积珍宝，狗马实外厩，美人充下陈。君家所寡有者以义耳！窃以为君市义。"孟尝君曰："市义奈何？"曰："今君有区区之薛，不拊爱子其民，因而贾利之。臣窃矫君命，以责赐诸民，因烧其券，民称万岁。乃臣所以为君市义也。"

冯谖烧了债券，放弃了债权。孟尝君还是不太高兴的，只不过此人颇有涵养，没有责备冯谖，只是说：你歇着去吧。

☆ **第二窟：巧运作，复相位**

齐宣王找个借口罢免了孟尝君的相位，孟尝君只好回到自己的封地薛，百姓们跑到百里之外欢迎。孟尝君这才体会到冯谖为其"市义"之效。然而，冯谖却告诉他，仅依靠封地薛，尚不能高枕无忧，提出要为其营造另外两窟。冯谖一番运作，齐宣王隆重地请孟尝君回来继续执政，营造了第二窟。

> 孟尝君就国于薛，未至百里，民扶老携幼，迎君道中。孟尝君顾谓冯谖："先生所为文市义者，乃今日见之。"冯谖曰："狡兔有三窟，仅得免其死耳。今君有一窟，未得高枕而卧也。请为君复凿二窟。"孟尝君予车五十乘，金五百斤，西游于梁。谓惠王曰："齐放其大臣孟尝君于诸侯，诸侯迎之者，富而兵强。"于是，梁王虚上位，以故相为上将军，遣使者，黄金千斤，车百乘，往聘孟尝君。冯谖先驱诫孟尝君曰："千金，重币也；百乘，显使也。齐其闻之矣。"梁使三反，孟尝君固辞不往也。齐王闻之，君臣恐惧，遣太傅赍黄金千斤，文车二驷，服剑一，封书谢孟尝君曰："寡人不祥，被于宗庙之祟，沉于谄谀之臣，开罪于君，寡人不足为也。愿君顾先王之宗庙，姑反国统万人乎？"

那些怀才不遇、职业发展不顺的人，可以从上述故事借鉴智慧。当今社会，已经没有坐等明君"求贤若渴""礼贤下士"的环境。人才成了"人力资源"，所谓资源，如果没人利用，那是毫无价值的！即便你满腹经纶、才华横溢，也要善于运作并推销自己。只有成功地推销自己，获得了合适的职业平台，才能发挥自己的才能，成就一番事业。

☆ **第三窟：立宗庙，保安全**

孟尝君田文是齐国的宗室后裔，与齐宣王有着共同的祖先。冯谖为其营造的第三窟就是，在封地薛为祖先立宗庙。如此，即使齐国王室对孟尝君有意见，也不会自己的宗庙毁掉。

> 冯谖诚孟尝君曰："愿请先王之祭器，立宗庙于薛。"庙成，还报孟尝君曰："三窟已就，君姑高枕为乐矣。"孟尝君为相数十年，无纤介之祸者，冯谖之计也。

在接来下的数十年岁月里，孟尝君再没有遭遇任何祸患，全仗冯谖之智慧。

□ 历史人物故事，风险管理镜鉴

人类社会活动中，管理者个人较高的道德修养往往能够避免风险发生；而不注意修身育德，则会诱发甚至招致风险。

■ 德行不修，招灾惹祸

有些风险纯粹是由于个人言行不捡、品德不修而招来的灾祸。正如《周易》"系辞下传"所讲："德薄而位尊，智小而谋大，力少而任重，鲜不及矣。"

☆ 戏言惹来杀身之祸

春秋早期的宋闵公及其大夫宋万就是一对缺乏修养而自招灾祸的活宝。《春秋左氏传》"庄公十年"记载，齐国、宋国联合攻打鲁国，鲁军突袭并打败宋军。战斗中，宋国的南宫长万（宋万）被鲁庄公射中并俘虏。数月之后，宋国请求鲁国释放了宋万。宋万是个大力士，这次被人俘虏而归，宋闵公戏辱他：

> 始吾敬子；今子，鲁囚也，吾弗敬子矣。

被国君当众羞辱，宋万心怀怨愤。第二年秋天，宋万在蒙泽杀了宋闵公。《春秋公羊传》[37] 记载了具体过程：

> 归反为大夫于宋。与闵公博，妇人皆在侧。万曰："甚矣，鲁侯
> 之淑，鲁侯之美也！天下诸侯宜为君者，唯鲁侯尔！"闵公矜此妇
> 人，妒其言，顾曰："此虏也！尔虏焉故，鲁侯之美恶乎至！"万
> 怒，搏闵公，绝其脰。

宋万回国后，有一天与闵公玩博戏，宫中一群美人围观。宋万故意与宋
闵公怄气，当着美人们的面指桑骂槐："鲁侯之仪态和容貌真是无人能比！天
下诸侯适合做国君的，唯鲁侯而已。"宋闵公在美人面前大失颜面，回头对她
们说："他不过是个俘虏罢了！一个俘虏，怎么能够知道鲁侯的好坏呢！"宋
闵公揭人疮疤，激起宋万怒火，上前去抓住宋闵公，折断了他的脖子。

☆ **非礼小姨子导致丧身辱国**

春秋早期另外两位因为缺少德行而招灾惹祸的国君是蔡哀侯姬献舞和息
国国君。据《春秋左氏传》"庄公十年"记载，蔡哀侯调戏小姨子息妫，招致
息侯怨恨，勾结楚国进攻蔡国：

> 蔡哀侯娶于陈，息侯亦娶焉。息妫将归，过蔡。蔡侯曰："吾姨
> 也。"止而见之，弗宾。息侯闻之，怒，使谓楚文王曰："伐我，吾求
> 救于蔡而伐之。"楚子从之。秋九月，楚败蔡师于莘，以蔡侯献舞归。

蔡哀侯和息侯先后娶了陈庄公的两位公主。息妫姑娘是个绝色美人，从
陈国嫁往息国路过蔡国，被姬献舞强行留住，不仅看人长相，而且还"弗
宾"。究竟如何"弗宾"？杨伯峻老先生推测："息妫甚美，则此所谓弗宾，盖
有轻佻之行。"

新娘子被人非礼，息侯很生气，后果很严重！息侯派人对楚文王说："你
假装来攻打息国，我向蔡国求救，你就顺便攻打蔡国。"于是，在那年九月，

楚国出兵在莘地打败了蔡国军队，把蔡侯姬献舞抓了回去。

姬献舞因为非礼小姨子，国家军队被击溃、自己被抓起来关了几年，心中很憋屈。于是就憋出了新的坏主意：

> 蔡哀侯为莘故，绳息妫以语楚子。楚子如息，以食入享，遂灭息。以息妫归，生堵敖及成王焉。未言。楚子问之。对曰："吾一妇人，而事二夫，纵弗能死，其又奚言？"楚子以蔡侯灭息，遂伐蔡。秋七月，楚入蔡。

姬献舞在楚文王面前大赞息妫的美貌，引起楚文王荷尔蒙过度分泌，急不可耐地跑去，灭了息国，抢了息妫据为己有。

息妫虽然为楚文王生下了两个儿子（堵敖和楚成王），但一直不肯主动与楚文王说话。楚文王知道，息妫怨恨蔡哀侯挑拨自己灭了息国，于是在公元前680年发兵攻入蔡国都城。

《春秋左氏传》借用君子之口评价说：

> 君子曰："《商书》所谓'恶之易也，如火之燎于原，不可乡迩，其犹可扑灭'者，其如蔡哀侯乎。"

这位息妫是春秋时期的一位美人。因其美貌，亡了息国，囚死了蔡哀侯。左丘明老先生并没有将蔡息两位的灾难归罪于"红颜祸水"，而是将批判的笔锋直指缺德的蔡哀侯。

☆ 王八汤引发的弑君闹剧

在党中央出台"八项规定"之前，部分"公仆"们热衷于猎食山珍海味，其中包括甲鱼，俗称"王八"。孰不知，我国历史上王八汤曾引发一幕弑君闹剧。故事发生在鲁宣公四年。

楚人献鼋于郑灵公。公子宋与子家将见。子公之食指动，以示子家，曰："他日我如此，必尝异味。"及入，宰夫将解鼋，相视而笑。公问之，子家以告。及食大夫鼋，召子公而弗与也。子公怒，染指于鼎，尝之而出。公怒，欲杀子公。子公与子家谋先。子家曰："畜老，犹惮杀之，而况君乎?"反谮子家，子家惧而从之。夏，弑灵公。

楚国人送给郑灵公一只大甲鱼。公子宋与子家在朝堂外相遇，公子宋食指大动，告诉子家说："以前发生这种情况，一定能尝到异味。"二人进入朝堂，见到宰夫正在宰杀大甲鱼，就相视而笑。郑灵公莫名其妙，问他们笑什么，子家就报告了刚才的情况。郑灵公恶作剧，赐食甲鱼的时候，让公子宋干坐着，就是不给吃，以此证明其食指大动并不那么准。公子宋受到羞辱，愤怒地跑到鼎边用食指蘸了王八汤，尝到味道后扬长而去。公子宋如此无礼，惹怒了郑灵公，扬言要杀掉他。于是，公子宋就胁迫子家，先下手为强，杀了郑灵公。

这则王八汤引发的弑君闹剧给我们留下了两个成语：

第一，染指。比喻获取不当利益，插手不该插手之事。

第二，食指大动。预兆有美味可吃的，也用于形容看到美味时垂涎的样子。

■ 修身育德，化解风险

日常注重提高自己的道德修养，多行善事，关键时候可能避免重大风险。

☆ 晋卿赵盾积德免祸

据《春秋左氏传》"宣公二年"记载，晋灵公做事不符合国君的礼仪道德，赵盾屡次进谏，招致晋灵公讨厌。先是派人暗杀不成，又设局谋杀。赵盾以前打猎时救助过一个濒临饿死的人，此人在关键时刻救了赵盾的命：

秋九月，晋侯饮赵盾酒，伏甲，将攻之。其右提弥明知之，趋登，曰："臣侍君宴，过三爵，非礼也。"遂扶以下。公嗾夫獒焉，明搏而杀之。盾曰："弃人用犬，虽猛何为!"斗且出。提弥明死之。

初，宣子田于首山，舍于翳桑，见灵辄饿，问其病。曰："不食三日矣。"食之，舍其半。问之。曰："宦三年矣，未知母之存否，今近焉，请以遗之。"使尽之，而为之箪食与肉，寘诸橐以与之。既而与为公介，倒戟以御公徒而免之。问何故。对曰："翳桑之饿人也。"问其名居，不告而退，遂自亡也。

哈佛商业管理课中有一个案例，与我国2600年前的故事有异曲同工之妙。

美国某家银行的一位职员，孩子生病而缴不起住院费，于是大着胆子找到该行行长，试探着提出能否由银行垫付，然后从自己的工资中扣除。这位行长一边安慰，一边让秘书从公司的账上预支需要的数目，解了该职员的燃眉之急。后来，该银行账目出现巨额资金数额不符，但怎么也查不出问题出在哪个环节。如果报警，将会影响客户对银行的信任，也许会发生挤提现象！在行长一筹莫展之际，那位受到过行长帮助的职员主动请缨，担当查账工作。经过认真细致的账目梳理，该职员终于查清了问题所在，有人用很高明的手段在账目上做了手脚，神不知鬼不觉地提走了一笔巨款。

作为组织的管理者，关心自己的员工，用行动感召他们，遇到危机时，员工才会患难与共，共同承担并化解风险。

☆ **宋国司城子罕修德免祸**

据《春秋左氏传》记载，宋国的司城子罕是一个道德修养较高的人，鲁襄公十五年发生的一件小事足以证明其个人私德：

宋人或得玉，献诸子罕。子罕弗受。献玉者曰："以示玉人，玉人以为宝也，故敢献之。"子罕曰："我以不贪为宝，尔以玉为宝。若以与我，皆丧宝也。不若人有其宝。"稽首而告曰："小人怀璧，不可以越乡。纳此以请死也。"子罕置诸其里，使玉人为之攻之，富而后使复其所。

《吕氏春秋》"恃君览·召类"篇讲了一则子罕以自己的道德影响化解国家战争风险的故事：

> 士尹池为荆使於宋，司城子罕觞之。南家之墙，犫於前而不直；西家之潦，径其宫而不止。士尹池问其故。司城子罕曰："南家，工人也，为鞋者也。吾将徙之，其父曰：'吾恃为鞋以食三世矣。今徙之，是宋国之求鞋者不知吾处也，吾将不食。愿相国之忧吾不食也。'为是故，吾弗徙也。西家高，吾宫庳，潦之经吾宫也利，故弗禁也。"士尹池归荆，荆王适兴兵而攻宋，士尹池谏于荆王曰："宋不可攻也。其主贤，其相仁。贤者能得民，仁者能用人。荆国攻之，其无功而为天下笑乎！"故释宋而攻郑。孔子闻之曰："夫修之于庙堂之上，而折冲乎千里之外者，其司城子罕之谓乎？"宋在三大万乘之间，子罕之时，无所相侵，边境四益，相平公、元公、景公以终其身，其唯仁且节与？故仁节之为功大矣。

后来孔子听到此事，评价说："在朝廷上修养自己的品德，能够却敌于千里之外，这大概说的就是司城子罕吧！"

宋国处在三个万乘大国（晋、楚、齐）之间，子罕当政时，一直没有受到侵犯，四方边境都很安宁。他辅佐平公、元公、景公一直到去世，这大概正是因为他既仁慈又节俭吧！

☆ **鲁相公仪休的为官辩证法**

《韩非子》"外储说右下"篇讲了"公仪休不受鱼"的故事：

> 公仪休相鲁而嗜鱼，一国尽争买鱼而献之，公仪子不受。其弟

曰："夫子嗜鱼而不受者，何也?"曰："夫唯嗜鱼，故不受也。夫即受鱼，必有下人之色;有下人之色，将枉于法;枉于法则免于相，虽嗜鱼，此不必致我鱼，我又不能自给鱼。即无受鱼而不免于相，虽嗜鱼，我能长自给鱼。"

2000多年前古人防范个人政治风险的智慧，仍然值得我们的公仆们学习和借鉴。那些在狱中忏悔的官员们，如果多读点书，从"公仪休嗜鱼而不受鱼"的故事中真心地体味人生哲理，那他们的生活将会是坦荡而幸福的。在权力失去监督的环境中，如果个人的道德修养不足以遏制贪欲，不能"战战兢兢、如履薄冰"地防范风险，而是为自己的人生到处挖陷阱、埋地雷，最终必将身败名裂，连最起码的人身自由也成为奢侈品!

□　三种管理境界，任由智者选择

中华民族是人类历史上文明发达最早的民族群体之一，也是治理能力和管理智慧最早达到人类社会新高度的民族群体。数千年来，华夏祖先们在开发利用自然的活动中，不断总结经验教训，积累了从远古时代沉淀下来并得以凝练的风险管理智慧，包含处理风险的三种境界，至今值得我们学习借鉴。

■　第一种境界，亡羊补牢

《战国策》"楚策四"讲了一则"亡羊补牢"的故事:

庄辛谓楚襄王曰："君王左州侯，右夏侯，辇从鄢陵君与寿陵君，专淫逸侈靡，不顾国政，郢都必危矣。"襄王曰："先生老悖乎? 将以为楚国妖祥乎?"庄辛曰："臣诚见其必然者也，非敢以为国妖祥也。君王卒幸四子者不衰，楚国必亡矣。臣请辟于赵，淹留以观之。"庄辛去之赵，留五月，秦果举鄢、郢、巫、上蔡、陈之地，襄王流揜于城阳。

于是使人发驷，征庄辛于赵。庄辛曰："诺。"庄辛至，襄王曰："寡人不能用先生之言，今事至于此，为之奈何？"

庄辛对曰："臣闻鄙语曰：'见兔而顾犬，未为晚也；亡羊而补牢，未为迟也。'臣闻昔汤、武以百里昌，桀、纣以天下亡。今楚国虽小，绝长续短，犹以数千里，岂特百里哉？"

庄辛鼓励楚襄王励精图治，重整旗鼓。楚襄王晚期国力有所恢复，收回了部分失地。

这个故事告诉我们：出了问题之后再想办法补救，为时尚不晚，可以防止类似事故继续发生。"亡羊补牢"只是农夫应对风险的智慧，只能算是最初级的风险管理。

☆　思考与启示

实际生活中，"亡羊补牢"式风险管理比比皆是。个人或组织不做风险防范，将会导致重大损失，甚或陷入失败的境地。一旦发生风险事故，也只能"亡羊补牢"而已。能够从失败中吸取教训，采取"亡羊补牢"的措施，也许还不算晚。

《韩非子》"说林下"篇讲了晋国大夫中行文子（荀寅）逃亡途中对其政治风险管控失败的反思：

晋中行文子出亡，过于县邑。从者曰："此啬夫，公之故人，公奚不休舍？且待后车。"文子曰："吾尝好音，此人遗我鸣琴；吾好佩，此人遗我玉环，是振我过者也。以求容于我者，吾恐其以我求容于人也。"公去之。果收文子后车二乘而献之其君矣。

中行文子出逃路过一座城邑，随从说："这里的官员是您的故人，您何不休息一下？等待后面的车子。"文子说："我喜爱音乐，此人就送我良琴；我喜爱玉佩，此人就送我玉环；他一直在助长我的过失，以此求得我好感的人，我恐怕他会拿我去求得别人的好感。"于是就快速离开了那个地方。果然不出荀寅所料，这位官员截住了后面两辆车子，进献给他的新主子。

从组织的整体利益考虑，"亡羊补牢"式的风险管理肯定不是一种好的风险管理。原因如下：

◇　第一，风险损失毕竟发生了，已经造成了实质性损害。

◇　第二，"亡羊"到一定程度，利益损失由量变到质变，也许根本不会有"补牢"的机会了。

我们这个社会面对系列重大灾难，补好"牢"了吗？

天津港危险品仓库特大火灾爆炸事故吞噬了一百多鲜活的生命，给他们的家人和亲友带来永远无法抹去的伤痛！

此次事故仅仅半年多前，我国另外一个现代化都市上海，也曾发生了一起重大人员伤亡事故。2014年12月31日23时35分，上海市黄浦区外滩发生群众拥挤踩踏事故，造成36人死亡、49人受伤。数十位花朵一样的年轻生命，在2015年新年钟声敲响之前陨落了。

怀着沉痛的心情向后追溯：

◇　2014年9月26日，昆明市盘龙区明通小学发生踩踏事故，造成6人死亡、26人受伤。

◇　2011年7月23日，由北京南至福州D301次列车与杭州至福州南D3115次列车发生追尾重特大交通事故，造成40人死亡，约200人受伤。

◇　2010年5月30日，上海世博会发生踩踏事故，造成逾百人受伤。

◇　2009年12月7日，湖南省湘潭市育才中学发生踩踏事故，造成8人死亡、26人受伤。

◇　2004年2月5日晚，北京市密云县密虹公园发生踩踏事故，造成37人死亡、15人受伤。

这一长串冰冷的数字背后，是一个个本不该这样逝去的生命以及他们破碎的家庭！每次事故，都会涌现一批救灾救难的英雄，也会象征性地处理一些"责任人"。然而，惨剧一再发生，却在无情地拷问社会的良知！难道这就是我们这个拥有五千年文明史的民族管理风险应有的智慧吗？

■ 第二种境界，曲突徙薪

"亡羊补牢"固然可以防止类似事故继续发生，但毕竟已经造成了无可挽回的损失。先哲们要求我们，管理风险要有更高的智慧。"导言"中引述的"曲突徙薪"寓言故事，则把风险管理推向更高一种境界。故事告诉我们：防患于未然，胜于治乱于已成。风险问题的预防者，优于风险问题的解决者。

"曲突徙薪"成语故事几乎是一个完整的风险管理案例。本节结合现代风险管理理念，剖析"曲突徙薪"体现的风险管理智慧，汲取古人的思想菁华，提升我们的管理水平。

寓言故事涉及风险管理的所有要素和整个管理过程如图3-4所示。

图3-4："曲突徙薪"风险要素

☆ **风险要素**

风险主体。故事中承受房屋失火风险的那个"主人"。

风险因素。主要有以下两个方面：

◇ 一是"灶直突"。农户做饭灶台，火塘直接冲向室外。

◇ 二是"傍有积薪"。直突的灶台旁边堆有柴草。

风险事故。当火苗通过"直突"之灶冒出室外，遇到"积薪"时，很容易着火。"俄而家果失火"，风险事故也就发生了。

风险后果。发生火灾后，有赖于"邻里互助"，很快就扑灭了，没有造成较大的直接损失。当然，间接损失是免不了的，那就是"杀牛置酒，谢其邻人"。

☆ 风险管理过程

风险识别。一位不具名的客，很有风险意识。从主人家门前走过，马上就识别出了风险因素。

风险分析。客不仅识别了风险因素，还做了风险分析：直突的灶台，旁边堆着干柴，就会导致风险事故的发生。

风险评价。客在对风险进行识别和分析之后，还为主人提出了风险处理对策选择："更为曲突，远徙其薪"。把烟囱改为曲而向上，使得火苗不容易从烟囱口冒出；再把柴草搬到远远的地方。实际上是消除所有风险因素。

风险处理。这家主人的风险处理过程如下：

◇ 事故发生前，风险管理缺失。在"客"为主人识别及分析风险，并提出风险处理措施后，"主人嘿然不应"。完全没有认识到风险的存在，更没有采取管理措施。

◇ 事故发生后，被动应对风险事故。"邻里共救之，幸而得息"。控制了风险事故，减少了风险损失，但也付出了一定的代价，"于是杀牛置酒，谢其邻人，灼烂者在其上行，余各以功次座，而不录言曲突者"。

主人对风险没有正确认识，更不可能做出客观评估。

☆ 风险管理智慧

有位"第三者"站出来，对事故进行了客观的评审，成为故事的精髓。

人谓主人曰："乡使听客之言，不费牛酒，终亡火患。今论功而
请宾，曲突徙薪亡恩泽，焦头烂额为上客耶？"主人乃寤而请之。

主人才终于明白过来，于是请了提出"曲突徙薪"之客。这家主人接
下来要做的，一定是"更为曲突，远徙其薪"。

☆　**思考与启示**

社会上通常存在一些似是而非的观念。例如，能摆平或解决各种棘手问
题的人，就是成功的管理者。这不正是"曲突徙薪"成语故事告诫我们的
"今论功而请宾，曲突徙薪亡恩泽，焦头烂额为上客耶？"

成功的管理者对问题的认识则不同。

斯隆掌管通用汽车公司期间，高层管理团队做决策时能够听取不同意见，
特别是在用人决策方面十分慎重，一定要经过充分酝酿讨论，有时候甚至争得
面红耳赤。曾经有一次，高层管理团队终于就一项人事任命达成共识：候任人
选 S 处理危机的手腕令人称道，以沉着冷静的态度把问题解决得尽善尽美。一
直沉默不语的斯隆突然插话："你们说的这位 S 先生的业绩记录可真够辉煌。
但是，谁能解释一下，为什么此人会碰上这么多的危机，尔后又能处理得这么
高明？"高层管理团队中的其他人似乎从来没有考虑过这个问题，大家只能
缄默不语。此后，在通用汽车高层的人事讨论会上再也没有提起过 S 先生。

上述事例中，斯隆考虑问题的方法深谙"曲突徙薪"之妙。候任人选 S
显然是一位"焦头烂额"式的人物，而斯隆想要的却是具有预见性和前瞻性
的"曲突徙薪"者。所以，斯隆不会允许"今论功而请宾，曲突徙薪亡恩
泽，焦头烂额为上客"。

■　**第三种境界，良医治未病**

"曲突徙薪"把风险管理的智慧提升到一个新的高度。然而，"突直而后
曲之""薪积而后徙之"，相当于一项工程完工后要变更设计，改变原有的布
局和安排。一方面，势必会造成经济损失，另一方面，可能会带来其他意想

不到的问题。"曲突徙薪"仍然不是风险管理的理想水平。先哲们很早就提出了更高的智慧。《黄帝内经》[38]"四气调神大论篇"中提出：

> 是故，圣人不治已病治未病，不治已乱治未乱。夫病已成而后药之，乱已成而后治之，譬犹渴而穿井、斗而铸锥，不亦晚乎？

《鹖冠子》[39]"世贤篇"讲了一则扁鹊三兄弟的医术故事：

> 魏文侯问扁鹊曰："子昆弟三人，其孰最善为医？"扁鹊曰："长兄最善，中兄次之，扁鹊最为下。"魏文侯曰："可得闻邪？"扁鹊曰："长兄于病视神，未有形而除之，故名不出于家。中兄治病，其在毫毛，故名不出于闾。若扁鹊者，镵血脉，投毒药，副肌肤间，而名出闻于诸侯。"

并不是所有人对待风险都具有"良医治未病"的最高境界，多数人还停留在"曲突徙薪"甚至"亡羊补牢"的水平。《淮南子》"人间训"篇就对此进行过深刻阐述：

> 人皆务于救患之备，而莫能知使患无生。夫使患无生易于救患，而莫能加务焉，则未可与言术也……今不务使患无生，患生而救之，虽有圣知，弗能为谋耳。

☆ **思考与启示**

无论是治理社会，还是管理风险，实际上都是在"医病"。先哲们的智慧启示我们：在风险管理领域，"亡羊补牢"不如"曲突徙薪"，"曲突徙薪"不如"良医治未病"。

管理学大师德鲁克经过多年管理理论探讨与实践，在20世纪60年代悟出了与我国两千四百年前"良医治未病"同样的道理。在其《卓有成效的管理者》[40] 书中提到：

> 一个得到良好管理的工厂必定是一个平静无波的地方。一个经常会有激动人心事件的工厂，在参观者看来正在开启"工业史诗"的工厂，一定是管理不善。管理好的工厂必定是单调无味的。这样的工厂里没有任何激动人心的事件发生，是因为：凡是可能发生的危机已经早被预见到，并已将解决办法转化为例行工作了。

德鲁克对工厂是否得到良好管理的理解，与两千四百年前我国的先哲对医术是否高超的理解有"异曲同工"之妙。这足以引起我国管理领域某些"生吞活剥"西方管理理论的"邯郸学步"者们深思！

现实生活中的事实一直在重复验证两千四百年前扁鹊与魏文侯对话中的情景。国人喜欢崇拜个人英雄，更注重人的瞬间表现，而不深究表象背后的深层原因。在组织的风险管理中往往也是这样。如果像扁鹊两个哥哥把医术（风险管理）重点放在人们不以为然的事前、事中，他们的价值在人们心目中就得不到体现。而像扁鹊把医术（风险管理）重点放在人们关注的事后，其"治病"行为看在领导眼中，貌似在关键时候发挥了作用，往往更容易成功。

组织风险管理的一个误区是，只关注结果而不重视过程。事实上，过程更能体现一个人的智慧、解决问题的能力和方法。正如扁鹊两个哥哥。今天快节奏的社会，把真正能体现能力和价值的过程淡化了。正因为评价体系不关注过程，不重视事前、事中，导致人们把精力和重点放在事后上。如果把事前、事中做好了，反而没有能够彰显业绩的"大事"可做了！

我们这个社会，何时才能学到古人"良医治未病"的风险管理智慧？从根本上消除"病因"，实现经济和社会以固有安全的模式运行呢？前述一长串灾难事故中，逝者长已矣，但他们在天之灵期盼着这一天！

参考文献

［1］〔汉〕班固. 汉书［M］. 北京: 中华书局, 2007.

［2］支伟成 编. 孙子兵法史证［M］. 北京: 中国书店, 1988.

［3］Diamond, J. Guns, Germs and Steel: The Fates of Human Societies［M］. New York: W.W. Norton & Company, 1999.

［4］王世舜, 王翠叶 译注. 尚书［M］. 北京: 中华书局, 2012.

［5］尚秉和. 周易尚氏学［M］. 北京: 中华书局, 1980.

［6］杨伯峻. 春秋左传注［M］. 北京: 中华书局, 1990.

［7］许维遹. 吕氏春秋集释［M］. 北京: 中华书局, 2009.

［8］〔汉〕许慎. 说文解字［M］. 北京: 中华书局, 2005.

［9］〔宋〕朱熹. 四书章句集注［M］. 北京: 中华书局, 1983.

［10］许维遹. 韩诗外传集释［M］. 北京: 中华书局, 2005.

［11］王盛元. 孔子家语译注［M］. 上海: 上海三联书店, 2012.

［12］程俊英 译著. 诗经［M］. 上海: 上海古籍出版社, 2006.

［13］谢耘耕. 风险: 一个概念史的批判性考察. 新媒体与社会（第三辑）［M］. 北京: 社会科学文献出版社, 2012.

［14］Bernstein, P. L. Against The Gods: The Remarkable Story of Risk［M］. New York: John Wiley & Sons, 1996.

［15］《斯坦福大学哲学百科全书》（Stanford Encyclopedia of Philosophy Archive）http://plato.stanford.edu/ rchives/ spr2014/entries/risk/

［16］〔清〕吴楚材, 吴调侯. 古文观止［M］. 北京: 中华书局, 2007.

［17］〔晋〕郭象 注,〔唐〕成玄英 疏. 南华真经注疏［M］. 北京: 中华书局, 1998.

［18］〔美〕斯塔夫里阿诺斯. 全球通史: 从史前史到21世纪（上）［M］. 吴象婴 等译. 北京: 北京大学出版社，2005.

［19］Gigerenzer, G. Risk Savvy: How to Make Good Decision ［M］. New York: Viking, 2014.

［20］〔南朝 宋〕范晔. 后汉书［M］. 北京: 中华书局, 2005.

［21］〔汉〕司马迁. 史记［M］. 北京: 中华书局, 1959.

［22］朱书堂. 视窗里的世界［N］. 科技日报, 2015-11-7.

［23］钟开斌. 风险管理研究: 历史与现状. 来源: 龙龟法律风险管理网. http://www.legal-risk.cn/n3367c13.aspx

［24］楼宇烈. 老子道德经注校释［M］. 北京: 中华书局, 2008.

［25］〔汉〕刘向. 战国策［M］. 上海: 上海古籍出版社, 2007.

［26］〔美〕彼得·德鲁克. 管理的实践［M］. 齐若兰，译. 北京: 机械工业出版社, 2009.

［27］COSO, Enterprise Risk Management Framework ［DB/OL］. http://www.coso.org/Publications/ERM/COSO_ERM_ ExecutiveSummary.pdf

［28］AIRMIC. A Structured Approach to Enterprise Risk Management (ERM) and the Requirements of ISO 31000.

［29］中央企业管理提升活动领导小组. 企业全面风险管理辅导手册［M］. 北京: 北京教育出版社, 2012.

［30］Kharecha, P.A. and J.E. Hansen. Prevented Mortality and Greenhouse Gas Emissions from Historical and Projected Nuclear Powered ［J］. Environ. Sci. Technol., 2013, 47. DOI:10.1021/ES3051197.

［31］〔三国 魏〕刘邵. 人物志［M］. 郑州: 中州古籍出版社, 2007.

［32］向宗鲁. 说苑校证［M］. 北京: 中华书局, 1987.

［33］何宁. 淮南子集释［M］. 北京: 中华书局, 1998.

［34］王先慎. 韩非子集解［M］. 北京: 中华书局, 1998.

［35］杨伯峻. 列子集释［M］. 北京: 中华书局, 1979.

［36］卢侃, 孙建华 编译. 混沌学传奇［M］. 上海: 上海翻译出版公司, 1991.

［37］王维堤, 唐书文. 春秋公羊传译注［M］. 上海: 上海古籍出版社, 2004.

［38］〔战国〕佚名. 黄帝内经［M］. 北京: 中国医药科技出版社, 2013.

［39］黄怀信. 鹖冠子汇校集注［M］. 北京: 中华书局, 2004.

［40］〔美〕彼得·德鲁克. 卓有成效的管理者［M］. 许仕祥, 译. 北京: 机械工业出版社, 2009.